U0519938

商务馆 语言学教材书系

汉语功能篇章语法

（修订版）

A Functional-Discourse Grammar of Mandarin Chinese

屈承熹 著

商务印书馆
创于1897　The Commercial Press

2019年·北京

图书在版编目（CIP）数据

汉语功能篇章语法 / 屈承熹著. —修订本. — 北京：商务印书馆，2019
（商务馆语言学教材书系）
ISBN 978-7-100-16612-6

Ⅰ.①汉… Ⅱ.①屈… Ⅲ.①汉语－语法－研究 Ⅳ.①H14

中国版本图书馆 CIP 数据核字（2018）第 213204 号

权利保留，侵权必究。

汉语功能篇章语法
（修订版）
屈承熹 著

商 务 印 书 馆 出 版
（北京王府井大街36号 邮政编码100710）
商 务 印 书 馆 发 行
北京艺辉伊航图文有限公司印刷
ISBN 978-7-100-16612-6

2019 年 7 月第 1 版	开本 787×960	1/16
2019 年 7 月北京第 1 次印刷	印张 26¼	

定价：69.00 元

出版说明

本书是屈承熹先生的代表作之一，最早于 1983 年由 Peter Lang 出版公司以英文在美国出版，书名为 *A Reference Grammar of Mandarin Chinese for English Speakers*；1999 年译为中文，并大量增加认知语言学的内容，以《汉语认知功能语法》为名，由台湾文鹤出版有限公司出版；2009 年，增加关于篇章的内容，并更名为《汉语功能篇章语法——从认知、功能到篇章结构》，由文鹤出版有限公司再版。其间，黑龙江人民出版社 2005 年出版过《汉语认知功能语法》简体字版。

本书较早运用认知语言学观点全面描写并解释汉语语法，注重对于汉语基本语言事实的分析和解释，条分缕析，富于启迪，对初涉认知语法的学生而言，是一本从内容到方法都非常扎实的优秀教材，长期以来，深受语言学界欢迎。因此，我馆决定出版《汉语功能篇章语法——从认知、功能到篇章结构》的简体字版。

征得屈承熹先生和文鹤出版有限公司同意，我馆对体例、术语、参考文献和部分文字作了修订，将书名确定为《汉语功能篇章语法（修订版）》，以别旧版。希望这本新版教材对语言学学习者有所裨益。

商务印书馆编辑部
2018 年 12 月

序　言

　　承熹从事语言教学与研究工作四十余年，前期限于当时环境及本人学养，乏善足陈。后幸而获得进修机会，且研究环境改善，故近年得以对语言理论与实务略有心得。自1970年代迄今，曾先后涉猎"变形衍生理论"（T-G Theory）、历史语法学、功能语法、篇章语法等领域，得能亲身体验各种理论对汉语分析解释之适应性，认为功能及篇章语法最能反映汉语之特点，乃决定全力从事。故自1980年代初期以来，无论本人或所指导学生之研究，多属功能与篇章方面。

　　本人于1983年出版之 *A Reference Grammar of Mandarin Chinese for English Speakers*，即以功能语法处理，据曾以之为教材者告知，尚称实用。但因出版商未能积极推广，而无法普及，乃有友朋劝促以中文版再行问世。承熹虽有意于此，唯数年来正从事其他著作之撰写，分身乏术，一再延搁。去夏，耗时前后近十年之 *A Discourse Grammar of Mandarin Chinese* 终于脱稿出版，同时亦获得机会应聘来台作教学研究一年，遂萌生将上述 *A Reference Grammar of Mandarin Chinese for English Speakers* 增补后以中文出版之念。然而该书问世至今历时十六年，已无法完全适应目前需要。乃决定大量更新内容，并增加"认知语言学"（cognitive linguistics）之观点，俾对汉语中某些现象，在描述之外，能解释其所以然（如："主语"及"话题"各自有程度上之不同）。

　　此一设计，所牵涉之范围，超出原来以中文重行出版之计划甚多，绝非一人于短期内能独力完成者。以致迟至今年二月，获得政大语言所纪宗仁同学慨允全力协助之后，始行着手。工作开始以后，虽偶有困难，进行却十分顺利；全部工作终能如期完成，不能不归功于两人之合作无间。尤以宗仁于繁重课业及琐碎研究助理工作之余，每周均能达成预定进度，实在难能可贵。

　　本书定名为《汉语认知功能语法》，原因已如上述。其基本内容，取材于 *A Reference Grammar of Mandarin Chinese for English Speakers*，由宗仁负责译述，然后由承熹订正、增补，再由宗仁统一体例，编订索引，最后则由两人分头校订，期能尽量减少错误。译述过程相当繁琐，除注意文句通畅、例句恰当而外，对其中说明有疑义之处，亦发现不少。尤以对译名之斟酌，颇费周章，除依照常用惯例外，另参照语言学名词辞典数本，以择其最为恰当者使用。虽然如此，自觉不尽如人意之处尚多；故所有专用名词于首次出现时均附有英语专名，以资辨识。增补工作，除涉及例句之增加及说明之修正外，其余多半为增加功能与认知方面之解释。如各章之小结均以此为主要目的，故对汉语语法欲深究其所以然之读者，甚望能有所助益。当然，此类解释，在学术研究领域，多为新创，故应用于一般语法，目前亦仅在尝试阶段，无法作深入之探讨，往往有"言不尽意"之感。而且为尽量避免艰涩之术语，错误亦在所难免，尚祈语言学及语言教学界先进多所指正。

　　本书之能与读者见面，首当归功于政治大学语言学研究所所长杨懿丽教授，其不辞辛劳代为申请国科会客座教授之职务，并给予一切研究所需之时间与便利，承熹心存感谢，实非三言两语所能表达。语言所其他同仁及同学，以及英语系语言组诸同仁，对承熹亦鼓励有加，

序 言

尤以语言所课程进行中对诸多问题之探讨，予承熹启发甚多，特此致谢。美国佛罗里达大学亚非语文学系及语言学研究所给予为期一年之研究假期，促成本书之撰写，亦此表示谢忱。吾妻杨承运女士数十年来为支持吾教学与研究之所付出，亦多矣大矣，此次亦不例外，感谢一辞，仅能道其万一而已。

文鹤出版公司张富恭先生对语言学书籍之出版，协助不遗余力，诚为学术界与出版界合作之楷模，特此表示敬意。

屈承熹　志于
政大语言学研究所
1999年6月

新版序言

旧著《汉语认知功能语法》于1999年在台湾发行以来，颇受读者谬爱，虽已数度印刷，仍无法供应所需。其间曾由黑龙江人民出版社于2005年在大陆印行简体字版，亦于短期内即告售罄。本应继续印刷以飨读者，然该书出版至今已逾十载，其中所引用基本概念固然仍可适用，但细枝末叶，必有需要更新之处，乃决定将之增订后再版。由于所增章节均与篇章结构有关，遂决定更名为《汉语功能篇章语法》，以确实反映其新增内容。

此次增订，主要为扩展视野，从小句之内部结构进入小句与小句间之联系，俾自汉语之句法结构进而一窥其篇章结构。所谓"篇章结构"，乃指"集句成章"在形式上的各种机制。此等机制，在传统上仅涉及连接词的使用及复句之形成，而后者又多以语义为准，无法确实掌握。因之，本次所增订者均与形式联系有关，包括体标记、句末虚词等的句间连接功能，由各种话题所构成的多种话题链，定指/不定指与信息结构、前后景配置之间的关系，等等。这些机制的总和，就自成为一个体系，可以用来界定由小句扩展而形成的一个结构单位，可称之为"汉语篇章句"。凡此种种均于所增加之第四篇"章法"中作简要阐述。虽限于篇幅，无法一一详细介绍，但对各种机制却并无偏废，其系统亦相当完整，足可为读者提供一个汉语篇章语法的初步轮廓。

  此外，对旧著各章，亦多重加校订，诸如错误校正、注释增加、参照索引（cross-reference），等等，均略作增补，俾使阅读更为便利。

  一如往昔，文鹤出版公司对此次增订本之出版热心协助，尤以副总经理杨乾隆先生及前后两任编辑Sylvia及Doris女士的专业服务，本人心怀感激，特此致谢。

屈承熹　志于

上海文化佳园

2009年9月

商务版序言

本书最初形式为本人旧作 *A Reference Grammar of Mandarin Chinese for English Speakers*，固然其中基本语法概念，至今仍能适用，毕竟数十年间变异甚多，尤以认知、语用观点与语法之互动，多有突破。故经翻译及数度增订后，于2009年以《汉语功能篇章语法——从认知、功能到篇章结构》为名，由台湾文鹤出版公司发行新版，至今又近十年。

此三十余年间，承蒙各界厚爱，采用前后版本，或作教材，或作必读之参考。但台湾印行之繁体字版，在大陆较为难以获得，乃有北京商务印书馆以简体字在大陆印行之议。此次印行，虽未作大量增新，但对过去数度翻译、增订所产生之缺失，均一一改正，如体例之规范、参考书目之增删、术语及内容之前后一致等，均经仔细校订核实。凡此种种无不经王飙编审辛勤策划，责编杨佳细心执行，文鹤出版公司总经理杨乾隆先生鼎力合作，方能如期出版，敬此致以万分谢意。

屈承熹　志于
台北寓所
2018 年 12 月

符 号 表

本书在语料中所使用符号，各自所代表之意义如下：

   *X = X 不合语法
   ？X = X 不为一般人所接受
   （X） = X 可以省略
   X／Y = X 或 Y 均可使用
   ［X］ = X 为其前字词之发音
   0 = 该处有省略或不应有词语出现

目 录

第一篇：导论

第一章 认知、功能与语法 ··· 3
1.1 汉语与功能语法 ·· 4
1.2 一个原则、三个基本概念 ··· 5
    1.2.1 原型 ·· 7
    1.2.2 连绵性 ·· 10
    1.2.3 象似性 ·· 15
1.3 及物性——认知观念在汉语功能语法中的一例 ························· 17
1.4 小结 ··· 26

第二篇：词法

第二章 名词和名词组 ·· 29
2.1 简单名词与复合名词 ··· 29
2.2 名词后缀"-儿"与"-子" ··· 35

2.3	方位词	39
2.4	量词	44
2.5	结语	48
第三章	**动词**	**53**
3.1	动词与形容词	54
3.2	"动作/事件"相对于"状态/情境"	55
3.3	动词补语——结果、潜能与方向	63
3.4	小结	71
第四章	**副词**	**75**
4.1	常见的副词与副词分类	76
	4.1.1 程度副词	77
	4.1.2 时间副词	77
	4.1.3 地方副词	79
	4.1.4 情状副词	79
	4.1.5 肯定与否定副词	80
	4.1.6 范围与数量副词	83
	4.1.7 评价副词	84
	4.1.8 判断副词	86
	4.1.9 兼类副词	87
4.2	副词的连接功能	89
	4.2.1 名物连接词	90
	4.2.2 子句连接词	91
	4.2.3 副词性连接词	91
	4.2.4 连用连接词	93
4.3	讨论与小结	97

4.3.1　副词的位置 ··· 98
　　　4.3.2　近似副词的分辨 ··· 98
　　　4.3.3　副词与连接词之间 ······································· 106

第五章　介系词和副动词 ··· 107
5.1　副动词与体标记 ··· 108
5.2　副动词与述语核心 ··· 109
5.3　副动词与宾语的省略 ·· 111
5.4　副动词的功能 ··· 113
5.5　常见的副动词 ··· 115
5.6　小结 ··· 118

第六章　虚词 ·· 120
6.1　体标记 ··· 120
　　　6.1.1　完成体标记"-了" ·· 121
　　　6.1.2　经验体标记"-过" ·· 126
　　　6.1.3　进行体标记"在-" ·· 128
　　　6.1.4　持续体标记"-着" ·· 130
　　　6.1.5　起始体标记"-起来" ····································· 133
6.2　句末虚词 ·· 134
　　　6.2.1　情状改变标记"了" ······································ 135
　　　6.2.2　接续虚词"呢" ·· 141
　　　6.2.3　迟疑虚词"吧" ·· 145
　　　6.2.4　关心虚词"啊" ·· 147
　　　6.2.5　"事实明显"虚词"嘛" ································· 150
6.3　从属虚词"的" ··· 153
6.4　小结 ··· 159

第三篇：句法

第七章　子句、主语与话题 ································ 163
7.1　主语 ································ 167
7.1.1　主语的语法、语义特征 ································ 167
7.1.2　主语的选择与语义角色 ································ 169
7.2　英语的话题 ································ 172
7.3　汉语的主语与话题 ································ 177
7.4　小结 ································ 184

第八章　定指与词序 ································ 186
8.1　"定指""特指"与"不定指"在英语中的形式 ········ 186
8.2　汉语句子中的话题、定指和词序 ································ 191
8.3　存在句及呈现句的词序 ································ 194
8.4　小结 ································ 196

第九章　否定 ································ 201
9.1　否定的范围 ································ 205
9.2　否定与副词 ································ 207
9.3　否定与动词补语 ································ 213
9.4　否定对不定词与疑问词的作用 ································ 215
9.5　"不是"及其否定范围 ································ 219
9.6　小结 ································ 221

第十章　疑问句 ································ 223
10.1　疑问词问句 ································ 224
10.2　疑问词作为"不定词"和"复合关系代名词" ········ 228
10.3　句末虚词疑问句 ································ 230

目 录

- 10.4 "V-不-V"问句 ·············· 235
- 10.5 "（还）是……（还）是……"疑问句 ·············· 240
- 10.6 附加问句 ·············· 242
- 10.7 小结与讨论 ·············· 242
  - 10.7.1 小结 ·············· 242
  - 10.7.2 "吗"问句的预设及其与否定之间的互动 ·············· 243

第十一章 祈使句 ·············· 250

第十二章 "把"字句 ·············· 255

- 12.1 "把"字句的形式 ·············· 255
- 12.2 "把"字句的语义 ·············· 256
- 12.3 "把"字句的语法特征 ·············· 258
- 12.4 "把"字句的双宾语 ·············· 259
- 12.5 结构的延伸 ·············· 260
- 12.6 "把"字句的否定 ·············· 262
- 12.7 小结 ·············· 262

第十三章 "被"字句 ·············· 265

- 13.1 "被"字句的形式 ·············· 265
- 13.2 "被"字句的意义 ·············· 266
- 13.3 "被"字句的语法特征 ·············· 269
- 13.4 结构的延伸 ·············· 270
- 13.5 "被"字句的否定与祈使 ·············· 271
- 13.6 小结 ·············· 273

第十四章 双主语 ·············· 275

第十五章 动词重复 ·············· 280

- 15.1 不需要动词重复的结构 ·············· 281

15.2　动词重复的否定 ·· 282
　　15.3　时段副词的另一引介形式 ································· 283
第十六章　比较句 ·· 285
　　16.1　比较句的结构和意义 ······································· 285
　　16.2　直接宾语的比较 ·· 289
第十七章　复句中的名词子句 ··· 291
　　17.1　复句 ··· 291
　　17.2　名词子句 ·· 293
　　　　17.2.1　主、宾位的陈述句与疑问句 ··················· 294
　　　　17.2.2　同位子句 ·· 299
　　　　17.2.3　名词与子句之间 ····································· 300
第十八章　关系子句 ·· 302
　　18.1　关系子句的限定性 ·· 303
　　18.2　关系子句的功能 ·· 306
　　18.3　关系子句的语法特征 ······································· 310
　　18.4　关系子句与同位子句的区别 ···························· 313
第十九章　"得"字补语 ··· 315
　　19.1　"得"字补语的语法结构 ································· 316
　　19.2　"得"字补语的功能和语义 ····························· 319
　　　　19.2.1　动词形式的限制 ····································· 319
　　　　19.2.2　"得"字补语的否定范围 ······················· 320
　　　　19.2.3　"得"字补语在问答中的功能 ················ 322
　　　　19.2.4　"得"字补语与情状副词的不同 ············ 323
　　19.3　"得"字补语与结果补语有无明显的界限 ········ 324
　　19.4　小结 ··· 328

第二十章　连动式 ··· 330
- 20.1　兼语式 ··· 330
- 20.2　描叙式 ··· 331
- 20.3　并列式 ··· 333
- 20.4　其他 ··· 335

第二十一章　子句间的连接 ··· 337
- 21.1　连接词复句 ··· 337
  - 21.1.1　因果关系 ··· 338
  - 21.1.2　并列关系 ··· 340
  - 21.1.3　转折关系 ··· 342
- 21.2　无标复句 ··· 343

第四篇：章法

小引：汉语篇章语法 ··· 347

第二十二章　体标记的篇章功能 ··· 349

第二十三章　情态：副词与句末虚词 ··· 353
- 23.1　副词 ··· 353
- 23.2　句末虚词 ··· 354
  - 23.2.1　Chu（2002）对"啊/呀"的分析 ··· 355
  - 23.2.2　屈承熹、李彬（2004）对"吧"的分析 ··· 356
  - 23.2.3　Chu（2006）对"呢"的分析 ··· 357

第二十四章　信息结构：信息来源与信息处理 ··· 361

第二十五章　主从关系与前后景的配置 ··· 365
- 25.1　句序 ··· 365

25.2 从属结构 ··· 367
第二十六章　回指 ··· 370
26.1 篇章结构与回指 ··· 370
26.2 回指与指称对象的追踪 ··· 371
26.3 回指与可及性 ·· 371
26.4 篇章回指的新发展 ·· 372
26.5 小结 ·· 373
第二十七章　话题与话题链 ··· 374
27.1 话题的界定 ··· 374
27.2 话题的形式和功能 ·· 375
27.3 话题链 ··· 376
第二十八章　汉语（篇章）句 ··· 381
28.1 话题链 ··· 382
28.2 回指 ·· 382
28.3 体标记 ··· 383
28.4 连接副词 ·· 384
28.5 前后景配置 ··· 384
28.6 其他 ·· 384
28.7 小结 ·· 385
第二十九章　汉语篇章语法应用一例：语法与修辞 ············· 386
第三十章　结语 ·· 391
参考文献 ··· 393

第一篇:导论

第一章 认知、功能与语法[①]

"认知"(cognition)和"功能"(function)虽然是两个截然不同的概念,但是就语法体系而言,却是相辅相成、密不可分的。当然,在语言的研究领域中,往往可以看到"认知语法"(cognitive grammar)和"功能语法"(functional grammar)的分野;但事实上,功能语法无法脱离认知而独立,而认知语法也不能不牵涉到功能方面的讨论。本书的体系,虽然以功能为主,但仍然必须以认知为最终的解释,以求充分显示其内容与特色。

那么,究竟什么是"认知语法",什么是"功能语法"呢?

所谓"认知",就是人类透过本能,与现实世界各种各样事物相互作用而形成的概念。而认知语法也就是用这种概念来分析并解释语言结构的语法。例如,语言中的时间结构与空间结构往往相类似,英语中的 in、on、at 等前置词,既可以用来表示空间,也可以用来表示时间,而汉语中的"上、下、前、后"等词也同时适用于时空两者。这个现象,就可以用人类在认知上的时空概念相互转换来解释。认知语法就是用这样的方法来处理语言结构的语法。

至于所谓"功能",则是与"形式"相对应的一个语言事实。 如

[①] 本章内容,多处取材于屈承熹(1998)。

果说，形式是语言的硬件；那么，功能就是语言的软件。换句话说，一个语言结构，多少都有它的功能，否则就没有它存在的必要。例如，"台湾大学"与"台湾的大学"，两者意义的不同，就在于后者多了一个"的"字。其间的差别，就是"的"字的功能。至于为什么"的"字会有这样的功能呢，则必须从人类认知上的"概念距离"（conceptual distance）来解释了（参看张敏，1998，第五章）。功能语法就是利用语言结构所具有的功能来说明语言形式的语法。所以，功能语法与一般语法最主要的不同，乃在后者仅止于描述，而前者除了描述以外，还要加以解释。

1.1　汉语与功能语法

提起功能语法，一般都觉得，这是与"形式语法"（formal syntax）相对立的一个语言学派。其实功能语法，固然在基本精神上与形式语法不同，但却不能称为一个学派。因为在这个领域中，有许多各种各样的理论与学说，不但对语言研究的看法不同，而且在方法上也各异其趣。当然，这些理论与学说之所以能统称为功能语法，也是有其道理的。它们在基本上有一个共同点，那就是，它们都认为句法（syntax）不是一个自足体（autonomy），而是与语义、语用等息息相关的。除此而外，则有少数理论的主张，几乎是两个极端：一个极端认为，既然语言最基本的功能是沟通，所以要分析研究语言，也应该从它的沟通功能着手；另一个极端则认为，语言结构是建基于人类的认知本能，所以语言的分析与研究也应该从认知出发。前者可以韩礼德（M. A. K. Halliday）为代表，他的理论一般称之为"系统功能语法"（systemic functional grammar）；后者可以 Ronald Langacker 为代表，他的理论一般称之为"认知语法"（cognitive grammar）。在这两者之间，则有各种各样的理论，虽然多半都偏重一端，但并不偏废他端。

例如，Robert van Valin, Jr. 的 role and reference grammar, Simon Dik 的 functional grammar 等，都是认知与沟通两者兼顾，虽然轻重各有不同。总之，功能语法的各种理论与学说，没有像形式语法那样的统一模式，虽然各自为政，但却互通有无，而其中分别，也很难截然分割；各种理论，几乎形成一个连续统，所以才能统称为"功能语法"。

功能语法起源其早，但此类理论之受到重视，则始于1970年代。汉语研究方面，出现以功能语法为理论基础的语法书，最早的或者可以 Li & Thompson（1981）作为代表，虽然其内容仍然以描述为主，解释为副。不过，个别的研究，早在70年代便已开始，到80年代后期及90年代，则已蔚为风气（请参看 Biq, Tai & Thompson，1996）。至于研究方法，虽如上节所说，有少数理论执着于沟通或认知，而介乎这两者之间的，有的偏向沟通，有的偏向认知，更是众说纷纭，莫衷一是，常常使人无所适从（请参看 van Valin & LaPolla, 1997：11—12）。其实，以汉语语法而言，如果仅采一家之说，往往在某些方面，会产生削足适履的感觉。例如，汉语子句之间的联系，若完全按照韩礼德系统功能语法的几种标准来分析，则难免是仅将英文的框架硬生生地套在汉语上，绝对无法做到切实分析和合理解释的（请参看屈承熹，1996）。所以我们的态度是：在作汉语语法结构的解释时，应该酌情度理，不预设立场，只要是能合情合理地解释，而不违背语言学原理原则，即可采用。所以原则上是广采众说，只要不互相冲突，不自相矛盾，就可采用。因此，我们虽然不以"沟通"标榜，仅称"认知功能语法"，但在处理某些问题上，仍然会利用沟通原则，以达到解释的最终目标。

1.2 一个原则、三个基本概念

上面提及，功能语法的涵盖面极为广泛，而各种理论因为立场不同而目标互异。那么,各种功能语法究竟有什么共同之处呢?我们也提到,其实多半的功能语法理论,在认知与沟通两者之间,仅有轻重之别,并没有偏废其一。换言之,一般的理论,两者都或多或少地采用。但是,除此而外,最重要的共同基准,则是所有的功能语法都有一个非常一致的原则。那就是:语言分析研究的最终目的,不仅是搜集资料,整理分析,以描述其事实,将之条分缕列,组成一个系统;而应该是进一步地解释,为什么有这样的事实,为什么有这样的系统。功能语法学家认为,语法规则是只能描述语言的事实,而无法解释语言现象的。所以他们对于形式语法以各种规则的运作来作为对语言现象的解释,无法满足,而要求进一步地深入研究。例如,反身代词(reflexive pronoun)能否出现于某一个语法位置,根据形式语法的规则,是由于"约束原则"(binding principle)的限制。但是,约束原则本身也仅仅是一条语法的规则,即使是一条普遍原则(language universal),也还是无法对此一现象作进一步的解释。就功能语法学家而言,要解释这个现象,应该更进一步地问:为什么有这样的一个普遍原则存在于所有的语言之中?是不是因为人们在寻觅其先行语(antecedent)时,只有在某种情况之下最为可能?是不是跟某些"篇章原则"(discourse principle)有关?(例如,先行语是一个话题。)这样追索,其结果往往必须考虑到沟通和认知的因素对语言结构所发生的影响。这就回到了我们的出发点:功能语法必须以认知和沟通作基础。

现再举一例如下。一般"话题"(topic)的特征,可以归纳为:(一)多半是"定指"(definite),(二)出现于句首。但话题之所以多半是定指,乃在于它所传递的是旧信息。这是从沟通的观点对话题特征所作的解释。而汉语话题必须出现在句首,其所以如此,乃在于这个位置最能引起听话者的注意。这是从认知观点上获得的解释。同时，汉语的话题，不但与"述题"（comment）有所关联，而且还在子句与子句之间起联系的作用。这是从"篇章"（discourse，也译作"语篇""话语""言谈"）的观点，也就是沟通的观点，来解释话题的特性。这个例子，不仅说明了功能语法的一个共同原则；而且还指出，要解释一种语言结构的特性和功能，除了研究其本身在句子内部的关系和地位以外，还必须观察其在句与句之间的连接功能。① 总之，无论句子的内部结构或句与句之间的外在关系，其实与其沟通功能、认知意识，都是息息相关的。所以，要解释一个语言现象，往往要从多方面着手；如果只从单一方向观察，则所得结果往往也是片面的。

功能语法中应用的各种概念，基本上多半是承袭传统而来的，如主语、宾语、话题等。有些则是功能语法所独有，而其他语法理论所不采用的，如"原型"（prototype）、"连绵性"（continuum）、"象似性"（iconicity）。这三个概念，虽然是采自认知心理学，所以严格地说，应该是属于认知语言学的范围内的；而实际上对功能语法的运作极为重要，故在下面分别作一个说明。

1.2.1 原型

最先将原型这个概念应用在认知研究上的，是心理学家 Eleanor Rosch。其后由语言学家，如 Geroge Lakoff、Talmy Givón 等，将之用于语法分类上。这个概念最主要的一点就是：语法分类，其实并不是"一个萝卜一个坑"那样分明的。每一个类别，都有较为典型的成员，也有较为非典型的成员。典型的成员具有该一类别所有的属性，而非典型的成员则仅具有部分属性。例如：麻雀、燕子都是鸟类较典型的成员，但是鸡、鸭、鸵鸟则是较为非典型的鸟类成员（参看张敏，1998：57—58）。功能语法认为，语言的组织系统，其实与生物的分

---

① "句子"一词，此处用法不甚谨严，以后当再详作界定。

类极为相似。以英语为例，主语有三种属性：（一）出现在动词之前，（二）动词有与之相对应的标记，（三）与动词有 doing 或 being 的关系。下列各句中的主语，依这三种属性而言，显然各有不同：

（1.1）（a）Tom and Jane are coming.

　　　（b）Here come Tom and Jane.

　　　（c）There is / are Tom and Jane.

　　　（d）The book didn't sell very well.

（a）中的 Tom and Jane，这三种属性都具有，所以是一个典型的主语，功能语法称之为"原型主语"（prototypical subject）。（b）中的 Tom and Jane 只有（二）与（三）两种属性，所以不是原型主语。（c）中的 Tom and Jane 只有属性（三），而（d）句中的 the book 则只有属性（一）与（二），所以也都不是原型主语。换言之，一个语法范畴，可以有原型成员，也可以有非原型成员。而这些非原型成员之间，可能有很大的差异。但是与原型成员，则多少都有点相似之处。如以语言学术语来说，原型主语的主语性最强，非原型主语的主语性则较弱，而且非原型成员之间，还有程度上的差异。

　　这样处理语法范畴，显然可以解决很多原来无法解决的问题。上例中的四种不同的主语，在传统语法中引起过不少争论。有人认为，主语应该用语义来界定，那么，（d）的就不能算是主语。也有人认为，主语应该纯粹用语法来界定，那么，（b）和（c）的就不能算是主语。当然还有很多其他的说法，但是都没有办法对这样性质分歧的语言结构作出一个合理的解释。现在，功能语法利用原型这个概念，分别从语法、语义多方着手，并且不抹杀事实作整齐划一的要求，进而承认各个个体之间的差异，同时却能就其共性将之结合成一类，用同一个标签来涵盖这样一个复杂的现象。这就是原型在语法上的用途。

至于汉语，当然也有这样的现象，而且非常普遍。下面就汉语话题这个概念，略为探讨其原型的情形。根据 Chu（1993）的研究，汉语话题有下列几种属性：

（1.2）（a）具有名词性
　　　（b）具有子句之间的连接功能
　　　（c）具有指涉（referential）性，或为特指（specific）
　　　（d）出现于句首
　　　（e）与动词没有"主-动"或"动-宾"关系

这五种属性，有些汉语话题固然每种都具有；但有，这样的话题并不占多数，而且多半的汉语话题都仅仅具有这五种属性中的某几种。现举例说明于下：

（1.3）（a）<u>那场火</u>，幸亏消防队来得快，没有蔓延开来。
　　　（b）<u>这十个苹果</u>，九个是烂的。
　　　（c）<u>这个电视</u>，买了才两个月，就坏了。
　　　（d）我昨天晚上碰到<u>一个美国人</u>，会唱京戏。
　　　（e）<u>一个人</u>不能没有志气。

（1.3a）中的"那场火"具有上述的全部属性，是一个原型话题，它的话题性最强。也因为如此，这类句子最常用来作为汉语话题的例子。（1.3b）中的"这十个苹果"除了没有子句之间的连接功能以外，其他四种属性，它都具有；所以，它虽然是非原型话题，但它的话题性还是相当强的。（1.3c）中的"这个电视"与第一个动词有"动-宾"关系，与第二个动词有"主-动"关系，所以不能算是一个原型话题。（1.3d）中的"一个美国人"不具有（1.2d）与（1.2e）这两种属性，五者之中缺了两个，所以话题性相当弱。至于（1.3e）中的"一个人"

则只有（1.2a）与（1.2d）这两种属性，而且，这两种也是主语的属性，所以一般甚至于不把它当作话题看待。

将汉语话题作这样的处理，究竟有什么好处呢？首先，我们可以说明，为什么在一般讨论话题的时候，所用的例句，多半是（1.3a）（1.3b）和（1.3c）那一类的。其原因是，这几类都是原型或接近原型的话题。其次，我们也可以明白，为什么有些结构会发生是否话题的争议。例如，（1.3d）和（1.3e）中的"一个美国人"和"一个人"，有人认为可以算作话题，但也有人认为不能算是话题，因为它们也具有很强的主语性。同时，我们更可以借此回答某些问题，如：话题与主语究竟如何区别？是否有相重合之处？一个名词组，是否能同时既是主语，又是话题？总之，用原型这个概念来处理某些语法结构，不但可以面对现实，不必为了求得平稳妥当的结果，而去歪曲事实、迁就理论框架；而且还可以对事实作进一步的认识，进一步的解释。

1.2.2 连绵性

"连绵性"（continuum）是指一些类似的个体，有相同之处，也有相异之处，而其间的异同又各有不同，所以无法将这些个体再进而分成明显的类别。这些个体之间，存在着一种渐次重叠、连绵渐进的关系。这种关系，我们称之为"连绵性"；而这些个体所形成的一个群体，可以称之为"连续统"，或"连绵体"。现在，举一个家庭里谁像谁的例子来看：老大的鼻子、嘴巴、耳朵、眼睛都像父亲；老二的则都像母亲；而老三的鼻子、嘴巴、眼睛像父亲，耳朵像母亲；老四则眼睛像母亲，嘴巴、耳朵像父亲；至于老五呢，只有耳朵像母亲，眼睛像父亲。这样分布的情形，可以用下面这张表来说（当然，实际上当我们说，这几个孩子的眼睛像父亲时，意思并不是指他们的眼睛跟父亲的完全一样，而这几个孩子相比，他们像的程度，也会有相当的差异。不过，为了简明起见，此处对这样的差异，一概不予考虑。）：

（1.4）像父母程度的"连绵性"

	鼻子	嘴巴	耳朵	眼睛
老大	b	b	b	b
老二	m	m	m	m
老三	b	b	m	b
老四	x	b	b	m
老五	x	x	m	b

（b 表示像父亲，m 表示像母亲，x 表示两者都不像）

如果将鼻子、嘴巴、耳朵、眼睛各当作一种像父母的属性，那么，从表（1.4）可以清楚地看出，老大有像父亲的四种属性，所以最像父亲；老二有像母亲的四种属性，所以最像母亲。如果我们只考虑这四种属性，那么，老大在"像父亲"这个范畴内，是一个原型，老二则是"像母亲"这个范畴的原型。而老三、老四、老五都是非原型。不过，这三个非原型也各有不同：他们固然都有四分之一像母亲（都只有一个属性）；但是以"像父亲"而言，则老三有四分之三像父亲、老四有一半像，而老五只像四分之一。所以，在"像父亲"这个范畴内，老大是原型，老三、老四、老五都是非原型；而老二则不是这个范畴的成员。我们举这个例子所要说明的是：在同一个范畴内，非原型成员的属性其实是参差不齐的，比如老三、老四、老五都有点像父亲，但是，像的程度却各不相同。而这些不同程度之间的间隔，又是连绵不断的，无法明确地划出一个界限来区别，哪几个非原型较为接近，应该归入一类，哪些应该归入另一类。换言之，这些非原型成员，由于它们相同之点渐次重叠，形成一个连续不断的群体，我们称之为"连续统"；而连续统中各个成员之间的关系，则称之为"连绵性"。

由此观之，连续统与原型，其实是一物的两面。由于承认有原型与非原型之存在，而且非原型是以不同程度出现的，所以很多范畴的内部成员之间，呈现的形态是渐次重叠而渐进的，是呈连绵状态的。就像上节所讨论的话题与主语，其实是两个连续统。以话题范畴为例，其中成员虽然同属于一个语法范畴，都可以统称为话题，但有些话题的属性很高，有些则很低；而所有话题之间的关系，则是渐次重叠、连绵不断的。主语亦复如此。其实，话题与主语这两个语法范畴之间，也存在着一种连绵的关系。它们的交集点是"出现于句首"与"具有名词性"这两个属性，分叉点则是：主语必须与动词有 doing 或 being 的关系，而话题则多半具有小句连接的功能。这种情形可以用（1.5）中的图解来表示。

（1.5）汉语话题与主语的连绵关系：

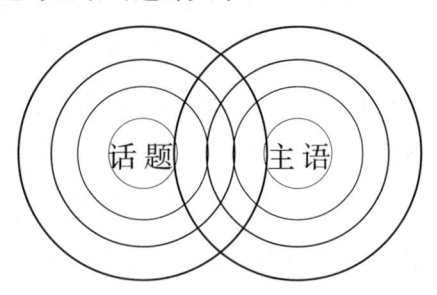

类似的连绵关系，在各种语言现象中，比比皆是。例如，赵元任（Chao，1968：665）即曾指出，汉语的动词，如以跟副词及后缀同时出现的关系而言，都呈连绵状态。下面再以汉语中"副动词"（coverb）为例，来看连续统的实际情形。

汉语中，除了古汉语的"於/于"以外，似乎并没有真正的"介（系）词"，或称"前置词"（preposition）。现代汉语中近乎介（系）词的"对、跟、向"等，多少都带有一点动词的性质。这个现象，早在1970年代初期已经由梁兆兵、黄宣范等提出讨论。所以，一般语法都舍"介（系）词"而采用"副动词"称之。这一个词类范畴的成员，它们所具有的动词性和介词性也各不相同，有的较似动词，有的较似介词。张强仁（1977：89）曾用各种动词性结构测试以后，对下列诸副动词的动词性作出这样的排列：

（1.6）副动词所具有动词性的高低：

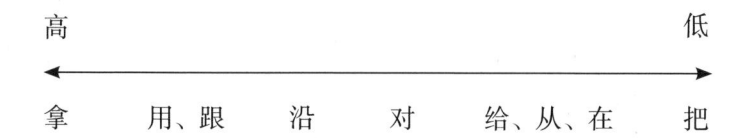

高　　　　　　　　　　　　　　　　　　　低

拿　　用、跟　　沿　　对　　给、从、在　　把

这个图解的意思是：这些副动词中，以"拿"字最可能当作动词用，而"把"字的可能性最低。详细说明请参看本书副动词一章。

对副动词这样的处理，至少有两个好处：（一）显示汉语这个词类范畴，与印欧语中 preposition 不同，所以，以前所用的名称如"介（系）词"或"前置词"都不如后来用的"副动词"合宜。（二）由于副动词这个词类的发生，在汉语史上较晚，所以还没有完成发展为一个内部较为一致的词类的历程；这样的研究，容易跟历史发展结合，共时与历时能互相印证解释。

连续统在汉语语法上的应用，其实非常广泛。比如说，"动补结构"（包含"动补短语"和"动补子句"）与"动补复合词"之间，也是这样一种连绵状态。黄美金（Huang，1980：24—25）曾比较各种"动-补"形式的可接受度如下：

（1.7）"动-补"形式的可接受度

动词 补语	动补复合词	潜能补语	动-得-补语
凝　固	凝固	*凝得固	*凝得（很）固了
推　翻	推翻	？推得翻	*推得（很）翻了
看　见	看见	看得见	*看得（很）见了
推　倒	推倒	推得倒	*推得（很）倒了

13

拉　开	拉开	拉得开	？拉得（很）开了
吃　饱	吃饱	吃得饱	吃得（很）饱了
跑　累	跑累	跑得累	跑得（很）累了
饿　病	饿病	*饿得病	饿得（*很）病了
饿　瘦	？饿瘦	？饿得瘦	饿得（很）瘦了
吃　笑	吃笑	？吃得笑	吃得（很）笑了
哭　睡不着	？哭睡不着	*哭得睡不着	哭得睡不着了
哭　大家睡不着	*哭大家睡不着	*哭得大家睡不着	哭得大家睡不着了

根据这些事实，黄美金（Huang，1980：43）整理出了下面这样的一个图解。横线上面是"潜能补语"，横线下面是"动-得-补"结构和动补复合词之间的一个连续统。越靠左边，越接近动补结构；越靠右边，越接近动补复合词：

（1.8）"动-得-补"结构与动补复合词之间的连续统：

　　　　？饿得瘦　　跑得累　　看得见　　来得及
　　←─────────────────────────→
　哭得大家睡不着　哭得睡不着　饿得瘦了　跑得累了　看见了　凝固

她对这个现象的解释是这样的：动词与补语的结合，其结果是动补结构还是动补复合词，完全由动词与补语两者语义的密切与否（即其行动与结果出现的可能率的高低）来决定的。所以，虽然"饿瘦"的可接受度不高，然而"饿哭"的可接受度却相当高。其原因是因为婴儿常常会因饥饿而哭起来。再如，"吃笑"固然不为一般人所接受，但"吃垮"的可接受度却相当高，就因为在中国人的认知意识中，由于过度的吃喝而使一个家庭、机构，甚至一个政府垮台，是很可能的事。另外，"？黑回来"应该是一个接受度很低的动补结构，可是笔者屡次使用，听者无人觉得无法接受，只因为笔者一度担任行政工作时，头发白了很多，卸任后因操心事情较少，头发就"黑回来"了。这也是现实生活中语言受认知意识制约的一例。

由此可见，"动-得-补"结构与动补复合词之间的连续统，乃是人们的认知意识中，对事件之发生及其可能之结果的判断而产生的。也因此，"动-补"形式的可接受度也常常会因人因时而异，是无法用一条规则来硬性限定而一成不变的。

1.2.3 象似性

"象似性"（iconicity）在汉语的研究中，首推戴浩一从1980年代早期即行发表的多篇论文。他对时间在语法中的象似性及其比喻的延伸，都有极为精深的研究。近来他更对汉语的量词下了不少功夫。现在先举例说明一种最为人所熟知的象似性。例如下面两个英语句子，语义完全相同：

（1.9）（a）We went from Beijing to Shanghai.

（b）We went to Shanghai from Beijing.

与之同义的汉语，虽然也有两个句式，（1.10a）和（1.10b），但"从北京"与"到/去上海"的先后次序却只能有一个：

（1.10）（a）我们从北京到上海去。

（b）我们从北京去上海。

（c）*我们去上海从北京。

这种"从A到/去B"的次序，就是汉语语法反映其对真实世界的象似性，因为在现实生活中，"从甲地出发去往乙地"时，出发地点必然先在这一事件中呈现，然后才有到达地的出现。其他如一般状语出现在动词之前，而补语出现在动词之后，也是象似性的表现。因为，状语主要是表示主语在这一事件中的意志、心态等，都是影响到这个动词行为的因素，所以其存在于这个行为之前，反映在语法结构上，也是状语出现在动词之前；而补语则是该行为发生之后的结果，所以就出现在动词之后。例如：

（1.11）（a）这次，我们大家都得<u>好好地</u>干一场。
　　　　（b）这件事，你们都干得<u>不错</u>。

（a）中的"好好地"是表述主语意志的，是状语，所以在动词之前。（b）中的"不错"是表述动词"干"的结果的，是补语，所以在动词之后。再如，汉语中成对的连接词，像"因为……所以、虽然……但是"等，它们之所以有这样特定的次序，也与象似性有关。前者是根据"因在前，果在后"的逻辑规律，后者是根据"让步在前，结论在后"的规律。而这两个规律，却又是从时间前后的规律中，经过比喻延伸而得出来的。当然，有时候也会有倒置的形式，那是由于篇章的需要而产生的。

除了词序而外，汉语在其他方面也有不少表现象似性的地方。量词就是其中之一。戴浩一跟他的学生曾对量词作过多次深入的研究。兹举其中之一，略作说明。他们（Tai & Wang, 1990）对"条、根、枝"三个量词作了相当详细的考察以后，发现它们都非常富有象似性，因为它们都反映了中国人对细长物品分类的认知。基本上，"条"指长而软的物品，"根"指长而硬的物品，而"枝"指长而浑圆的物品。不过，其适用范围，却往往会经过比喻延伸而扩展到其他类似的事物，如下面表（1.12）所示。当然，这三个量词，都有互相取代的可能，如"一枝/根/条枪、一枝/根香烟"等。这也反映了量词的原型结构与连绵性。

（1.12）量词"条、根、枝"的来源及其延伸：

量词	来源	基本名词	自然延伸	比喻延伸
条	条子	鱼	路	新闻
	柳条儿	黄瓜	街	意见
	面条儿	裤子	河	消息
	木条儿	被单	走廊	理由
	凳子			
根	根儿	火柴		
	树根儿	针		
		甘蔗		
		草		
枝	树枝儿	笔	歌	
		牙膏	部队	
		香	力量	

此外，戴浩一还认为，词语与词语的前后排列、距离远近，动词的重复出现等，都与象似性有关（详情请参看 Tai，1992，1996）。但就整个汉语语法而言，象似性的研究并不多。除了戴浩一和他的学生以外，也许仅有曾跟他作过研究的张敏，于1998年出版了《汉语认知语言学与汉语名词短语》，对象似性有相当深入的阐述。

1.3 及物性——认知观念在汉语功能语法中的一例

大致而言，"及物性"（transitivity）有三个不同的定义。第一个是传统的说法，是用来界定动词类别的。那就是，一个动词，如果可以或者必须带有宾语，就是及物动词，如果不能或者不必带有宾语，则是不及物动词。这个定义，因为不够精确，而且对语言的了解并没有很大的帮助，所以目前语言学研究中已经不再采用。第二个定义是 1960 年代后期及 1970 年代初期兴起的一个概念，是用来界定名词组与动词之间的各种关系的，以 Halliday（1967，1968）、Fillmore（1968）、Chafe（1970）等为代表。汉语中这种及物性关系的主要研究者，应推邓守信（Teng，1975）、李英哲（Li，1970）和屈承熹（Chu，1970）。但自从 Hopper & Thompson 在 1980 年发表了他们新的及物性理论以后，语言学研究中提到及物性，则多半是指他们的新理论。他们提出十个特征，以检验句子的及物性程度的高低。北大的研究生王惠（1992）将其中一项分成两项，共得十一项如下：[①]一、动作（kinesis），二、完结（aspect），三、瞬时（punctuality），四、自主（volitionality），五、肯定（affirmation），六、有指（referentiality），七、有定（definiteness），八、完全受作用（affectedness）、九、施动力（agency），十、两个参与者（two or more participants），十一、直陈语气（mode）。这十一个特征，当然都有语言学上特别的含义，而与一般的了解不尽相同。但是限于篇幅，故除了"施动力"和"完全受作用"这两个特征以外，不拟作进一步的解释。所谓施动力乃指"施事"（agent）所具有的自动自发的力量，这种力量往往是一个事件发生的原动力。例如：英语中的 listen 和 hear，前者的主语有自主的施动力，而后者的则没有。至于所谓"完全受作用"，其实翻译得并不准确，应该是"受作用程度"较为合适，因为它的意思是"受事"（patient）因该事件之发生而受到影响及其影响的多寡，这种影响在汉语中往往以动词补语来表达。例如："吃了三碗饭"与"吃完了三碗饭"的不同之

---

① 王文所用各项译名，系根据其使用之目的而拟定，故与原文辞意不尽相同，此处未作任何更改。

一，就是前句中没有说明"吃"对"三碗饭"所发生的影响，而后句则说明了，"完"是"吃"对"三碗饭"所发生的影响。

王惠将这些特征用来测试汉语的四种句式："把"字句、"被"字句、一般主语句、受事主语句，排列出它们的及物性程度。她认为"把"字句的及物性最高，与孙朝奋（Sun, 1995）的观点不谋而合。她的结论虽然不尽可靠，但在方法上却往正确的方向跨出了一小步。

上述 Hopper & Thompson 的及物性理论，是功能语法的产物，暗含原型、连续统和象似性等各种概念，所以在功能语法框架内，非常适合于描述并解释不为严格的语法规则所允许，但却确实存在的许多语言事实。例如，下面（1.13）中的"把"字句和（1.14）中的"被"字句，[①] 有些是一般语法规则可以很容易解释清楚的，如（1.13a）和（1.14a）；但是，其他各句就不是那么容易解释。

（1.13）（a）谁把花瓶打破了？

（b）那瓶酒把<u>我</u>喝得酩酊大醉。

（c）那场球把<u>我</u>看得累死了。

（d）我把<u>壁炉</u>生了火。

（e）我把那个问题写了一个报告。

（f）那个可怜的孩子把（个）<u>爸爸</u>死了。

（1.14）（a）<u>整个星期天</u>都被他花在打扑克牌上。

（b）好多人怎么参加革命的？

（<u>好多人</u>）都是被八路军的歌子唱去（参加革命）的。

（c）被这张大字报坑害了<u>两条人命</u>。

（d）不料被二奶奶撞见了<u>红玉</u>。

[①] 所引"把"字句多出自 Tsao(1990)，"被"字句则多出自吕文华（1990）；不过，有几处略有更改，以便讨论。

一般语法公认,"把"字句与"被"字句的基本规则,都与"语义角色"(semantic role)有关:"把"字句的主语(以下称为NP_1)必须是施事,"把"字后面的名词组(以下称为NP_2)必须是受到施事所作所为直接影响的受事;而"被"字句的基本规则却正好相反,主语NP_1必须是受到施事所作所为直接影响的受事,"被"字后面的NP_2必须是施事。再加上其他条件,如动词后面必须跟有补语,这两个基本规则,可以用下面的公式来表示:

(1.15) NP_1(施事)+ 把 + NP_2(受事)+ 动词 + 补语

(1.16) NP_1(受事)+ 被 + NP_2(施事)+ 动词 + 补语

现在,仅就其中名词组NP_1和NP_2的是否施事或受事,来讨论(1.13)和(1.14)中的例句。

根据上述的基本规则,(1.13)和(1.14)中以楷体字出现的名词组,都应该是施事,而加底线的名词组,都应该是受到影响的受事。然而,除了两个(a)句之外,其他各句中的多少都有点问题。(1.13b)的NP_1"那瓶酒"的语义角色,非但不是施事,而且还是不折不扣的受事,因为在语义上,它应该是动词"喝"的宾语;同时,该句中的NP_2"我",也不像预期那样的是受事,因为对动词"喝"而言,"我"是个道道地地的施事。(1.13c)的情形几乎完全一样,其不同只是:"那场球"不是一个公认的彻头彻尾的受事,而是一个"目标"(goal)。(1.13d)—(1.13f)也都有类似的问题。再看(1.14)中的"被"字句。同样地,(1.14b)中的NP_1"好多人"不是受事,反而是"参加革命"的施事,而NP_2"八路军的歌子"也不是施事,反而是"唱"的受事。至于(1.14c)和(1.14d)的问题,则略有不同。(1.14c)中的NP_2应该是"大字报",(1.14d)中NP_2应该是"二奶奶",固然都合乎上述基本规则,是十足的施事,而应该是NP_1的"两条人命"和"红玉"也是货真价实的受事。问题却出在这两个受事 NP_1 的位置上：按照规则，既然是出现在"被"字句中，那么，它们应该在主语的位置，而实际上却还是跟在动词之后，作为宾语。

这些都是在语法研究中一再被提出来讨论，却无法获得共识的问题。其症结在于，过去提出的解决办法，都是从硬性的、说一不二的规则上着手。因此，问题不但没有解决，反而愈加复杂。例如，为了要让（1.13b）和（1.13c）合语法，可以视这样的情况为例外。也就是说，如果有需要，"把"字句可以将施事看作受事，将受事或目标看作施事。这样当然解决了（1.13b）和（1.13c）的问题，但对其他几个例子毫无帮助，还需要允许更多的头痛医头、脚痛医脚的例外，才能勉强自圆其说。如此一来，例外越来越多，基本规则的约束力越来越弱，最后，便意义尽失了。

换一个观点来看，如果我们不把（1.15）和（1.16）当作汉语必须遵守的基本规则，而把它们看作两个原型，那么，情形就完全改观了。其结果是：合乎这两个形式的是最典型的"把"字句和"被"字句，如（1.13a）和（1.14a）；但是，汉语也允许不太典型的、非原型的"把"字句和"被"字句，如（1.13b）—（1.13f）和（1.14b）—（1.14d）。这样的说法，如果到此为止，当然过于简单，对这些非原型的句子并没有作任何解释，只说它们也合乎语法而已。要进一步地解释，还需要说明：（一）这些形式从何而来？（二）是怎样来的？（三）原型与非原型的"把"字句、"被"字句之间，究竟有什么不同？（四）为什么还是有些句子，像下面的（1.17），不能为汉语使用者所接受？

（1.17）？？？壁炉把我生了火。

为了回答上面的这些问题，我们必须回头看看（1.13b）—（1.13f）和（1.14b）—（1.14d），同时再加上与之在形式上最接近的，并与之相对

应的非"把"字句和非"被"字句,如下列(1.13')和(1.14'):

(1.13')(a)谁把花瓶打破了?←谁,花瓶打破了?

(b)那瓶酒把我喝得酩酊大醉。←那瓶酒,我喝得酩酊大醉。

(c)那场球把我看得累死了。←那场球,我看得累死了。

(d)我把壁炉生了火。←我在壁炉里生了火。

(e)我把那个问题写了一个报告。←我,那个问题写了一个报告。

(f)那个可怜的孩子把(个)爸爸死了。←那个可怜的孩子,爸爸死了。

(1.14')(a)整个星期天都被他花在打扑克牌上。←整个星期天,他都花在扑克牌上。

(b)(好多人)都是被八路军的歌子唱去(参加革命的)的。←(好多人)都是八路军的歌子唱去(参加革命)的。

(c)被这张大字报坑害了两条人命。←这张大字报坑害了两个人命。

(d)不料被二奶奶撞见了红玉。←不料二奶奶撞见了红玉。

上面(1.13')和(1.14')中的各对例句,在形式上的差别,仅在"把"或"被"的有无。①所以我们不妨假设,所有的"把"字句和"被"字句都是从箭头右方与其相对应的非"把"字句和非"被"字句加上"把"或"被"衍生而来的。这样,我们暂时回答了前面的问题(一)和(二)。接着要解决的是:原型与非原型的"把"字句、"被"字句之间究竟有什么不同呢?这就要从"把"字句与非"把"字句、

---

① 其他还有些细微的不同,如"都"在(1.14'a)中的位置,"个"在(1.13'f)中的有无。这些都可以认为是在句式确定后的调整,故不拟讨论。

"被"字句与非"被"字句之间的不同说起。

上面提到,孙朝奋和王惠都认为"把"字句与对应的非"把"字句相较,其及物性较高。在这个基础上,我们不妨将"把"字的功能定位为提高及物性的一个机制。再进一步分析,我们也不难看出,"把"字句的及物性之所以较高,有两个原因:一个是因为其中施事的施动力较强,另一个是因为受事所受到的作用也较强。用这个观点来检验(1.13'a)中的原型"把"字句,则不难发现,"把"字赋予较强施动力的是其前的名词组 NP_1,而使之受到较强作用的是其后的名词组 NP_2。再看(1.13'b)—(1.13e)中的非原型"把"字句,也很容易发现,"把"字的这两个功能,也同样地作用于其前后的两个名词组 NP_1 和 NP_2。(1.13'b)中的"那瓶酒"、(1.13'c)中的"那场球"、(1.13'd)和(1.13'e)中的"我",在箭头右边的句子中,前两者本来是没有施动力的,后两者本来的施动力不高。可是到了箭头左边,"把"字分别赋予或提高了它们的施动力。(1.13'b)和(1.13'c)中的"我"、(1.13'd)中的"壁炉"、(1.13'e)中的"那个问题"、(1.13'f)中的"爸爸",在箭头右边的句子中,原来也都是没有受到任何作用的,可是到了箭头左边,"把"字也分别使它们受到了作用。从这些事实可以看出,受"把"字影响的NP,在相对应的非"把"字句中,如果担任施事或受事的语义角色,固然可以衍生出原型"把"字句;但是,如果它们原来的角色不是施事或受事,则衍生出来的是非原型"把"字句。至于在非原型"把"字句中,NP_1 之所以能担任施事的角色和 NP_2 之所以能担任受事的角色,乃是附加的"把"字所赋予的功能。这就解释了为什么(1.13a)—(1.13e)中 NP_1,无论其语义角色是施事、是受事还是目的,甚至是其他角色,都可能带有施动力。同样地,"把"字句的 NP_2,也是无论是什么语义角色,都可以有"受到作用"的意义。

我们在上节得到了这样的一个结论:"把"字句的主要功能,是增加 NP_1 的施动性,并增加 NP_2 所受作用的程度。这个结论,实际上仅是一个原则,在应用时还必须略作如下的调整:由于名词组原来语义角色的不同,所发生的结果会略有差异。如果 NP_1 本来就是施事,那么,加上"把"字会使它原有的施动力增强。如果 NP_1 原来不是施事,则加上"把"字后会赋予新的施动力。同样地,如果 NP_2 原来就是受事,加上"把"字会使它原有的受作用程度增强。如果 NP_2 原来不是受事,那么加上"把"字后则会把它解释为一个"受动词作用的人、物、事"。

当然,(1.13)中这些例句,还有些小问题。例如,为什么(1.13f)中的"那个可怜的孩子",根据一般的理解,并没有施动力?为什么像(1.17)这样的句子,一般人无法接受?这必须要再从"把"字的功能说起。

上面说过,"把"字的两个功能是:"赋予其前的名词组 NP_1 较强的施动力"和"使其后的名词组 NP_2 受到较强的作用"。而这两个功能虽然都为"把"字句所具有,却是分开运作的,是分别作用于两个不同的名词组 NP_1 和 NP_2 的。既然如此,那么,也就没有理由一定要求"把"字在一个句子中同时发挥这两种功能。也就是说,"把"字可以仅在其中的一个名词组上发挥它的功能。在(1.13f)中,很显然,"把"字的功能仅发挥在 NP_2 "爸爸",而没有在 NP_1 "那个可怜的孩子"上发挥。这里,我们要进一步地问:这是为什么呢?这就牵涉到所谓"世界知识"了。在这种情况下,一般而言,一个可怜的孩子是不会有施动力的。再加上动词"死"只能有一个论元(argument),所以在这个句子里,"那个可怜的孩子"就无法接受"把"字所赋予的施动力。当然,这一类"把"字句是极度的非原型,因此,对有些人来说,这样的"把"字句可能是无法接受的。现在,再回头看看例(1.17)。其实，(1.17)也有一个与之相对应的非"把"字句形式，如(1.17')中箭头右方所示：

(1.17')？？？壁炉把我生了火。←壁炉，我生了火。

根据上面的说法，我们应该没有理由把(1.17)定位为不合语法。不过，这句话之所以无法为一般人所接受，其主要原因是，一般人无法想象，一个壁炉可以获得一种力量，以至于会让"我"受到"生火"这件事的作用。也就是说，在我们的世界知识中，"壁炉"是没有办法接受施动力的。假如在一个神话中，壁炉是一个有生命体，而说话者是一个可以生火的火盆，那么(1.17)中"把"字句的"可接受度"就比我们现实生活中的可接受度高得多了。

现在，还有一个小问题需要解释。那就是：我们如何来确定，(1.13')中的"把"字句是箭头右方的、与之相对应的非"把"字句衍生出来的呢？这里有两个理由来支持这样的衍生方式：(一)这样的假设，能得到如上合情合理的结果；(二)箭头左右两方的句子，都以 NP_1 为话题，至少在这一点上是相同的。

总而言之，从认知功能语法的观点出发，要了解"把"字句的结构，可以先看与之对应的非"把"字句，然后加上一个"把"字而衍生出"把"字句来。这两个结构在功能上的不同，乃在于"把"字可以(一)赋予 NP_1 施动力或增强其施动力，(二)使 NP_2 受到动词的作用或增强其受作用的程度。但这两个功能是分别运作，不必同时发生的。至于 NP_1 和 NP_2 之是否能接受这种特定的功能，与它们原来的语义角色并无关系，而要看语言使用者的世界知识来决定。

现在再看(1.14)中"被"字句的问题。这些问题，可以用与"把"字句同样的方法和步骤来处理，得到结果也相类似。此处不拟重复讨论，仅将所得结果，略述于下。

"被"字句也可以认作是由（1.14'）中与之相对应的非"被"字句加上"被"字而衍生出来的。"被"字也有两种功能：（一）使 NP_1 受到动词的作用或增强其受作用的程度，（二）赋予 NP_2 施动力或增强其施动力。(这两种功能，和"把"字的完全相同，只是两个 NP 的次序颠倒而已。)"被"字句与"把"字句不同的是："被"字还会将整个事件变得有"不幸"的含义或增加"不幸"的程度。另外一个不同则是，如果"被"字句中的 NP_1 原来就是一个受事，那么它可以不必出现在句首，也可以出现在动词之后；如此，则其所受作用的程度，似乎就没有像出现在句首时那么高了。[①]这也是"被"字两种功能分开运作的证明。

1.4 小结

本章首先简单地介绍了功能语法，与它在汉语研究中的现状，指出它与形式语法的主要不同，在于它除了描述语言结构以外，还要解释其所以然。继而举例说明了功能语法中常用的几个认知概念："原型""连续统""象似性"。最后，则利用功能语法中的"及物性"这个概念，详细地讨论了"把"字句的一些问题。这些问题，在一般的语法规则之下，是相当麻烦的。但是，如果能跳出传统语法规则的束缚，用功能语法中较有弹性的原则来处理，就可以获得相当合理的解释。"被"字句的问题，也可以用类似的方法来处理。

[①] 当然，NP_1 在句首时还可以当作话题用，而跟在动词后面就没有这种功能。

第二篇：词法

第二章　名词和名词组

汉语名词没有数、性与格的屈折变化，这一点是与西方语言十分不同的，然而这并不表示汉语名词的形式不会随着它所担任的语法功能而变化。举例而言，当一个名词表达的是一个地点时，它需要一个方位词作为其后缀，尽管没有这个后缀，该名词本身就是一个地点，例如："街，*在街，在街上"。在这个例子中，"上"并不是用来增添该名词组的意义，而是用来转变它的句法功能的。

2.1　简单名词与复合名词

将名词区分为简单名词与复合名词，目的并不仅是为了要分类，更重要的是为了显示怎样将简单的名词串连成比较复杂的名词，显示这中间经历的过程。简单名词就是无法再拆解成更小，但却具有意义单位的名词，所有的单音节名词都属于这一类，如"饭、书、报、课、纸、字、信、钱、歌、城"等。汉语中也有一些多音节的简单名词，如"葡萄、琵琶、蝴蝶、蜻蜓、蚱蜢、麒麟、狐狸、金融、经济、纳粹、咖啡、以太、幽默、星期、嬉皮、三明治"等。以上这些多音节词也是简单名词，因为其中个别的汉字和它们所构成的名词之间，语义上并没有直接的关联。此外，也可以发现，这些多音节简单名词，有许多是在语言历史的发展中，从其他语言引进的借词。

复合名词的语义，与构词成分的语义直接相关。以下这些复合名词的语义，可以清楚地由构成这些名词的成分所含的意义来推知：

（2.1）复合名词　　　构词成分的语义

　　中文　　　中国　　　语文
　　女儿　　　女性　　　孩子
　　黑板　　　黑色　　　（木）板
　　画报　　　图画　　　报纸
　　语法　　　语言　　　方法
　　笑话　　　笑　　　　说话
　　电影　　　电　　　　影像
　　电话　　　电　　　　说话
　　电视　　　电　　　　视觉
　　图书馆　　图书　　　大厅
　　体育馆　　体育　　　大厅
　　游泳池　　游泳　　　水池

有些复合名词的语义，和其构成的成分之间的关联，并不是很直接的：

（2.2）复合名词　　　构词成分的语义

　　信封　　　信　　　　封套/封上
　　铅笔　　　铅　　　　笔
　　旅馆　　　旅行　　　大厅
　　宿舍　　　住宿　　　房舍
　　字典　　　字　　　　典籍
　　问题　　　问　　　　题目
　　杂志　　　杂　　　　记录

第二章 名词和名词组

钢笔	钢	笔
小说	小	说话
先生	先	出生

从（2.2）的例子可以看出，这些复合名词中，有些语义无法由构词成分的语义直接推断出来，实际上两者之间语义的相关程度，从上到下似乎也正好逐渐下降。这似乎和之前提到的复合名词的解释有所冲突。不过，本书对名词的解释，不应该视为一般语法的定义，而应该用第一章所提及的功能语法的观点来理解。所以，"复合名词的语义与构词成分的语义直接相关"并不是一个定义，而是一个准则，是用来说明最典型的复合名词的。这样的复合名词，就是我们第一章所讨论到的原型。除此而外，当然还有非原型的复合名词，它们的意义，就不是可以由其构词成分的意义直接推断出来的了，如（2.2）中的"小说、先生"等。其实，复合名词和其构词成分之间语义的相关程度，可以有许多个不同的程度，读者诸君不妨在（2.2）的排列中，试着在适当的位置插入其他的复合名词，如"常识、日历、汽车"等。如此则不难看出复合名词是一个连续统，从原型的"中文、女儿"等，一直延伸到"小说、先生"之类的非原型复合名词。同时，由于各人对复合名词的来源及演进，在认知上有很大的差异，因此，对复合名词与其构词成分之间的语义关系的亲疏，也往往会在判断上产生因人而异的情形。例如，以一年中的某些节日名称而言，"中秋"固然是一个近乎原型的复合名词，因为它的意义可以很容易地从"中"和"秋"这两个字推演出来。但是"元旦、清明、端午、上元"等，是否能同样地推演，则端视个人对中文历史演变的知识而定。

当然，复合名词也可以用其他方法，作进一步的分类：同义（synonymous）复合词、反义（opposite）复合词、范畴（category）复合词及含有准词缀（quasi-affix）和半音译（half-transliteration）的复合词。这几类复合名词，在下面（2.3）—（2.7）中举例说明。

同义复合名词是由语义相同或相近的成分所构成。

（2.3）复合名词　　　　构词成分
朋友　　　　　　　　朋＋友
树木　　　　　　　　树＋木
森林　　　　　　　　森＋林
游泳　　　　　　　　游＋泳
教授　　　　　　　　教＋授
烦恼　　　　　　　　烦＋恼

上列各复合名词，都是由两个同义字或近似同义字组合而成的。虽然在现代汉语中，有些仍保有很近似的意义，如"朋"与"友"；但是有些却已经相当不同了，如"树"与"木"。

反义复合名词是由语义相反的成分所构成。

（2.4）复合名词　　　　构词成分
买卖　　　　　　　　买＋卖
开关　　　　　　　　开＋关
长短　　　　　　　　长＋短
高矮　　　　　　　　高＋矮
大小　　　　　　　　大＋小
轻重　　　　　　　　轻＋重

（2.4）中的最后四个例子可以归纳为另一个小类别，这类复合名词是由两个反义的形容词构成一个普通的度量衡单位。在这类复合词中，一般而言，位于前面的形容词通常是两个词中无标记的（unmarked）

一个。也就是说，这个形容词单独使用时，不一定含有异乎寻常的意义。例如"他多高？"这句话，并不一定表示他长得很高或者高于一般人或某人。但是如果说"他多矮？"，那么，就表示"他比一般人或某人矮"。

范畴复合名词是由属于相同概念范畴的成分所构成。

（2.5）复合名词　　　　　构词成分

书报　　　　　　　　书 + 报

花草　　　　　　　　花 + 草

车马　　　　　　　　车 + 马

斤两　　　　　　　　斤 + 两

下面例（2.6）中含有准后缀的复合词是由一个简单名词（通常为单音节），加上一个类似词缀但却不增加其实质语的词。①

（2.6）复合名词　　　　　准词缀

客人　　　　　　　　-人

主人　　　　　　　　-人

父亲　　　　　　　　-亲

母亲　　　　　　　　-亲

老虎　　　　　　　　老-

老鼠　　　　　　　　老-

老师　　　　　　　　老-

上例中的准词缀"-人、-亲、老-"加在"客、主、父、母、虎、鼠、

---

① 在这里所附加上的成分并不是一个真正的前缀或后缀，因为在各方面它们都不具有衍生性。详见 Chao（1968：221—225），在此我们只提供一些例子以便参考。

师"的前或后，既没有增加任何意义，也没有改变原来的意义。而且，这些准词缀不能任意地附加一个单音节的名词的，例如："* 访人（作'访问的人'解）、* 姊亲、* 老狮（作'狮子'解）"。

下面表（2.7）中半音译复合词包含一个音译部分和一个简单名词，而这个名词具有描述音译词的功用。

（2.7）复合名词	音译来源＋描述语
加农炮	cannon –炮
吉普车	jeep –车
卡车	car –车
逻辑学	logic –学
冰淇淋	冰–cream
白脱油（牛油）	butter–油
费城	Phi（ladelphia）–城
加州	Ca（lifornia）–州

上表中的各名词，多半是部分音译，然后加上一个名词表示其所属种类，如"吉普"为音译自英文 jeep，然后加上"车"以表示是一种车子。"冰淇淋"则是个例外："淇淋"音译自 cream，但所加是一个形容词"冰"。另外，"卡车"中的"卡"是英文 car（小汽车）的音译，显然是误用，不应作"货车"解。不过，类似的情形其实在借词时经常发生，如日文的 miluku 是借自英文的 milk，在日语中却仅指"牛奶"，而不是像英语中那样可以泛指任何种类的奶。

当然，以上（2.3）—（2.7）所列，仅是举例说明，并不详尽。而且，根据结构的形式，还有其他类别及其他分类方法，如：偏正式（"黑道、温度计、电影明星"等）、主谓式（"地震、佛跳墙"等），此处也无法一一罗列。上面的分类只是用来显示汉语是透过怎样的步骤构成复合名词的。更重要的是，这样可以说明汉语之所以会有这些复合词的一个基本原则：汉语已经逐渐脱离单音节的构词结构。^①这项原则在（2.3）同义复合词及（2.6）准词缀复合词中最为显著。前者的两个成分，其中任何一个的意义大略就相等于该复合词的意义，但是在现代汉语中都使用复合名词，其目的是要避免使用单音节词。而后者词缀的加入，对复合词的语义也没有任何贡献，它的出现也只是为了避免单音节词的使用而已。这个避免使用单音节词的原则，也适用于下节中后缀"-子"的功能。

2.2　名词后缀"-儿"与"-子"^②

名词后缀，顾名思义，亦即附加在名词之后的词缀。当然，汉语中的名词后缀不仅只有"-儿"和"-子"两个而已。然而它们之间有相当的不同。后缀"-子"或"-儿"的添加，一般而言，都不会增加或改变词根名词原来的意义。而其他的名词后缀，多少都会具有添加语义的功能。例如，"作家"和"钢琴家"中的"-家"字，就具有"专家"的意思。这些具有语义的后缀通常被当作独立的词项习得，并且在句法上的表现不如"-儿"和"-子"这两个后缀来得多彩多姿。此外，"-儿"和"-子"的使用极为广泛，而其他后缀则往往有许多限制。例如，另一个类似的后缀"-头"就只能用在少数几个特定的名词之后，如"石头、木头、舌头、骨头"等。

后缀"-儿"通常被视为一个用来表示"小"的词缀，而且通常是不自成一个音节；不过，在有些方言中（例如，杭州方言）它也可以是成音节的。以下是一些经常与"-儿"一起出现的名词：

---

① 汉语逐渐脱离单音节构词结构的解释之一，请参看 Chu（1974）。
② 详见 Chao（1968：228—242）。

花儿　　　马儿

画儿　　　小孩儿

电影儿　　歌儿

关于这个后缀还有许多值得注意的地方：

(2.8) 何时可以使用"-儿"后缀并没有决定性的规则来约束。例如：

花儿　　草儿　　*树儿

(2.9) 此后缀指小的语义几乎已经完全丧失，但偶尔当说话者加上这个后缀时，可以表达出轻蔑的语气。例如：

他是什么人儿嘛①？

(2.10) 名词加上"-儿"以后，发音的改变十分复杂，②对外国人或甚至学说普通话的中国人而言，都非常困难。然而，这个后缀在大多数的情况下对于整个名词的语义并没有任何贡献，尽管在发音上它明显地增添了北方口音。因此，在汉语作为外语或普通话教学中，应该尽量避免在初学时教授这个后缀加上后所起的复杂变化，而应该等到后期对发音作更精确的调整时再行教学。

(2.11) 在少数的情况下，这个后缀的添加会产生特定的意义，例如：

天（天空）　　天+儿→天儿（天气）

信（信件）　　信+儿→信儿（信息、消息）

但这些少数的情况，在年轻一辈的普通话中已经在逐渐流失之中，而在台湾则更是早已完全消失了。

---

① 句末助词"嘛"可以视为一个修辞问句（rhetorical question）的标记（marker），但这并不是我们在此关心的重点。

② 详见 Cheng（1974）。

第二章　名词和名词组

另一个后缀"-子"虽然跟"-儿"一样，除了极少数例外（如"面"与"面子"），在一般情况之下，并不增加或改变词根名词原有的意义；不过，其用法却跟"-儿"有很大的不同，它在大多数的情形下都是必要的。原因可能是它具有音节性，也就是说它会在它所附着的名词增添一个额外的音节。请比较下面（2.12）中的例子：①

(2.12) a. *孩　　??孩儿　　孩子
　　　 b. *桌　　?桌儿　　桌子
　　　 c. *椅　　?椅儿　　椅子
　　　 d. *房　　?房儿　　房子　　房里　　房子里
　　　　 *屋　　?屋儿　　屋子　　屋里　　屋子里
　　　　 窗　　?窗儿　　窗子
　　　　 床　　?床儿　　*床子

（上列所有附加的"-儿"，均读作 [-r]，不作 [-er]）

在（a）中，所有的变化都包含了"孩"，但却只有多于一个音节时才是可接受的。加上后缀"-儿"不会影响这个词的可接受度，因为并没有增加其音节的数目。但加上后缀"-子"以后，可接受度确实会有所改变。这是由于后缀"-子"将原来不合语法的单音节词变为双音节，因此新构成的词就可以接受了。(b)也同样地显示出"-子"是必要的，这就是它和"-儿"的不同之处。

而（c）(d) 中可接受与否的事实，就不是那么黑白分明。这五个单音节词单独出现时，它们的可接受度本来就不一样。加上"-儿"以后，其可接受度却几乎相等，而加上"-子"以后，则有的变得完全可

---

① 可接受度的判断可能因人而异，尤其是（c）和（d），不过此现象也恰恰解释了汉语中避免单音节名词的原则正在扩散中。

接受，有的却根本无法接受。

从（2.12）中的四组名词中，可以作出以下的归纳。后缀"–子"的使用仅仅在于把名词变为双音节，以避免单音节结构的出现。但这个原则似乎并不适用于整个名词的词类，因为有些名词仍然允许以单音节的形式出现，例如"窗"。有些名词甚至于还必须是单音节，例如"床"。绝大多数的名词（事实上大多数的词都是如此）似乎都已经转变为多音节，或正朝着多音节结构的方向在改变。如果这样的观察是正确的，那么，一个汉语名词是否能加上后缀"–子"，似乎不能以一个绝对严格的标准来判定。也就是说，一个名词可否加上"–子"为其后缀，及应否加上这个后缀，其判断的标准应该要允许某种程度的弹性才是。

因此，根据适用后缀"–子"与否，单音节名词可以分成三类：（一）必须使用"–子"为其后缀，（二）不得使用"–子"为其后缀，（三）可以自由选择是否使用"–子"为其后缀。兹举例说明这种分类方式。

（2.13）必须与"–子"连用的名词词根：

桌	椅
屋	房
鸽	筷
银	饺
院	扇
袜	肚

（2.14）不可与"–子"连用的单音节名词：

床	球
米	饭
菜	书

第二章 名词和名词组

报	笔
天	城
纸	鱼
碗	树

尽管以上（2.14）中的名词不能使用"-子"为其后缀，但其实这些名词经常会与其他的词素结合而鲜少单独出现。例如，"报纸"和"城里"都比单音节的"报"和"城"出现的几率要高得多。

（2.15）可以自由选择"-子"作为后缀的名词词根：

刀（子）　　票（子）
鞋（子）　　车（子）
鸭（子）　　身（子）

这样的名词三分法，并没有一个绝对的标准，这点现在应该已经很清楚了。每种分法，必须借记忆个别的名词来学习。然而事实上倒也有个趋势，那就是，除了那些十分常用或是极少使用的名词以外，大多数的名词都偏向使用双音节的形式。这就是上面提到的那个原则：尽量避免使用单音节名词。

最后，虽然后缀"-子"通常是附加在用来表示物质实体的具体名词之后的，但有一些抽象名词，也可以用它来作为后缀：

（2.16）法子　　例子
　　　　拍子　　乱子

2.3 方位词

尽管现代汉语不是屈折语，但是它仍然存有一些极为类似屈折变化的构词形态，这些构词形态早已失去了它们的语义内容，其所以使用，多半只是基于句法上的目的。本节所讨论的方位词和下节的量词就是其中两个例子。

方位词又称为地方词后缀，当它加在某个名词之后时，该名词即可出现在方位介词"在"和方向介词"到、往、从"之后。在句法上，这和英文中表示地方的名词，可以放在 at、in、on、to、toward 和 from 等方位或方向介词之后是相同的。汉语中最常见的方位词不外乎是"上、下、里、外、这儿、那儿"。此外，"下"和"外"似乎是方位词中语义最丰富的两个。

英文中，所有的名词都可以出现在方位或方向介词之后，包括由其他词类派生而来的名词。而在汉语里则只有特定的一些名词可以如此使用，其他的名词都必须先与方位词结合，才能够出现在这些介词之后。汉语的方位词因此主要是用来行使句法功能，它使一些名词有资格出现在某个特定的位置，方位词本身所带有的语义反而是次要的。

汉语的名词，根据是否能出现在方位或方向介词之后而成为一个地方词，可再细分为三类：

（一）必须与方位词结合才能成为地方词的名词。换句话说，这类名词无法直接成为地方词，也因此可以称为"非地方词"。大部分的名词都属于这一类。

（二）无论出现在句中何处，都不能与方位词结合的名词。这类型的名词可以称为"先天性地方词"，只有表地名的专有名词属于这一类。

（三）在方位或方向介词之后，可以自由选择是否与方位词连用的名词，这类名词可以称为"任意地方词"。这也是这三类中最不稳定的。一个属于这类的名词是否应与方位词连用，会随着说话者个人及时间的不同而改变。换言之，后面加不加方位词常常会因人而异，即使是同一个人，也会因时而异。

以下（2.17）—（2.19）举例来进一步说明这三类名词。

（2.17）非地方词：

  桌子　　　汽车

  椅子　　　冰箱

  街　　　　书

  老师　　　学生

例如：

（a）在　桌子/椅子/冰箱/街　上

（b）在　车/书　上

（c）在　老师/学生　那儿

（d）到　桌子/椅子/车子/冰箱/老师/学生　这儿（来）/那儿（去）

（e）到　车子/街　上　去

很明显，汉语中的"在……上"可以视所接的名词而分别解释为英文的 in 或 on，就像在上例（a）和（b）中。当 in 的语义必须用在（a）时，可以用"里"来取代"上"作为方位词。而当（b）中的介词"在"解释作 on 时，"上"可以用"上头"来代替。由此可见，"上"在某些地方似乎已经失去了它的语义内涵，但并不是在所有的情况都是如此。① 此外，由（c）和（d）可看出，"这儿"和"那儿"是最中性的两个方位词，换而言之，它们在所有的方位词中，不但最不具语

---

① 英文中的 in 和 on 就是一个对等的例子。试比较 on the street 和 in the street，及 on the desk 和 in the desk。在 the street 中两个词语义的差距，比 the desk 中两个词的差距小得多。

义内容，也不表达任何与该名词相对的位置。类似这样的功能在英文中，是由 at 来表示地点，由 to 或 toward 来表示方向的。因此，"在图书馆那儿"应译为 at the library（试比较"在图书馆里"in the library）。不过，"在冰箱那儿"却绝对不能译为 *at the refrigerator，而应该说成 somewhere near the refrigerator。(e) 中的例子则是"上"再加"到"来表示方向的用法，这种情况十分常见。

（2.18）先天性地方词：

    美国　　　　　　中国
    上海　　　　　　台北
    巴黎　　　　　　加州

例如：
我住在中国。　　（*我住在中国里。）
他在美国念书。　（*他在美国里念书。）

正如前面所提过的，代表地名的专有名词即属于这一类。然而这些名词仅限于大陆、国家、州、省、市、县、乡镇等的名字，亦即这些名词必须界定出一个区域。而专有名词如山岳、河川、湖泊及其他的地理名称则属于非地方词，其后必须跟有方位词才能确实表示方位或方向，例如："他在日月潭里游过泳"。试比较"他到日月潭（*里）去玩了"，其中"日月潭"表示的，是这个地方，而不是那个湖。所以，如果说"他在日月潭游过泳"，那么，事实上他可能真的在日月潭里游过，也可能只是在日月潭这个地方的一个游泳池里或者附近的池塘里游过。

（2.19）任意地方词：

    学校　　　　　　办公室

客厅	图书馆
厨房	火车站
邮局	飞机场
政府	警察局
第三十四街	

例如：

他们在客厅（里）看电视。

这类名词不论是否有方位词都可以当作地点来使用，至于是否要使用方位词，则可能是个人的习惯与偏好，似乎没有硬性的规则来限定。（2.19）中所有的名词，除了"政府"以外，语义上都是地点的名称。而把"政府"当作地点名称，有可能是"政府机关"的简称。这似乎指出了汉语中一项很重要的变化：部分的地点名称正逐渐在没有方位词的情况下当作地方词来用。当然，这些地点名称至少必须是双音节，这和（2.12）中提到现代汉语避免单音节结构的原则正好相符。

至此，我们只讨论了具体名词和其方位词的组合。接下来的一个问题就是抽象名词了。抽象名词几乎没有例外都是非地方词，此外当作名词使用的词组也都是非地方词。下面几个例子说明了这点：

（2.20）（a）从行动上追求知识。

（b）自实际的操劳上去体会爱国的意义。

（c）在科学上跟教学上都有更广的意义。

（2.20）的每个句子中，"上"都是可以省略的，但尽管这样的省略不会使原来的句子变得完全不合语法，却会造成一种略带文言味道的感觉，这是由于古汉语中本来是没有方位词的关系。

方位词也可以和某些后缀结合，而形成地方词，例如（2.21a）中所列举的：

(2.21) a. $\begin{Bmatrix}里\\外\\上\\下\\前\\后\end{Bmatrix} + \begin{Bmatrix}-面\\-头\\-边\end{Bmatrix}$

b. $\begin{Bmatrix}左\\中\end{Bmatrix} + \begin{Bmatrix}-面\\-边\end{Bmatrix}$

c. $\begin{Bmatrix}东\\南\\西\\北\end{Bmatrix} + \begin{Bmatrix}-方\\-面\\-边\\-部\end{Bmatrix}$

在（2.21a）中，方位词与后缀结合后所产生的地方词，可以再进一步与另一个置前的名词一起组成一个地方词词组，如"学校里头"。（2.21b）—（2.21c）的例子中并不包含任何方位词，但其组合而成的词，却可以用作地方词，故列出以供参考。

2.4 量词

量词又称类别词（classifier）。不过，精确地说，量词和类别词并不完全相同。后者仅用来将名词分类，多半只有语法功能，没有实质语义。许多非洲语言都有类别词。汉语中似乎只有"个、头"等量词接近类别词，如"一个人、一头牛"。量词则顾名思义是表示名词的数或量的，如英语 a cup of tea 中的 cup, a loaf of bread 中的 loaf，汉语"一杯茶"中的"杯","一份报"中的"份",都是量词。本书不拟作如此细致的区别,故统称"量词"。汉语和英语量词最大的不同在于,汉语的名词,只要前面有数词或指示词,就一定要有量词出现;而英语则并非所有的名词在前面有数词或指示词时,其前都必须有量词。例如,"一本书"相对于 a book,汉语用量词"本",而英语没有与之对应的量词。在英语里,有时候有量词与否,亦可以用来区别语义,例如:a pie "一个派"相对于 a slice of pie "一片派",a paper "一份报告"相对于 a piece of paper "一张纸",a cigarette "一支香烟"相对于 a pack of cigarettes "一包香烟"。也有反例,例如:a coffee 意思和 a cup of coffee 完全相同,意思指的都是一杯咖啡,不过语义虽然完全相同,但使用场合却完全不同。

汉语的量词,是一个封闭集合体,意思就是说,汉语非常不容易会有新的量词产生。但事实上,任何具体名词都可以借来作量词使用,如:"一脑袋坏主意"。因为这整个词组可以看作是"一脑袋的坏主意"省略掉"的"而派生出来的,所以,这里的"脑袋"至少可被视为一个准量词。

以下是一些最常用的汉语量词:[①]

(2.22) 普通量词:

(a) **个**　用于"人"或是相似于人的物,例如:一个玩偶。另一方面,"个"也是所有量词中最中性的,因此它可以使用于任何没有特定量词的可数名词,例如:一个奖学金。有时,它也可以取代任何特定的量词来表示一种轻松随性的态度,例如:买一个玩具什么的。

(b) **本**　用于"书"或是和书本具有相同性质的对象,例如:一

[①] 更完整的汉语量词表请参看 Chao(1968:589—620)。

本日记。

(c) 张　用于"纸"或任何与纸具有相同形体的东西，例如：一张报，一张报告。在这两个例子中，实际上所指的纸可以是一张或几张，但若"报"或"报告"是复数，则另有一个量词"份"更为贴切，例如：两份报、五份报告。

(d) 条　用于如"街、河、虫"等通常为细长形的物体，并且这些物体也可以是弯曲的。

(e) 支　用于如"笔、枪、香烟"等细、长且直的物体。与"条"不同的是，"支"必须用于直且不弯曲或者无弹性的物体。

(f) 根　用于"草、甘蔗"等细长而浑圆的物件，但在很多情况下，"根"可以和"支"互相替换。

(g) 块　通常用来指块状的形体，例如：一块面包、一块西瓜、一块蛋糕。而用"块"来作其量词的物体并不一定要具有固定的形体，例如：一块石头。"块"也可以作为货币单位，例如：一块钱。

(h) 件　用于"衣服、事情、家具"等，例如：一件衣服、一件事情、一件家具。

(i) 份　用于"报、报告、礼物"等，例如：一份礼物、一份礼金。

(j) 位　用于称谓，表示客气，例如：三位客人、一位女士。"位"通常都不跟"人"或"小孩"合用，例如：*两位人、*五位小孩。至于有些用法，则是处于边缘状态，如"八位学生"也许有人会觉得很牵强，但也不是绝对不可以，这得看使用人的态度而定。

(k) **双** 用于"鞋子、袜子、筷子"等两两成对的物品。在一些方言里,有以"对"来取代"双"的。

(l) **副**或**付** 用于特定的一些表示成对物品的名词,如"眼镜、手套、对子"等,这些对象通常也是两两成对的,与"鞋子、袜子、筷子"等在"成对"的语义上,并无差别,但在习惯上却用不同的量词。而在一些方言里或是个人的使用习惯中,"双"常常可以用来取代"副",但是当用在如"牌"这样的名词时,通常指的是整套(副)的牌,而不是两张牌。

(m) **套** 与"家具、衣服、书"等合用,用来指一套完整的组合。

对一个学汉语的外国人或学普通话的中国人来说,上面所列的量词绝对是不够的。此外,汉语的量词很多必须一个个逐字学习,尤其是一些用来指特定名词的。然而,现代汉语也有一个趋势,逐渐以用指非特定名词的"个"来取代其他指特定名词的量词。也因此,尽管有些名词有其特定的量词,但它们可以用"个"来代替,虽然这是不受汉语老师欢迎的一种偷巧的办法。以下是几个这类的名词:

(2.23)(a) 以"个"替代"张":

一个桌子

一个椅子

(b) 以"个"替代"盏":

一个灯

(c) 以"个"替代"座"或"栋":

一个大楼

(d) 以"个"替代"块":

　　　　一个牌子
　　（e）以"个"替代"顶"：
　　　　一个帽子

汉语中还有很多如（2.23）所列，可以用"个"来替代特定量词的名词，然而这种替代情形经常因人而异，而且往往同一个人在不同的时间，也可能使用不同的量词。尽管如此，"个"通常是用来取代一些不常用的量词，而这些被取代的量词，通常和名词本质不具有特定关系，例如把"一张纸"说成"一个纸"就不是很合适的。

量词"个"也使用于新名词（a）和抽象名词（b），如下：

（2.24）（a）一个电视
　　　　　一个原子弹
　　　（b）这个主意
　　　　　一个行动

因为量词是由名词演变而来的，所以有些量词仍然可当名词使用。也因此，有些具体名词也可以用来当作量词，但这仅限于这个量词前有数字"一"出现时，且它所指的是"很多"的意思，例如：

（2.25）一手的油
　　　　一地的书
　　　　一屋子的人

2.5　结语

本章一共讨论了四个与名词及名词组有关的问题：（一）简单名词与复合名词之间的关系，（二）名词后缀"-儿"和"-子"的特性，（三）名词组中方位词的功能，（四）量词的用途。讨论的重点，最基

第二章　名词和名词组

本的，当然是列举事实，并加以说明。但是，一般的语言事实，往往看似杂乱无章，好像是无规则可循的。汉语的名词与名词组，也不例外。所以，语法书的另一项任务，是面对着这样看似杂乱无章的事实，来整理归纳出一些基本的原则，但这些原则必须既不违背实情，而又条理分明、合情合理。本章在叙述语言事实时，也作了一点如此的尝试。本节再针对这方面作一个总结。

　　本章虽然按照传统，将名词分为简单名词和复合名词两大类，但是，同时也承认这样的分类并不是自然的分野，而是为了记录上的方便，用人为的方法得出来的结果。事实上，如果要从这两大类的极端来观察，固然会显得黑白分明；然而，越往这两大类的边缘，越会发现有很多无法一刀两断的情形。以双音节名词为例：就"鹦鹉、馒头"与"手表、茶杯"而言，前两者是简单名词，后两者是复合名词，固不待言；但是，"先生、小说、钢笔、原子笔"等究竟应该如何归类，就大成问题了。这不但牵涉到如何为这两类名词下定义，而且还与个人对中文的认识有关。所以，传统上一成不变的语法规则，便无法对这样的语言事实作一个适当的处理。反之，以认知功能语法的观点，则可以承认最典型的简单名词和复合名词为原型，在这两者之间的为非原型。而这些非原型的名词，又是渐次重叠、连绵不断地形成一个连续统。至于这个连续统中各个个体排列的次序，则受到很多因素的制约，如个人对汉语的熟悉程度，对外界的认知，等等。例如："先生"从字面上解释是"先出生"的意思，似乎与"对男性的尊称"并无关联；但是如果对中国文化中长幼有序的观念有所了解的话，就不难体会出这个词的字面与实质意义之间的关联，也就会认为"先生"并不是一个彻头彻尾的简单名词了。所以，本章对这两类名词的处理方式是：先指出两个原型的不同，然后再说明这两个原型之间各种程度的差异。碰到模棱两可的情形，绝不用削足适履的方式将之归入某类，而是承认这种情况的存在，让读者来亲自体认应该如何处理最为合适。

其他三个问题的处理，也是采取同样的办法。

单音节名词之是否能加后缀"-子"的情形，亦复如此。有些单音节词一定要有"-子"这个后缀，才能以名词身份出现，如（2.13）；也有的单音节名词绝对不能加"-子"，如（2.14）；可是，在这两者之间，也有一些可用可不用"-子"的，如（2.15）。而且这些游离分子，有的时候可以归并在第一类，有的时候又可以归并在第二类。究竟如何归并，则又得视个人及认知等因素而定。

方位、方向介词"在、往、从"等后的名词，是否需要方位词，固然有较为固定的规则：除了真正的地名（如"中国、台北、北京、纽约"等），其他的名词，其后都必须有一个方位词（如"上、下、里、外、这儿、那儿"）才能作上述介词的宾语。可还是有例外，山川、江河、湖泊等的名字却是两可的，例如"到西湖去玩"相对于"在西湖（里/上）划船"，前句中的"西湖"是指西湖所在的那个地方（最可能是杭州），虽然也包括该湖在内；而后句中的"西湖"则指那一片水泽，可以加方位词"里"或"上"，但一般用法也可以不加。不过，不加方位词时，偶尔可能产生歧义，正如第2.3节所举的例子："他在日月潭游泳"很可能是说"他在日月潭这个湖里游泳"，也可能是说"他在日月潭这个地方的某个游泳池里（或者某个池塘里）游泳"。

至于对量词的处理，也采取了同样的态度，接受某些不够明确的分野。虽然多半的量词是有其基本意义的，如"条、支、根"都可以用来与表示细长物件的名词搭配，但三者之间却有些较为细致的不同。"条"指细长而软的东西，"支"指细长而浑圆的，而"根"则仅指细长的东西。因此，如果某样物品是既细长，又浑圆而坚硬，那么，"支"和"根"两者都应该适用。事实上也正是如此，我们可以说"一支香烟""一支枪"，也可以说"一根香烟""一根枪"。（至于为什么

"一条香烟"是指十包装的一长盒,倒是另外一个值得研究的问题。)同理,如果某样物品是既细长,又软而浑圆,那么,"条"和"支"也应该是两者都适用了。结果却不然,因为我们只能说"一条蛇"而不能说"*一支蛇";同样地,只能说"一条面条"而不能说"*一支面条"。所以,这三个量词虽然其性质可以像(2.22)中那样描述,但真正的分别还必须要用更精细的方法来表述如下:

(2.26)量词"条""支""根"的基本语义:

	细长	浑圆	硬直
条	+	±	−
支	+	+	±
根	+	±	±

(+ 表示必须具有;− 表示不能具有;± 表示可有可无)

这样的表示其实还不够精细,因为实际上"条""支""根"对"硬直"这个属性而言,只有在程度上的相对差别,而没有绝对的有无之分。也因此,如果形容面条煮得很硬,为了要强调其硬度,可以说成"一根根的面条",而不用"一支支的面条",其原因就是因为"支"虽然也不排除"坚硬"的意义,但却无法凸显它的硬度。

当然,这样的解释仅仅限于非常基本的事实。量词在使用的过程中还会发生很多各种各样的变化。譬如说,"支"可以延伸而适用于其他并不细长的事物:"一支军队、一支球队",甚至于"一支全垒打"。量词"张"也有同样的延伸:从它原来表示"扁平"如纸这类的东西,延伸到"一张桌子、一张椅子",甚至于"一张脸"。但是,"一张嘴巴"则不是一般的语义延伸所能解释的了。最后这个例子,说明了一个很基本的语言事实,那就是:语言中大多数的现象固然是有规则可循,但也有少许现象确实是不规则的。语言的研究是要从看似不规则的现象中找出更深一层的规则，但是这些规则必须合情合理，必须能与其他语言事实配合，才是真正的发现。否则就只有承认不规则事实的存在，不必勉强凑合，而订出许多错综复杂的条文来自圆其说。

当然，量词的使用也受到很多认知和功能上的制约。举例来说，最普通的量词"个"常常被用来替代其他较不普通的量词："一个收音机、一个公司、一个房子"，而不用"台/架""家""栋"等。这样的用法，有的时候是说话者无意于作更细致的分别，有的时候则是故意表示随意、轻蔑等的言外之意。

总之，本章除了罗列语言事实以外，还试图以对语言的认知和功能尽量作简单合理的解释。但也不讳言，还有许多语言现象，不是确系无规则可循，就是至今还是对之不甚了解。这种情形，也就不再强求，只有实事求是地直陈事实，作一个诚实的交代。以后各章亦将以此态度介绍汉语的各种语法结构。

第三章 动 词

汉语的动词和印欧语有很大的不同。从表面上来看，汉语动词没有像印欧语动词那样的时态变化；然而，进一步观察，便会发现两者之间，何止仅仅是形式上的差异而已。举例来说，不论在构词上或句法上，英语中动词与形容词的界限都十分明确。英语的动词有时态（tense）和语态（voice）的变化，偶尔甚至还有语气（mood）的区别。但英语形容词大部分都是固定不变的，除了少数有比较的变化而外（如比较级 -er 与最高级 -est）。这是构词上的不同。从句法的层面来看，英语的动词能单独构成一个句子述语的核心，如"She came."；但形容词却必须有动词伴随出现，才能构成一个述语，如"*She is pretty."。然而汉语呢，一般的所谓动词与形容词之间，却没有上述英语这两种词类之间那么清楚的分界。汉语的动词和形容词都能单独构成述语的核心，例如"他来""这本书好"，其中的"来"和"好"，一个是所谓动词，一个是所谓形容词，但都能单独构成述语的核心。在构词方面，汉语既然没有形态变化，也就无所谓什么构词上的分别了。但是，这并不等于说，汉语就完全没有类似的分类；不过，分类的情形却与印欧语的动词与形容词不太相同。既然汉语在构词形态上并不丰富，那么，词类的区别也就不能从形态上着手。本章所采取的方法，是从语义和语法的角度来探求其类别。

3.1 动词与形容词

许多汉语语法教科书，由于按照西方语法的传统，参照英语的分类，也对汉语的动词与形容词作完全相同的明确区分。根据这种分法，"告诉"（to tell）是动词，而"对"（correct）就成了形容词。这种全然根据翻译来决定词类的方式，如果只是以语义作考虑，似乎无可厚非，但若论及语法结构的问题时，就立刻束手无策了。事实上，把词加以分类的主要目的，应该是用来增进语法知识，而不仅是学习个别词属于哪个词类而已。比如说，"了解"（to understand），根据英语的翻译应该是动词，但在很多语法行为上，它都更像形容词而不太像动词。例如，它和前面提到的形容词"对"一样，可以用"很"来修饰："很了解，很对"。而动词"告诉"就无法以"很"来修饰："*很告诉"不但不合语法，语义上也是说不通的。

还有些语法书则以"功用动词"（functive verb）与"静态动词"（stative verb）来区分汉语中的这两种词类。然而，只要仍然是用与外语对等的词性来作为决定词类分类的标准，无论套上什么名称，还是不具实质意义的。[①] 事实上，任何意图要把汉语强行作动词和形容词的区分的做法，都是没有意义的。

为了讨论上的方便，我们姑且先将这类可以单独构成述语核心的词，叫作"动词"。那么，汉语动词仍然有许多显著的特质，可供在这一词类下作次分类的标准。而这样的次分类，对汉语的语法结构是具有很强的解释力的。下面我们先从英语动词两种不同的语义，来作一分析。

[①] 请参看 Fenn & Tewksbury（1967）。

3.2 "动作／事件"相对于"状态／情境"

英语动词和形容词的分别，大致上与"动作／事件"（action / event）和"状态／情境"（state / situation）间的区别是相符合的。因此，"We described what happened." 中的动词 describe 所表达的是一个"动作"或"事件"（以下简称"行动"），而"The name is very descriptive." 中的形容词 descriptive 所表达的则是一个"状态"或"情境"（以下简称"情状"）。然而，这两种词类却不完全和语义相呼应。例如，"I understand it now." 中的动词 understand，既不表达一个动作也非一个事件，而是表示一种状态。同时，"She is just being considerate." 里的形容词 considerate 所代表的也不是一个静止的状态或情境。所以，虽然就句法而言，considerate 和 descriptive 同属形容词，describe 和 understand 也同属动词，但它们的语义关系却不完全一致，而且，在句法关系上也不相同。① 根据上述理由，一部完整的英语语法，应该包括像下面所示的交叉分类：

（3.1）英语动词与形容词的语义区分：

	动词	形容词
动作／事件	describe	considerate
状态／情境	understand	descriptive

反观汉语，当然也有这样的语义区别。而这样的区别又直接反映在语法关系上，例如："喜欢"和"好"在英语中的对应词，虽然分别是动词 to like 和形容词 good，但在汉语中却同样表达状态。因此，两者都可以

---

① 英语形容词之是否有行动意义，有时因人而异，例如"Be cool！"此句中的 be cool 有动作的意义，为美国年轻人常用语，但年纪较长者似乎很少这么用。

用程度副词"很"来修饰:"我很喜欢学汉语""她的英语很好"。也就是说,我们不必为了迁就西方语法的传统,而强行把没有构词形态变化的汉语,也放在"形容词—动词"这样的词类框架里。既然"动作/事件"与"状态/情境"直接反映在语法关系上,那么,为什么不就用"动作/事件"和"状态/情境"来作为分类的标准呢?

在我们作进一步的分类以前,还有一个问题需要解决。那就是这一大类的名称。最准确的名称应该是"述词"(predicative word),其下可依语义分成"行动词"(action word)与"情状词"(state word)。前者表示动态,后者表示静态。但是,为了不太远离传统而使人无法接受,故仍决定采用一般惯用的术语"动词"(verb)来称呼这一大类。然后再根据其语义分为"行动动词"(action verb)和"情状动词"(state verb)。"行动动词"表示动态的行为或事件,"情状动词"表示静态的状态或情境。(当然,"情状动词"中的"情状"和"动",本身在语义上就自相矛盾,不过,为了配合习惯上的使用,我们也无法再斤斤计较这样的一个小瑕疵了。)

以下略列一些根据"动作"和"情状"为标准所区分出来的动词:

(3.2)(a)行动动词:

帮助	唱	翻译	复习
告诉	给	工作	过
还(huán)	回答	回来	讲
教	进	看	来
练习	买	卖	念
去	说	跳舞	听
问	想	写	休息
学	长(zhǎng)	住	作

（b）情状动词：

差	长（cháng）	懂	干净
高兴	会	快	困
慢	忙	努力	清楚
认识	认真	少	特别
晚	喜欢	想	小
新	要	在	知道

很明显的，假如依照一般的传统语法，将与英语中对应的是动词还是形容词来作分类标准的话，那么，上列情状动词中有一部分就会被归入行动动词（例如：懂"to understand"、喜欢"to like"、想"to think"、要"to want"、知道"to know"）。而现在我们是以语义为分类的标准："行动"是指动态的行为或发生的事件，而"情状"则是指静态的状况或情境。由于"懂、喜欢、想、要、知道"表示的都是情境而不是一种客观发生的行动或事件，所以它们都被归类为情状动词而非行动动词。不过，上列两表中还有几点必须提出来讨论。首先，"长"跟"想"都在两个表中重复出现，出现在表（a）的是行动动词，出现在表（b）的是情状动词。"长"作行动动词用时读作zhǎng，如"孩子长大了"；作情状动词用时读作cháng，如"夏天日长夜短"。"想"有两种意思：一是"用脑筋去思考"，这时是行动动词，如"我在想一个数学的问题"；二是"感觉、认为"的意思，这时是情状动词，如"我想这件事不至于毫无办法"。其次，"要"虽然仅列在情状动词之下，但它也可以用作行动动词，例如："他欠我的钱，我明天跟他要去"中的"要"是"索取"的意思，是行动动词。最后，很多情状动词，有的时候从表面上看来，好像有行动动词的意义。举例来说，"认识"原本是一个情状动词，但它也可以用来表示一个事件的发

生，例如："我昨天晚上认识了一个新朋友"这句话并不表示一个静态的情况，而是表示一个动态的事件；也就是说，它说的是昨天晚上发生了这回事，而不是昨天晚上存在着这么一个情况。换句话说，这句话里的"认识"跟"我认识这个人"里的"认识"不同，前者表示一件事情的发生，而后者表示一个情况的存在。不过严格地说，这个动词的动态解释，其实不是动词本身具有的意义，而是由加上的"了"字而来的。这样的情形，在汉语中经常发生。以一个彻头彻尾的状态动词"好"来说，当后面跟着"了"时，也就会有动态的解释："今天天好了"的意思跟"今天天气好"相比，前者是"天气从坏变好"，有动态的解释，后者则没有。这种情形，当留待以后讨论"了"字时再详加说明。

将汉语动词分为行动动词和情状动词两个次类，其目的当然并不仅是分类而已。更重要的是：这两个次类与语法上各种结构形式有关。换言之，这两类动词，除了语义上有所不同以外，在语法上也各异其趣。所以，将它们如此分类也有助于语法的了解。对学习者而言，这样的分类概念是有助于语法的准确使用的。以下的几种基本语法结构，是由动词的这两个次类的分别来决定能否使用的：

（3.3）情状动词与行动动词在语法上的区别：

	情状动词	行动动词
（a）用于祈使句	否	是
（b）与进行体标记"在-"或经验体标记"-过"合用	否	是
（c）与持续体标记"-着"合用	否（？）	是
（d）可用程度副词（如"很"）来修饰	是	否
（e）可用情状副词（如"好好儿地"）来修饰	否	是

下面（3.4）的例句中，可以看出哪种动词次类可以出现在哪种结

第三章 动 词

构中或与哪种形式相结合的情况：

（3.4）情状动词与行动动词的语法形式：

　　（a.i）*请认识这一个字。

　　（a.ii）请回答。

　　（b.i）*我在认识这一个字。

　　（b.ii）我在回答/回答过这一个问题。

　　（c.i）*他懂着看书。①

　　（c.ii）别唱着歌看书。

　　（d.i）现在很晚了。②

　　（d.ii）*他很工作。

　　（e.i）*他慢慢儿地很高兴。

　　（e.ii）我们好好儿地吃一点东西再走。

（a.i）的"认识"是情状动词，所以出现在祈使句中是不合语法的；（a.ii）中的"回答"是行动动词，就可以在祈使句中出现。（b.i）的

---

① 有些情状动词似乎可以和后缀"着"一起出现：
　　（i）慢着！
　　（ii）他们正高兴着呢！
　　（iii）他喜欢着你呢！

有关（i）（ii），请参看 Chao（1968:668）。在（i）中，"慢"似乎指的是"慢下来"而不只是"慢"。"慢下来"因此含有行动的语义而不只是状态而已。有关"着"和"呢"两者间关系详细的讨论，请参看 Chu（1978a）和 Li & Thompson（1974）。

② 把程度副词（如"很"）与情状动词合用，对很多人来说可能是无法接受的，例如："我很认识他。"尽管如此，因为这个用法仍然有些人可以接受，而且对大部分人来说也都是可以理解的，因此，我们这样处理的方式应该是合理的。当然，情状动词可以再进一步细分，但这不是目前这里讨论的要点。

"认识"也是情状动词,所以有进行体标记"在-"字在其前出现时是不合语法的;而(b.ii)的"回答"因为是行动动词,所以就可以与进行体标记"在-"或经验体标记"-过"同时出现。(c.i)的"懂"是情状动词,所以不能接受持续体标记"-着",而(c.ii)的"唱"是行动动词,所以就可以和"-着"结合。(d.i)的"晚"是情状动词,所以可以用程度副词"很"来修饰,而(d.ii)的"工作"因为是行动动词,就不能用"很"来修饰。最后,(e.i)中的"高兴"是情状动词,所以不能用情状副词"慢慢儿地"来修饰,而(e.ii)中的"吃"是行动动词,就可以用情状副词"好好儿地"来修饰。

(3.2)中没有列入助动词如"能、会、可以、应该"等。这些词既然在语义上是表示情状的,也就应该算是情状动词。如果我们用表(3.3)的各种性质来测试的话,则不难发现这样的分类是可靠的。

此外,将情状动词与行动动词区分开来,对于某些语法结构的解读,也有直接的关联。下面(3.5)中是两种动词形式的解读:一种是不含体标记的动词原形,[①] 一种是其后带有语助词"了":

(3.5)动词形式的解读:

	情状动词	行动动词
动词原形的解读	过去/现在/未来	未来/习惯
带有语助词"了"的解读	状态改变	完成

下例(3.6)中的例子可以用来说明这些解读方式:

(3.6)(a)我昨天/今天/明天很<u>忙</u>。

(b)他平常/明天(不)<u>去</u>看电影。

(c)这一句话很<u>清楚</u>了。

---

① 现代汉语的体标记有"在-、着-、了-、过-、起来-"等,请参看第6.1节。

（d）他走了。

根据（3.5）中的解读，（3.6a）的"忙"是情状动词，而以动词原形出现，其解读是"过去""现在"或"未来"都可以。（3.6b）含有行动动词"去"，也以动词原形出现，所以可以解读为"未来"或者"习惯"。实际上，一个动作或事件，是很难仅仅牵涉一个现在的时间点的，所以无法解读为"现在"。（3.6c）含有情状动词"清楚"，加上"了"以后，解读为"状态的改变"，也就是从"不清楚"变成"清楚"。这样的句子，在翻译成英文时宜译作"The remark became / (now) become very clear."。因为"了"在这里代表的是一种状态的改变，因此动词 become 是十分重要的。反之，若译成"The remark is / has been very clear."，则仅表达出一种状态的存在，而不表示状态的改变。许多汉语教科书在这个句子的翻译中加入个 now，固然也不错，但这个词只指出状态可能有改变，却无法点出现在与先前的状态两者之间的变动。（3.6d）中的"走"是个行动动词，后面有语助词"了"，解读为"完成"的意思。所谓"完成"，大约接近英语中的过去式或现在完成式的意思。至于汉语中完成体标记"-了"的各种功能，当在第六章的第 6.1.1 节中详细讨论。同时，"了"也可以当句尾虚词用，这种用法，也将在第六章的第 6.2.1 节中讨论。

情状动词与行动动词的区分与语法结构，还有一项很重要的关联，就是重叠形式的使用。汉语动词的重叠有好几种形式，在单音节动词中，只有行动动词可以用重叠的方式来表达尝试体，[①]情状动词则是不能如此使用的。例如：

[①] 尝试体无法使用于情状动词，如"努力、认识、知道"等，这显示了将这些动词进一步分类的必要性。

（3.7）动词的重叠：
　　　（a）唱唱歌　　写写字　　喝喝茶　　开开玩笑
　　　（b）?忙忙　　?早早　　?懂懂　　?新新

上例（a）中的"唱、写、喝、开"都是单音节的行动动词，重叠以后都增加了"尝试"的意思。（b）中的"忙、早、懂、新"都是情状动词，重叠以后，在一般的情况之下，都不能作"尝试"的意义解。（虽然有的还是合语法的，如"早早"可以当副词用，却很难作"尝试"意义的解读；也有些是无论作任何解读都是不合语法的，如"*困困"。）

至于双音节动词，则有两种重叠的方式：ABAB 和 AABB。用 ABAB 重叠方式来表达尝试体仅适用于行动动词；AABB 重叠方式则仅适用于情状动词，用来增强这个情状的程度。情状动词重叠以后，往往要再在其后加上一个"的"或"地"字。例如：

（3.8）（a）你得练习练习你的钢琴了。
　　　（b）他写的字总是清清楚楚的。

上例（a）中的"练习"是行动动词，以 ABAB 的形式重叠后，多了一层"尝试"的意思；（b）中的"清楚"是情状动词，以 AABB 重叠后，增强了"清楚"的程度。

讨论至此，对某些与汉语动词分类相关的问题必须作进一步澄清。首先，前面曾提到过，同一个词可以同时是行动动词或情状动词，"想"就是一个例子。不过，当作情状动词时，它的意思只能够是"想要"或"意图"；而当作行动动词时，只能是"思考"的意思。这已经在上面提及。因此，它的重叠形式"想想"只能解释为"试着去思考"，而不可能是"试着去想要/意图"。在这一点上，"认识"和"要"也一样，它们的重叠形式"认识认识"和"要要"也只能作行动动词的解释：分别是

"试着去（获得）认识"和"试着去要求"。

此外，在某些情况下，说话者为了一时的权宜，会有意地将动词作不寻常的重叠，以表示"权宜之计"的意思，例如："高兴高兴"和"喜欢喜欢"以情状动词暂时作行动动词 ABAB 的重叠，故而分别有"将就一下，高兴一点吧！"和"勉强喜欢一下（这件事/这个东西）吧！"的解读。

3.3 动词补语——结果、潜能与方向

行动动词和情状动词还有一点不同的地方：行动动词后面可以接"结果""潜能"与"方向"三种补语，但情状动词后面则不能接任何补语。下列是一些行动动词接结果和方向补语的例子：

（3.9）行动动词接结果补语：

  （a）看见

  （b）买到

  （c）卖掉

  （d）练习会

  （e）回答清楚

  （f）问明白

  （g）唱累

  （h）念熟

（3.10）行动动词接方向补语：

  （a）走过来

  （b）拿回去

  （c）说出来

  （d）租出去

  （e）送到家

（f）分<u>开</u>

上列加底线的部分都是补语。至于结果与方向的区别，是依其语义来决定的。这种语义上的分别，有的时候，难免会产生困难，例如："你简直是活<u>回去</u>了""台湾的股票最近又涨<u>回来</u>了"中的"回去"与"回来"，原来的语义是表示方向，但是延伸语义则是结果。

当行动动词和其结果或方向补语之间插入"得"或"不"时，可以表示"能"或"不能"的意思，这种结构称为"潜能补语"。例如，(3.9a) 从"看见"经由这个规则变化而来的"看得见"，意思是"能看见"或"能被看见"。根据这个规则，我们可以得到以下的潜能语式（只有前面几个动词同时列出肯定和否定的两种形式，其他的仅列出其中之一）：

（3.9'）由结果衍生而得的潜能动词补语：

　（a）看得见

　　　看不见

　（b）买得到

　　　买不到

　（c）卖得掉

　（d）练习不会

　（e）回答得清楚

　（f）问不明白

　（g）唱不累

　（h）念得熟

（3.10'）由方向衍生而得的潜能动词补语：

　（a）走得过来

　　　走不过来

（b）拿得过去

　　　拿不过去

（c）说得出来

（d）租不出去

（e）送得到家

（f）分不开

有一点必须注意的是，这些动词补语尽管看起来和某些其他的结构很相似，但实际上却是大不相同的。这包括：（一）"得"后面还可能跟一个补语短语或补语子句，这和潜能补语在形式上和语义上都是不同的；（二）助动词"能"和潜能补语的语义是不尽相同的。请参考以下例句：

（3.11）（a）你说<u>得</u>很对。

（b）你说<u>得</u>很像真的。

（c）你说<u>得</u>大家都很高兴。

（3.11）中的三个句子都含有一个由"得"字所引进的动词补语。这类动词补语，虽然在语法功能上各有不同：在（a）中用来作情状副词，在（b）中作为一个比较子句，而在（c）中则是一个结果子句，然而，在语义层面上却都表示结果，这与（3.9）中的动词补语没有什么区别。不过，在结构上却又与（3.9）中的形式不同：（3.9）中的动词与补语直接连在一起，而（3.11）中的动词与补语之间有一个"得"字。为了区别这两种不同的结构，我们将（3.9）中没有"得"字的动补形式，称为"动-补"结构，而将（3.11）中有"得"字的动补形式，称为"动-得-补"结构。这是权宜之计，后面将有较详细的讨论。如上所述，这两种补语固然形式不同，但所表示的意义是相同的。可是，从相反的方向来看，则是同样的语义有两种不同的表达方式。那么，当我们有一个意念，需要用一个"动-补"结构的时候，怎么知道应该用哪一种形式来表达呢？这个问题当在本章第 3.4 节"小结"中作进一步的讨论。

以上的讨论显示，这两种补语结构（"动-补"与"动-得-补"）与前面（3.9'）（3.10'）所提及的潜能补语很容易混淆。在形式上，"动-得-补"与潜能补语完全相同，无法分辨；在语义上，则"动-补"与"动-得-补"很难辨别。下面（3.12）是这样的一个比较：

（3.12）三种补语结构的比较：

	动-补	动-得-补	潜能
由"得"字引进	否	是	是
表示"结果"/"方向"	是	是	否
表示"潜能"	否	否	是
举例：	吃饱	吃得很饱	吃得/不到

上述三种不同的结构中，"动-得-补"和潜能补语都是由"得"引进其中的补语的，也因此可能导致歧义的产生。例如：

（3.13）他跑得快。①

上例可以表示一个结果，也可能表示潜能。不过，"动-得-补"形式的补语前可以插入一个修饰词，而潜能补语中是无法插入任何修饰词的。所以一旦在"得"和其后补语之间插入了一个修饰词，这种歧义就消失了，例如："他跑得很快"。这时，"很快"只能作结果补语，

---

① 有些语法学家把它区分为两种形式，一种是把"跑得快"当作一个词来看（潜能动词词尾），另一种是把"跑得快"当作两个词所组成（动词补语）。任何懂汉语的人都看得出，这种分法是很牵强的。

而不可能是潜能补语。

现在再谈语义上的解读,"动-补"和潜能补语都只有一种意义。前者是动词和其行动所产生的结果,而后者则说明施事者(agent)对该行动所具有的实行能力。至于"动-得-补"的语义,往往就不是那么固定了。这个补语虽然多半是一个结果,但也可能表达一种情状,或者一种比较,请参看(3.11)。其补语所指的,甚至也可能是一种范围、程度,或任何存在于补语和动词间的关系,例如(3.14)中的例子:

(3.14)(a)你话说得太多了。

(b)这个伤口痛得真厉害。

(c)他跑得真快。

(a)中的"太多"通常视为范围补语,而(b)中的"真厉害"则视为程度补语。但一个补语表达的是范围还是程度,似乎和补语的核心意义以及它和动词之间的关系有关,而不是补语本身的语法功能。因此,要明确指出(c)中的补语究竟具有何种意义,似乎并不容易。它既可以视为一种情状,也可以视为是一种结果,这完全要看"跑"和"快"之间的关系如何解读而定。①事实上,一个补语与动词间可以存有数种语义关系,而这是和两者间有多少兼容性有关。

由(3.11)来看,"动-得-补"中补语的长度可以短自一个单词起,长到一整个句子;而其他两种结构的补语,则都只能是单独一个词。因此,像(3.13)这样的结构,一旦在"得"和"快"之间插入了如"很"这样的一个程度副词,原先存在的歧义就消失了。

---

① 这个问题过去曾困扰过许多研究汉语的学者,详情请参看 Hashimoto(1966:134ff)。

接着，我们把焦点转向潜能补语和助动词"能"之间的差别。首先，有许多补语，基本上只能出现在潜能形式中：

（3.15）（a）买　得/不　起
　　　　（b）搬　得/不　动
　　　　（c）来　得/不　及
　　　　（d）坐　得/不　下

上面（3.15）中的形式几乎已经成了惯用语，因此无论在何种情况下，都不能用助动词"能"来取代其中任何一个潜能形式。因此：

（3.15'）（a）*（不）能买起
　　　　 （b）*（不）能搬动①
　　　　 （c）*（不）能来及
　　　　 （d）*（不）能坐下

（3.15'）中的所有例子，如果作潜能补语用，都是不合语法的，虽然（b）和（d）在作其他解读时可以合乎语法。

再者，助动词"能"倾向于强调施事者执行一项行动的能力，而潜能补语则倾向于强调允许或不允许执行者做这件事的外在环境。这个差别可以从下面的例子看出：

（3.16）（a）吃米饭，南方人才吃得饱。/ 不吃米饭，南方人吃不饱。
　　　　（a'）? 吃米饭，南方人才能吃饱。/? 不吃米饭，南方人不能吃饱。
　　　　（b）这件衬衫我们洗得干净。

---

① （3.15'b）和（3.15'd）之不合语法，乃系针对该两形式不能解作"搬得/不动""坐得/不下"而言。

(b')这件衬衫我们能洗干净。

(c)这件衬衫洗得干净。

(c')?这件衬衫能洗干净。

(a)含有潜能补语"吃得饱/吃不饱",因为这里所强调的不是施事有否吃饱的能力,而是客观环境能否让他吃饱,所以不能用助动词"能"来取代潜能补语,因此(a')的可接受度远低于(a)。(b)和(b')同时含有施事"我们"与受事"衬衫",因此既可用潜能补语"洗得干净"来强调洗衬衫的客观状况,也可以用助动词"能"来强调施事"我们"的能力。(c)和(c')中施事没有出现,因此,以潜能补语来强调洗干净衬衫的客观状况,要比用助动词"能"来强调没有出现的施事者,恰当得多。

下面还有些对比的例子,用助动词"能"的,强调施事的能力,用潜能补语的,强调事情的可行性。所以,(a''')和(b''')由于没有施事,不如(a')和(b')来得自然。当然,有时施事可能已经在前文中出现,那就另当别论了。

(3.17)(a)这本书谁都看得懂。

(a')这本书谁都能看懂。

(a'')这本书看得懂。

(a''')?这本书能看懂。

(b)这样好吃的东西,他才买得着。

(b')这样好吃的东西,他才能买着。

(b'')这样好吃的东西,在中国才买得着。

(b''')?这样好吃的东西,在中国才能买着。

此外,助动词"能"的否定形式"不能"通常解释作"不应该""不可以"或"禁止"的意思。换句话说，它所表达的是说话者的允许与否，而和环境是否允许比较没有关系。因此，下面（3.18）中的形式，全部都十分地拗口，有些甚至于没有合理的解释。

  （3.18）（a）不能吃饱

    （b）不能走到

    （c）不能听/看懂

    （d）不能洗干净

    （e）不能做好

    （f）不能学会

    （g）不能买/找着

    （h）不能听/看懂

    （i）不能开开

    （j）不能做了（读作 liǎo）

    （k）不能写完

  最后，疑问的形式"能不能"，视主语的人称而有三种不同的解读。如果主语是第一人称，"能不能"是用来请求对方的允许，如（3.19a）。如果主语是第二人称，则这个问句的解读多半是"要求"或"命令"，而不是真正的一个问到对方能力的问题，如（3.19b）。如果主语为第三人称，这时问题所问的才是这个人的能力，或是问环境是否允许此人做此行动，如（3.19c）。

  （3.19）（a）我们能不能把汽车开走？

    （b）你能不能把汽车洗干净？

    （c）他能不能吃完这么多的东西？

在（3.19c）的情况下，用潜能补语也可以达到相同的目的。因此，下面（3.20）和上面（3.19c）的意思是相同的。

（3.20）他<u>吃得完</u><u>吃不完</u>这么多的东西？

由以上的讨论，我们可以得到一个结论：助动词"能"并非在所有的情况下都能用来代替潜能补语。只有在以下的情况下，才能作如此替换：

（一）强调施事者的能力时；
（二）当施事名词出现在句中，或可以由句子推断出施事名词的存在时；
（三）当句子不是否定句，或句子以"能不能"的问句形式出现时。

最后一个问题，是"动-得-补"的使用情形，在现代汉语中，尤其是在台湾青年人的口语中，十分不稳定。也就是说，有些人在使用动词补语时，会选择性地不用本该使用的"得"字，例如：

（3.21）这件衬衫<u>洗（得）很干净</u>。

如果不用"得"，则和"动-补"在形式上完全相同了。这种情形，尤其在回答一个只含有"动-补"形式的问题时，用得很多：

（3.22）问：你吃饱了没有？
　　　　答：我吃（得）很饱了。

关于"动-补"与"动-得-补"两种结构之间这样的连绵性，请参看第一章第1.2.2节。本章下节也将有进一步的讨论。

3.4　小结

本章对汉语动词的处理，与传统的方法有点不同。一般传统语法，将动词与形容词对立，其主要根据是印欧语的体系。其实，印欧语之所以要这样分类,多半是因为这两种词类的构词形式不同。汉语的所谓"动词"和"形容词"既然在构词形式上没有什么不同,就没有理由跟着印欧语,尤其是英语,作这样的分类。但是,我们也承认,汉语的所谓"动词"和"形容词"固然是属于同一个大类,但是这一大类还是有分次类的必要。

在分析中,我们先从其共同性着手。它们最主要的共性,就是都能在句子中充当述语的核心。因此,这个大类最合适的名称,应该是"述词"。但采用这个术语,似乎过于违背传统,恐难为读者所接受。故仍按照一般语言学的习惯,称之为"动词"。然后,在"动词"大类之下,按照具体词的语义,分成两个次类:"行动动词"与"情状动词",前者表示"动作/事件",后者表示"状态/情况"。这样的次类,不但有语义的根据,而且在语法上也有极为重要的关联。(一)只有行动动词才能出现在祈使句中,才能与进行体标记"在-"和经验体标记"-过"结合,才能为情状副词(如"好好儿的")修饰。而情状动词则可以接受程度副词(如"很")的修饰(参看(3.3)和(3.4))。(二)这两次类的动词,在以原形(即不附有任何体标记时)出现及其后接有"了"字的两种情况之下,其解读各有不同。原形的情状动词可解释为"现在""过去"或"未来",原形的行动动词则只有"未来"或"习惯"的解释。其后带有"了"时,情状动词解作"状态的改变",而行动动词则解作"完成"(参看(3.5))。(三)这两种动词次类,在重叠形式上所表现的也完全不一样。单音节的行动动词可以用重叠的形式来表示"尝试",而单音节的情状动词重叠之后,通常不能再充当述语,而只能当修饰词用。至于双音节的动词,则有两种重叠形式:ABAB 和 AABB。行动动词以 ABAB 形式重叠,与单音节行动动词一样,表示"尝试"的意思;情状动词则以 AABB 形式重叠,其功能是表示"提高该情况/状态的程度"(参看(3.7)和(3.8))。

第三章 动　词

关于重叠的形式,有一个颇为有趣的现象,那就是:虽然在一般的情况之下,双音节的情状动词只能用 AABB 的形式,如"高高兴兴、喜喜欢欢、特特别别、简简单单"等;但是,语言用户为了需要,可以临时将某些情状动词权充行动动词而作 ABAB 形式之重叠,如"高兴高兴、喜欢喜欢、特别特别、简单简单"等。这种权宜的形式,通常适用在祈使句中,有"勉为其难"的含义,上列四个重叠词,分别有:"勉强地让自己高兴一点吧!""勉强喜欢一下(这个人/这东西/这件事)吧!""就把这一次弄得特别一点吧!""勉强弄得简单一点吧!"的意思。当然,不是所有说普通话的人都能接受这类临时形式,甚至于同一个人在不同的时间、不同的场合对这些说法的反应,也会不同。这就与各人在各种情况之下的认知有关。

最后,本章讨论了三种不同的动词补语形式:(一)吃饱,(二)吃得/不饱,(三)吃得很高兴/肚子疼起来了。这三种结构,虽均称为"动补结构",但其间同异互见,易于混淆,故必须将之分辨清楚。首先,我们分别称之为:(一)"动-补"结构,(二)潜能补语,(三)"动-得-补"结构。其次,我们指出三者的语法和语义特征如下:在语义上,"动-补"与"动-得-补"都表示"结果",而潜能补语则表示"潜能"。在语法形式上,"动-得-补"与"潜能补语"相似,其中都有一个"得"字,而"动-补"则不含"得"字。至于动词后面所接的补语形式,则"动-补"与潜能补语的相同,都只能是单词,而"动-得-补"后面所接的,则可以多种多样,从最短的单词起,一直到整个句子,都可以在这个位置出现。

上面的讨论中,似乎将这三种动词补语分别得相当清楚。但事实上还是有个模糊地带,那就是"动-补"与"动-得-补"之间的选择。也就是说,当我们要同时表达一个事件的发生与其发生后的结果时,固然应该用一个动补结构,但究竟应该选用"动-补"还是选用

"动-得-补",表面上看起来非常简单:如果这个结果可以用一个单词来表达,就用"动-补",否则就用"动-得-补"。例如:"吃饱"相对于"吃得很饱/饱极了","跑累"相对于"跑得累死了"。不过,其中的分别并不是如此一清二楚的。一方面,有些人能接受"吃很饱/饱极了""跑累死了"这样没有"得"字的形式,另一方面,也有些动补结构,虽然其结果可以用一个单词表示,但却一定要用"动-得-补"这个形式来表达整个动词与其补语的结合,如"饿得慌"。事实上,这里是否需要"得"字,跟事件与结果之间关系的亲疏有关,例如:与"饿得慌"类似的事件与结果"饿死"就只能用"动-补"形式,不能用"动-得-补"形式,而"饿得死"只能有"潜能"的意思,是潜能补语。其原因乃是,在一般人的认知意识中,"饿"与"死"有非常密切而经常发生的因果关系,但是,"饿"与"慌"之间显然就没有这样的关系。在"饿死"与"饿得慌"这两个极端中间,则存在着各种程度不同的关系,这些关系,也表现在用不用"得"字的选择上,例如:饿(*得)坏了、饿(?得)瘦了、饿(得)病了,等等。换言之,"得"字在动补结构中所担任的功能是"引进补语,将之确认为结果"。如果这个补语所表达的结果是与该事件经常一起发生的,而人们又很容易把它们连在一起,承认为事件与结果,这个时候,就没有必要再用"得"字来引进以确认其关系了。

第四章　副　词

　　汉语中的副词，一般而言，在句中可以出现的位置有两个：一个是句首，另一个是主语[①]和动词之间。通常单音节副词只能出现在主语和动词之间，多音节副词则在两个位置都可以出现。除了少数的例外，多音节副词并不会因为位置的不同而有太大的语义区别；但是，这两个位置的语法功能，却是不同的：句首的副词倾向于用来将本句与前面的句子连接，而主语与动词之间的副词这种连接功能则明显地低得多，细节当在下两节中再行详述。此外，副词词组，由于是多音节，出现在任何一个位置都是允许的，然而经常基于语义的考虑，如该副词表示情状（manner），则必须放在主语与动词之间。如下面的例子：

（4.1）（a）<u>昨天</u>他来了。

　　　　　He came yesterday.

　（a'）他<u>昨天</u>来了。

　　　　　He came yesterday.

　（b）中国人<u>用筷子</u>吃饭。

　　　　　The Chinese eat with chopsticks.

　（b'）? <u>用筷子</u>中国人吃饭。

---

① 这里的"主语"是一个比较笼统的说法，关于这个名词组的定位，我们留待第七章再予以说明。

从上面的例子里可以看出，"昨天"是一个时间副词，两个位置中都可以出现，但是"用筷子"是一个情状副词，所以只能出现在主、动之间。相对的英语副词如 yesterday 和 with chopsticks 一般都是置于句尾的。此外，尽管"中国人吃饭用筷子"是可以接受的句子，但它的语法结构与（4.1b）不一样，"用筷子"在这里是一个述语，而不是一个副词；至于"他来了昨天"则听起来十分不顺畅，除非说话时在"了"和"昨天"之间插入停顿来表示，时间副词是在句子完成之后才临时想起而插入，以作补充说明。

除了出现的位置以外，还有一个更基本的问题是如何确认副词的身份，也就是说，如何知道哪些词汇属于副词这个词类。由于汉语的副词（除了情状副词如"好好地"中的"地"之外），并没有明显的构词标记，因此，唯一的方法只有透过语义，将常见的副词熟记。这时候，外国人学习汉语，如果能了解自己母语的语法，则对于辨认汉语副词就有极大的帮助，因为汉语的副词翻译为外语时，相对的词汇通常也是副词。

4.1 常见的副词与副词分类 ①

根据语义，汉语的副词一般分为："程度副词"（degree adverb）、"时间副词"（time adverb）、"地方副词"（place adverb）、"情状副词"（manner adverb）、"肯定或否定副词"（affirmation / negation adverb）、"疑问副词"（interrogation adverb）、"范围和数量副词"（scope and quantity adverb）、"评价副词"（evaluation）和"判断副词"（judgement adverb）。前六类的语义较为清楚，很容易分辨，故除了疑问副词将在

---

① 此处的分类大致上是根据 Chao（1968：780—790），不过，在类别名称的使用以及所提出的解释方面，有多处修正，特别是在第 4.1.7 和 4.1.8 两节有关"预设"和"判断"的部分。对疑问副词此处暂时不加处理，留待第十章中再作讨论。

另外一章处理外,其他五类仅就上述类别举例说明。然而,最后三类则因内容及功能较为复杂,故将作比较详细的讨论,并将另行分类,以分辨其个别语义和功能。

4.1.1　程度副词

程度副词主要是用来修饰情状动词,以表示其各种程度上的差别。兹举例如下:

很:<u>很</u>好,<u>很</u>高兴

好:<u>好</u>奇怪,<u>好</u>贵的汽车

最:他<u>最</u>喜欢看武侠小说。

真:这本书<u>真</u>好。(参看第4.1.8节的"真")

还:我的工作<u>还</u>不错。(参看第4.1.2和4.1.6节中的"还")

更:这儿冷,那儿<u>更</u>冷。

再:最好<u>再</u>熟一点。

非常:今天天气<u>非常</u>好。

十分:他们都<u>十分</u>用功。

特别:这几个学生<u>特别</u>用功。

尤其:我们的学生都很好,这几个<u>尤其</u>用功。

有(一)点:今天<u>有(一)点</u>冷。

这么:这个东西<u>这么</u>贵。

那么:迪士尼乐园<u>那么</u>好玩吗?

相当:他住的地方离这儿<u>相当</u>远。

4.1.2　时间副词

为了简化起见,语义上本身就是表达时间的词或词组,我们将不予以讨论,如"三点钟、礼拜二、上个月、明年、七月三号、一九九九年"等,因为它们的功能和用法是显而易见的。我们所要讨

论的时间副词,是那些本身不含时间词,却能点出两个事件或情状之间的时间关系的副词。例如:"我先到上海"中的"先",本身并不含有时间,但在这句话里,它能点出这件事与另外一件事(如:再到南京)之间在时间上的先后关系(这有别于在单一时间点上或一个时段内有一个事件之发生或有一种情状之存在)。这些副词所表达的是相对的时间而不是绝对的时间。因此,它们有的时候会和别的语言中的体标记很类似,例如,"正"可以译为英语中的进行体。以下是一些这类表示相对时间的基本副词:

先:他们先走了。

我们先不懂,后来慢慢懂了。

早:他们早走了。

就:我们就要吃饭了。

现在不念书,就没有时间了。

("就"所表示的结果的语义,也隐含在这两个子句的先后顺序中,请参看4.1.6和4.1.7)

才:这位老师今年才来教书。(参见第4.1.6节中的"才")

正:我打电话去的时候,他们正吃饭呢。

又:老张又去了。

再:老张说他明天再来。

还:我们都还在学中文。

你怎么还没走?(参见第4.1.1和4.1.6节中的"还")

老:你别老哭。

你怎么老是找我的麻烦?

总:与上面的"老"可以互通。

常(常):我们不常(常)看电影。

老早：孩子们老早上大学了。

已经：美国已经独立了两百多年了。

刚刚：他们刚刚走。

忽然（=突然）：张小姐忽然不见了。

马上（=立刻）：我马上就来。

往往：他往往不来上课。

永远：但愿世界永远和平。

早晚（=迟早）：骗人早晚会拆穿的。

从前：我父亲从前是律师。

后来：他先不想去，后来还是去了。

本来：我本来很喜欢看电影。

一直：他功课一直都很好。

你今天早上一直在做什么？

4.1.3 地方副词

地方副词多数是以"介系词+地方词"的形式构成的（参看第二、五两章），但有一些含有"一"或"满"的词组，也可以当作地方副词，如"一屋子、满地、满手"等。也有些地方副词是将介系词省略后而衍生出来的，如"那儿"。兹举例如下：

那儿：那儿去找这么好的人？

到处：他家里到处都是书。

一/满+名词：纽约满街都是人。

他们请客的时候，老是一桌子都是菜。

4.1.4 情状副词

情状副词可以由情状动词变化而得。从构词上来看，情状动词可以透过重叠的方式，而变成情状副词，如"慢慢（地），轻轻（地）"。这类情状副词通常用在祈使句中。而从句法上来看，有些情状动词可以放在行动动词之后而构成副词，这时两者间常常会有一个"得"（或作"的"）字（请参看第十五章）。还有些情状副词是固定的词组，而这些词组基本上是情状动词，但却可以放在行动动词前来行使情状副词的功能，比较常见的有如下几个例子：

小声：吃饭的时候大家都应该<u>小声</u>说话。
用功：快考试的时候，学生就<u>用功</u>读书了。
专心：太累了，我不能<u>专心</u>做事。
小心：在高速公路上，要<u>小心</u>开车。
勉强：要是累了，就别再<u>勉强</u>做事了。
空手：<u>空手</u>去，不太好吧！
光脚：<u>光脚</u>走路很容易受伤。

最后两个例子似乎是"空着手"和"光着脚"的省略，但这并不表示类似的结构都可以透过省略而成为副词。（关于"-着"的功能，请参看第六章。）

4.1.5 肯定与否定副词

在极度口语化的汉语中，只有一个肯定副词"是"，也只有一个否定副词"不"（和它的另一种形式"没（有）"）。肯定副词"是"和联系动词（copula）"是"同形，容易混淆。一般的情况下，在主要动词之上再加一个"是"字，是肯定副词，其目的在加强该句的肯定语气。但是如果动词本身为联系动词"是"（如：我是<u>学生</u>），则要加强肯定语气时，不连续使用两个"是"字，而是将联系动词重读。否定副词"不"可以和其他的副词或词类结合，而且结合后常会产生特殊的语义。肯定副词"是"也可以和其他副词结合，虽然能跟"是"结合的没有能跟"不"结合的那么多。含有"不"和"是"的副词词组都是开放群，无法一个个地全部列出来。以下只是略为举例而已：

4.1.5.1　肯定副词

是：它的功能除了肯定以外，还包括了对紧接在其后的结构（通常是整个述语）所作的"确认""对比"或"重复"。例如：我是 要去"I *do* want to go."、他是来了"He *did* come."、他们是英国人"They *are* Englishmen."、是我叫他出去的"It was *I* who asked him to leave."或"*I* asked him to leave."。请注意，这里所有的"是"都是重读的，正如同它在英译中相对应的斜体字一样。在最后一个例子中，同样的肯定语气在英语可以用特别重音或像"It was...who..."这样的分裂句（cleft sentence）来表达。像这样的功能通常可以笼统地归纳为"强调"。所以这个"是"一般称之为"强调副词"。

真是：这个人，真是不像话。

可是：我们可是喜欢在家里过假日。

4.1.5.2　否定副词

否定副词的两个基本形式"不"与"没（有）"虽然意义都是"否定"，但是在用法上却有很大的差别："没有"表达完成体，而"不"却不表示任何特定的时体。因此，"没（有）"也可以认作是完成体"了"的否定形式（请参看第六章）。换句话说，"没（有）"否定的是过去一件事情的发生，如"他没有来看我"是否定"他来看我"这件事的发生，所以是"他来看了我"的否定句。至于"不"所否定的是一种情状的存在，如"这本书不好看"是用来否定"这本书好看"这个情状的存在，所以是"这本书好看"的否定句。最后，"不"还可以否定一件事情的进行情况，如"他不在看电视"是否定"他在看电视"这件事的进行，所以说，是"他在看电视"的否定句。这种分布

的情形,可以用下面的表格来说明:

(4.2) 否定副词与动词次类的互动:

	行动/事件	情状/情况
过去(完成)	没(有)	不
目前	不在-*	不
将来	不 **	不

(*"在-"是一个进行体标记。
 **"不"也包含了一般称作"过去中的未来",意思和英语里的 would not 和 was not going to 相等,如:他昨天说不来 "He said yesterday that he would not / was not going to come."。)

由上面的表中可以明显地看出,把"没(有)"当作否定标记,只适用于行动动词的过去式意义或完成体(见第 3.2 节)。不过,当"有"是句子的主要动词时,其语义是表达"存在"或"拥有",虽然是一个情状动词,可是它不能用"不"来否定,而应该用"没"来否定,例如:"这儿什么都<u>没</u>有"和"我<u>没</u>有钱"。

下面是一些包含否定副词"不"的复合词,它们当中有许多已经有点儿类似成语了:

不要:出现在行动动词之前以表示对未来或期望的否定,否定单纯的未来时可以与单独一个"不"互换。例如:我们大家都<u>不</u>(<u>要</u>)看电影。

不想:和上面的"不要"可以互换,但所表达主语的期望较低。例如:我们今天晚上<u>不想</u>出去。

不必:今天晚上,你<u>不必</u>去。

不妨:我们<u>不妨</u>先看电影再吃晚餐。

不如:老大的功课<u>不如</u>老二(的)。

也不:到中国去,坐飞机<u>也不</u>太贵。

并不:我<u>并不</u>喜欢看美国电影。

4.1.6　范围与数量副词

本节我们要讨论的副词有两种。下面的例子里，前两个（"也"和"都"）是范围副词，有包容（inclusion）之义，意思是说，所陈述的内容是含括在同一个或一个更大的范畴内。其他的例子则都是数量副词。也有些副词归入哪一类都可以，例如"总"。由于这个原因，所以我们将这些副词放在一起处理。

也：我也想到日本去看看。（请参看第 4.1.7 节有关"也"的部分）

都：可以用来修饰名词、副词或形容词，但一定要出现在它所修饰的词语之后。例如："我们／人人都喜欢他"中的"都"修饰"我们／人人"，"老张每次都来"中的"都"修饰"每次"。当"都"和疑问词结合时，所组成的结构有"任何"或是"每"的意思。例如："谁都会说话"，或"这样的东西什么地方都买得到"。（请参看第 4.1.7 节有关"都"的部分）

再：请你再给我一个苹果。（请参见第 4.1.2 节）

还：语义和"再"相近，不同的是"再"倾向用于祈使句，而"还"则用在其他的句式。例如：我还要喝一杯咖啡。（请参看第 4.1.1 和第 4.1.2 节）

另外：我另外还有一辆汽车。

　　　　他另外又去看一个朋友。

就：这儿就有三十个人。

才：我才看了一个钟头的书，就累了。（"才"与"就"有时可以互换。另外也请参看第 4.1.2 节有关"才"的讨论）

刚（刚）：这双鞋我穿刚（刚）好。

一共（或总共）：昨天一共／总共来了多少人？

大约：来了大约有八百多人。

几乎/差不多：他在中国住了<u>几乎/差不多</u>九年了。

恰好（或**刚好**）：到一九七六年，美国<u>刚好</u>独立了两百年。

4.1.7　评价副词

评价副词通常表达说话者的态度，所以他们都带有说话者的预设，有时候甚至于带有对听话者的某些想法的预设。这类副词的语义最难以捉摸，所以也很不容易作简单的说明。以下是一些评价副词的例子：

可（是）："可是"虽是副词，却也具有连接的功能，它的连接功能与英语的 but 相对等。但当它作为副词时，它用来表达的是与其前名词或代名词的对比（请参看第 4.1.5 节）。因此，"可是"在句首和在动词前，不但语法功能不同，而且还有语义上的差异。例如，"大家都喜欢古典音乐，<u>可是</u>我喜欢看电影"，和"你们不喜欢看电影，我<u>可（是）</u>喜欢看电影"，意思不尽相同。句首的"可是"所传达的对比意义是在本句"我喜欢看电影"与上文中的事件或情状"大家都喜欢古典音乐"之间，而动词前的"可是"所传达的对比意义，则在其前的名词组"我"与前此提及的一个名词组"你们"之间。句首的"可是"中的"是"字，有时候也可以省略，这样，"可"就变成了一个单音节的副词，因此，也构成了"单音节副词不能出现在句首"的唯一例外。而且，用单一的"可"似乎比用"可是"时所表达的对比，要强得多了。

就（是）："就是"是用来表示对该句所陈述之意念的坚持态度，例如：

（a）我<u>就（是）</u>不喜欢这样的麻烦。

（b）今天（<u>就是</u>）什么事也不行。

（a）句隐含有"无论怎么说/看、产生什么结果……，我还是不喜欢……"的意思；（b）句也隐含有"不管我怎么想办法/努力……，今天所有的事情还是不行"的意思。所以，除了表示说话者坚持的态度以外，"就是"还有"归根结底"的语义。（请参看第 4.1.2 节和第 4.1.6 节有关"就"的讨论）

也：经常用于否定的情境中，来表达所陈述的内容和预想相违背，例如：

坐飞机也不贵。（先前的预想是坐飞机应该很贵）

其实，阿里山也不太冷。（原本以为阿里山很冷）

美国学生也还用功。（之前并不认为他们会用功）

所有含有"也"的句子如果没有上下文，都可能会产生歧义。例如，上面第一个句子，可能是只说"坐飞机跟坐火车一样不贵"，也可能是用来回应这样的一个句子：我不打算去，因为我买不起飞机票。

都：常常和"连"合用。例如：

（连）小孩都会。

（连）老张都来了，怎么小李还不来。（参看第 4.1.6 节的讨论）

又：用来表达不悦的感觉或不愉快的经验，对过去或未来都适用。例如：

小明昨天晚上又发烧了。

你上星期才看了一场电影怎么又要去看电影。（参看第 4.1.2 节中的"又"）

还好：你还好没听他的话。

居然：电影明星居然当了总统。通常"居然"所含嘲讽多于赞美。

本来/根本：苏联当时本来就不要限武。

我根本不喜欢吃牛排。（请参看第 4.1.2 节中的"本来"）
简直：这种事简直不可思议。
反正：这幅画多好，我反正不会买。

　　　多吃一点吧，反正不花钱。
究竟：这究竟是怎么回事？

　　　这问题究竟给我做出来了。
果然：克林顿果然当选了。
其实：其实，台湾也会相当冷。

4.1.8　判断副词

判断副词表示的，是该句所作陈述的可信度，不过，这个可信度是根据说话者的判断而来的。判断副词与评价副词不同，前者指的是陈述所表达的事实或情状的可信度，而后者指的是对所陈述情状或事实的感受。因此，尽管两种副词都表达说话者的主观意见，判断副词似乎比较理性，而评价副词比较倾向于表达个人情绪与感受。当然，有时这两者之间的界线是很模糊的，"其实"就是一个例子。

真：（请参看第 4.1.1 节中对"真"的讨论）

　　我真（的）去了。

　　他真（的）爱他太太。

　　当"真"和情状动词一起出现时，会产生歧义："真正"和"非常"。如果用"真的"，那就只有"真正"一种意义。

一定：明天一定会下雨。

　　　他上礼拜一定是到香港去了。

不一定：这本书不一定买得着。

绝对：你绝对得看完这两本书才能及格。

　　　我绝对准时。

大概：我们一共大概花了一千多块钱。

　　　　明天大概会暖和一点。

也许：下个月，天气也许会好一点。

　　　　我的书也许明年会出版。

4.1.9　兼类副词

以上的分类中，很明显地有些副词可以同时归属好几类。这样的副词，称为"兼类副词"。在没有上下文的情况下，这些兼类副词的歧义性非常严重，尤其对学习汉语的外国学生，经常造成极大的困扰。要化解这样的歧义，参照上下文是唯一的方法。下面先列出每个副词的基本语义，然后分列各类的用法。

本来：基本语义："与开始有关"

　　1. 表时间：那辆汽车本来是我的，后来我卖给他了。

　　2. 表评价：甲：下雨了，别去踢足球了。

　　　　　　　乙：我本来就不想去。

才：基本语义："不多 / 不久"

　　1. 表时间：我才回来你怎么就要出去了呢？

　　2. 表数量：他的薪水一个月才两万块钱。

都：基本语义："全部包含"

　　1. 表包容：我们两个人都会说法文。

　　2. 表评价：这个问题，（连）我都会。

刚刚：基本语义："不多也不少"

　　1. 表时间：飞机刚刚到。

　　2. 表数量：我带的钱刚刚够用。

还：基本语义："除了……还有"

　　1. 表程度："尚且"的意思。例如：今年的天气还很暖和。（由于此

例中的副词也牵涉到个人的观点，因此也可以看成是评价副词）

2. 表程度："甚至于"的意思。例如：你很高兴，他比你还高兴。

3. 表时间："到现在为止"的意思。例如：世界上很多人还吃不饱。

4. 表数量：我这儿有三百块钱，可是还要两百才够。

就：基本语义："不多"

  1. 表时间：爸爸就要回来了。

  2. 表数量：他就会说中文。

也：基本语义："同时包括"

  1. 表包容：你不去，我也不去。

        这位小姐很会唱歌，也很会画画。

  2. 表评价：我们在美国玩了不少地方，夏威夷还不错，但是洛杉矶也没什么好玩的。

一直：基本语义："持续"

  1. 表情状：从这儿一直走，就到了。

  2. 表时间：我在这儿一直住了二十年了。

        你今天早上一直在做什么？

又：基本语义："重复"

  1. 表时间：上次来过的那个人，今天又来了。

  2. 表评价：前天才买的菜，怎么今天又要买了？

再：基本语义："重复"

  1. 表程度：你再瘦就不好看。

  2. 表时间：有空再来。

  3. 表数量：再喝一杯茶吧！

        我们都想再去看看他。

真：基本语义："真实"

  1. 表程度：这种酒，真好。

2. 表判断：他真（的）哭了。

上面的例子显示，在多半的情况之下，副词能够从一个最基本语义，朝不同的方向延伸，而得出许多种不同的衍生语义。

4.2　副词的连接功能

汉语中只有极少数的词可以算作真正的连接词。用来连接名词的连接词，多半都是由介系词转化而来，例如"跟、和、同"。这些词都是"连同"的意思，只是它们之间还有口语和书面语的差别。除此而外，连接子句的连接词，则多半是由副词转化而来的，如"可是"。专用作连接词的极为少数，如"但是、并且、而且、否则"（请参看Chao，1968：792）。而一般之所以将这些词称为连接词而不称为副词，主要是因为它们只能在一个子句的句首出现。反观大多数的多音节副词，除了句首外，还可以出现在句首的名词组（通常视为主语）与动词之间。但是当这个名词组与动词间有明显的停顿时，这种副词与连接词的区分标准似乎就不那么清楚了。从以下的例子可以看出：

（4.3）（a）老王可是很用功。

　　　（b）可是老王很用功。

（4.4）（a）但是老王很用功。

　　　（b）？老王但是很用功。

　　　（c）老王，但是很用功。①

尽管（4.3）中的"可是"和英语的连接词 but 在语义和功能上都没有任何差异，但由于它可以出现在两个位置（句首及主语和动词之间），我们仍将它视为副词而非连接词。可是，（4.4）中的"但是"不能置

---

① 这个停顿显示，前面的名词组是话题。关于话题，请参看第七章。

于一般副词惯用的位置（句首的名词组和动词之间），因此把它视为连接词。其实，它和英语的连接词 but 相较，也没有任何语义或功能上的差别。虽然如此，还是有一点细微末节值得留意：(4.4c) 中的"但是"虽然出现在副词的位置，但它的语义和 (4.3a) 并不完全相同。(4.3a) 翻译成英文是直截了当的 "But Old Wang studies hard."，而 (4.4c) 应该是 "Old Wang, you know, —but he studies hard."。

从以上的讨论我们可以归纳出如下的结论："但是"和"可是"在语法上的归类，大致上对等于英语中 but 和 however。也就是说，but 和"但是"属于连接词，而 however 和"可是"则属于副词。

一般而言，在任何语言中，副词和连接词这两种词类都会有某种程度的重叠，而相较于英语，汉语中这两种词类重叠的程度就高出许多。所以要将副词与连接词强行区分，特别是对汉语而言，不但是不可能，而且也没有必要；不过，为了从俗，我们仍然在此介绍四种可以作为连接词使用的词类：（一）名物连接词；（二）子句连接词；（三）副词性连接词；（四）连用连接词。

4.2.1 名物连接词

如上节所提，常见的连接词中，可以用来连接名词、代名词以及名词组的只有三个：

跟：我弟弟跟妹妹都在这上学。
　　我跟他常一块去玩。
和：我和你，有什么话不能说的吗？
同：叫他同你一块去吧！

以上三者的语义和功能基本上都是相同的，若一定要严格区分相异之处，可以说"跟"是最口语化也是最常用的形式；"和"比较正式，因此较常用于书面语；而"同"则是南方方言中用得较多。书面语中还有"与",也属此类。

4.2.2 子句连接词

子句连接词,例如(4.4)中的"但是",通常置于子句的句首。如果这个子句包含了一个名词主语,子句连接词即出现在这个主语的前面。除了上面提过的"但是",子句连接词还可以举下面这几个为例:

不过:[①] 这个表好是很好,<u>不过</u>我不喜欢。
而且:坐船去太贵,<u>而且</u>我也很怕坐那么久的船。
何况:我不喜欢旅行,<u>何况</u>我也没有时间。

汉语中还有一些其他的子句连接词,如"即使、否则"等。值得注意的是,所有的子句连接词,都可以像(4.4c)那样出现在主语和动词之间,这样则可以起到将主语标示为话题的作用。

4.2.3 副词性连接词

虽然汉语中大多数的连接词都是由副词转用,但并非所有的副词都可以当作连接词。而且当连接词用时都必须出现在所连接的两个子句中的第二子句。下表显示各种副词当作连接词使用的可能性:

(4.5) 副词类别　　可否作为连接词
程度　　　　　否
时间　　　　　只能用在一连串时间副词中
地方　　　　　否
情状　　　　　否
肯定和否定　　否

[①] 除了有类似英语 but 的语义外,"不过"有时候也可以当作 only 解释,这时是副词。例如:"这本书<u>不过</u>两百块钱,我还买得起。"

包容	有可能
数量	只用在当作额外数量时
评价	是
判断	是 / 有可能

现将经常可当作连接词使用的副词，分类列出，并作简单说明于下。

4.2.3.1　时间副词作为连接词

时间副词只有透过其本身所包含时间顺序的语义，才能行使连接词的功能。因此，时间副词"才"除了在很特定的语境之下，一般不能当连接词使用。有些副词，尽管表面上看起来与连接词非常相似，但却不是真正的连接词。例如"我回家的时候，我太太正要出去"这个句子中的"正"，尽管看起来像是连接词，但实际上两个子句是由"的时候"所连接的。以下列出的例子，是几个根据本身的语义，我们可以比较肯定地认为它们具有连接功能的副词：

就：你见到了他，就知道他是怎么样的一个人了。

先……就 / 再：我先去看看，你就 / 再来。（"就"和"再"的差别在于，"就"表达出两个事件之间的立即性，而"再"则没有。）

从前……后来：他从前很喜欢喝酒，后来不喝了。

4.2.3.2　范围副词作为连接词

这类副词中唯一可以作为连接词的是"也"。同样地，它也是透过本身的语义而具备这种功能："也"预设了现在和先前发生的动作、情状之间的某种相似或对等的关系。例如："我学得会中国话，你也一定学得会。"

4.2.3.3 数量副词作为连接词

常当作连接词使用的数量副词有两个:"再"和"还"。尽管两者的语义相同,但出现的情境却不一样:

再:可以用于祈使句,例如:

你才喝了一杯,可以<u>再</u>喝一点。

还:用于祈使句以外的其他情况,例如:

我才喝了一杯,<u>还</u>想喝一点。

很明显地,"再"和"还"之可以作为连接词使用,决定于原来副词语义中即预设了一个先前所发生的事件。这两个副词在连接功能上的同异,下面第 4.3.2.3 节还有详细的讨论。

4.2.3.4 评价副词作为连接词

评价副词可以作为连接词的数量比较多,这是由于要作评价,必定要先有一个事件发生或先有一个情状存在,才能作评价。这也充分地说明了语义在语法中的重要性。以下就是一些常作连接词用的评价副词:

可是:我请了他好几次,<u>可是</u>他不肯来。

就(是):这个孩子什么都好,<u>就(是)</u>不爱说话。

也:(要是)你开汽车去,<u>也</u>只要五个钟头。

这里"也"所连接的并不是字面上的这两个子句,而是隐含的"你也许以为开车去很远"与"只要五个钟头"。(请参看第 4.3.2.1 节)

都:这么难的问题(连)你<u>都</u>不会,他怎么会做呢。

4.2.4 连用连接词

连用连接词通常是成对的副词,用来行使连接的功能。这类副词有两种形式:(一)由同一个词重复一次所组成,或(二)由两个不同的词所构成。我们分别将这两种副词称为重叠连用连接词和非重叠连用连接词,并举例说明如下。

4.2.4.1 重叠连用连接词

这一类连接词,除了少数的例外(如"或是"和"还是"),其中的一个可以省略,其他的,在同一句中必须出现两次。请看以下的例子:

越……越……:这个孩子<u>越</u>长<u>越</u>像他爸爸了。
也(不)也……(不):他<u>也</u>会赚钱,<u>也</u>会花钱。
又……又……:小王<u>又</u>聪明<u>又</u>能干。

"也……也……"和"又……又……"的差异在于,后者表达的是一种想法与判断,而前者是说话者的一种叙述而无关价值判断。因此,以下这两个句子:"那位小姐又活泼又可爱",以及"那位小姐也活泼也可爱",第一个句子似乎比第二个表达得贴切许多,这是由于"活泼"和"可爱"都有关说话者的主观想法与判断。再请比较:

(4.6)(a)你也可以坐汽车去,也可以坐飞机去。
　　　(b)?你又可以坐汽车去,又可以坐火车去。
　　　(c)你既可以坐汽车去,也/又可以坐火车去。

上面(4.6)三个句子所表达的意思是相同的;因此,除非说话者刻意强调目的地之容易到达,否则,用特别标明主观判断的"又……又……"来作为连接词是不合适的。

(或是)……或是:今天下午,(或是)去看电影,<u>或是</u>去游泳。
((还)是)……(还)是:这也是此类连接词必须重叠的例外之一,上面三对括号各代表一种省略的方式,因此产生了如下(4.7)的几种组合:

（4.7）（a）还是……还是
　　　（b）是……还是
　　　（c）是……是
　　　（d）0……还是
　　　（e）0……是
　　　（f）*还是……是

从（4.7）可以清楚地看到，只有（4.7f）是不恰当的组合。因此，一个句子像"我们（（还）是）先去吃饭（还）是先上图书馆？"，就有五种正确的表达方式，如（4.8）所示。这五种方式，除了（4.8a）可能有点拗口外，其他的都是很流畅的：

（4.8）（a）我们还是先去吃饭还是先上图书馆？
　　　（b）我们是先去吃饭还是先上图书馆？
　　　（c）我们是先去吃饭是先上图书馆？
　　　（d）我们0先去吃饭还是先上图书馆？
　　　（e）我们0先去吃饭是先上图书馆？

4.2.4.2　非重叠连用连接词

下面的次序，大致上按使用频率的先后排列，越前面的表示越常用。对本国人而言，当然越常用的越容易。但对外国人学汉语而言，并不一定如此，特别是最前面的两个："（虽然）……可是/但是/也"和"（因为）……所以"。这两个连接词在学习上所以困难，可能是由于常常可以省略的关系（如括号所示），这样的省略，在其他语言里可能是完全不同的。

（虽然）……可是/但是/也：东西（虽然）贵了，但是/可是我们的
　　　　　　　　　　　　　　生活没有很大的改变。

也可以说成:"……我们的生活可是/也没有很大的改变。"从这两个例句中可以看出,"可是、但是、也"所出现的位置不同:"但是"仅能出现在该子句的句首,"可是"在句首或主语之后都可以出现,而"也"只能出现在主语之后。

(因为)……所以:(因为)钱不够,所以今年不能出国度假了。

这两个连用连接词还有一个特性,就是它们两个子句的前后顺序是固定的,若将子句颠倒,就变得不合语法。相反地,英语中这一类型的句子中,两个子句的顺序调换后,语义不会受到影响,虽然在篇章修辞上会产生不同的效果。

要是/假如……就: 要是/假如你真的喜欢,我就去买给你。
(要)不是……就是:(要)不是你没多练习,就是考试太难了。
一……就: 老师一走,学生就吵起来了。
不但……而且: 中文不但有趣,而且不难学。
除非/除了……不: 除非/除了你去,我们没办法把他请来。
除非/除了……否则: 除非/除了他们先动手,否则我们一定会赢。
除非/除了……才: 除非/除了你去请,他才有可能来。这个连接词常常可以用"只有……才"来代替,例如:只有多练习,才能学好中文。

含有"除非/除了"的三个连接词以及"只有……才"对外国人学习汉语而言,可能会造成某种程度的困扰。这是由于"除非"和"除了"的语义其实十分复杂。事实上它们都有否定的含义,而当它们在结构较复杂的句中出现时,这种否定的含义可能有相互增强的效果,但也可能相互削弱，这完全要视说话者而定。①对一个初学汉语的人来说，最直接易懂的组合应该是"只有……才"（only if …… will then），因为它和英语的情况完全相同。尽管学生在口语或书写上，三种组合都可能遭遇到，但在教学上，应该先教"只有……才"，然后再教其他两个。

  与其……还是/（还）不如：这样好的天气，<u>与其</u>去看电影，<u>还是/（还）不如</u>打篮球。

  上面所列的连用连接词，通常都是成对使用。当然有几个也可以单独使用，如"（虽然）……但是/可是/也"和"（因为）……所以"。而且，它们的次序，一般而言，也是固定的。不过，"虽然"和"因为"在单独使用时，也可以用在第二个子句中，如："我不想去，<u>虽然</u>我很喜欢这部电影。""他昨天没来上课，<u>因为</u>他病了。"

4.3 讨论与小结

  本章讨论了汉语的副词，主要就是将比较常用的副词加以分类并举例说明。语义上较为简单的是程度、时间、地方、情状、肯定/否定这五类副词。范围和数量副词也不算麻烦。比较复杂的是评价与判断副词。这两类所表达的是说话者的意见，前者表达对所述说事物的感受，后者表达对所述说事物的可信度，因此，解读也比较复杂。我们在举例说明时，已略为谈到，如"就、也、又、真"等。

---

① 值得注意的是，句子中双重否定对语义所造成的变化并不是汉语的专利，在英语中也有相似的情况。英语中的双重否定，尽管在标准英语里是当作肯定来解读，但在一些方言中却有强烈否定的意思。而双重否定的组合方式，往往也因方言而不同。例如，在标准的书面体中，not without 是肯定，而方言中的 didn't do nothing 却是否定。

大致来说，汉语的副词，无论就学习或研究的角度而言，有如下的几个问题：（一）副词在句中出现的位置；（二）某些副词的语义，这包括了如何解释、如何分辨近似语义（如"又、再、还"的分别）；（三）副词与连接词之间的关系。下面我们分别阐述。

4.3.1　副词的位置

本章一开始就提到，汉语副词可以出现在句首，也可以出现在主语与动词（更确切的说法应该是主语与述语）之间。一般的语法书多半认为，这两个位置只是结构上的变化而已，对语句的解读应该是无关紧要的。事实上在很多情况下也确实是如此，例如："虽然他学问很好，可是不会教书"与"他虽然学问很好，可是不会教书"似乎完全没有分别。所以，一般也很少谈到这两个位置对副词会产生怎样的影响。其实，影响至少有两个：第一，句首副词连接功能较强，而主、述语之间的副词连接功能弱得多。换言之，如果有一个副词，在这两个位置都可以出现；那么，它在句首的时候多半是当连接词用，而在主、述语之间时多半当副词用。例如："不过我想去看看"中的"不过"是一个连接词，与"但是"同义。可是"我不过想去看看"中的"不过"是一个副词，与"只是、仅仅"同义。第二，我们在第 4.1.7 节中谈到"可是"在这两个位置上不同的功能。这一类的例子其实还不少，例如："他真的要去"可以表示（一）整个事件的确定性，或者（二）他坚决要去；但是"真的他要去"则只能表示整个事件的确定性。所以，副词的位置还是对语句的解读有相当程度的影响的。

最后，情状副词由于所具功能的限制，只能出现在主、述语之间，如第 4.1.4 节所列各例。其他类别在出现位置上的限制，则似乎都没有如此严格。

4.3.2　近似副词的分辨

汉语的单音节副词中，有几组的语义非常相近，不易分辨。由于是单音节,所以它们都出现在主、述语之间,然而它们却具有很强的连接功能。它们所连接的,并不一定是字面上的两个子句,而可能是一个预设和一个子句,如"并、倒、也"所连接的是一个子句和一个与该子句语义相反的预设。因此,其间的分别,更无法用简单的三言两语来说明,而必须视它们个别的功能而决定。我们选下列三组,来作一简单的讨论:(一)并、倒、也;(二)就、才;(三)又、还、再。(请参看 Chu,1998b,第三章)

4.3.2.1 并、倒、也

这组副词的语义比较简单,三者之间的关系也比较单纯,所以首先讨论。它们的共同语义是"本句所作之陈述与预期相反",例如:

(4.9)从台北到美国去,坐飞机并/倒/也不贵。

在有人表示"从台北到美国去坐飞机很贵"的时候,上例可以用来作为回应。所以其中的三个副词,都是表示与预期相反。不过,每个副词还有它个别的重点。"并"表示对该句陈述所作的是客观的判断,并且一定出现在否定句中,所以多半构成"并不"或"并没(有)"的形式;"倒"表示说话者认为,该句所陈述的是一件尚有可取的事;而"也"则表示对该句陈述的观点是说话者个人的主观推断。请看下面三个例句:

(4.10)(a)为了看那场球赛,把晚饭都耽误了。其实,那样的球赛并/*倒/?也不值得不吃晚饭。

(b)最后的比分是 57 比 69,我们虽然输了,球打得?并/倒/*也不错。

(c)A:离开学还早着呢!在这儿多玩几天再走吧!

B:?并/*倒/也不早了。我想还是早点准备上课好一点。

（a）用"并"最合适，因为表示的是"客观的判断"；（b）用"倒"最合适，因为表示的是"打得不错，对说话者而言是尚有可取之处"；（c）用"也"最合适，因为该句表示的是"这是我的感觉"，要是用了"并"就显得太客观而没有感情，不够客气了。

由上面的讨论可以看出，这三者虽然都是副词，其实它们的解读与上文有很大的关联。也就是说，这一类副词，有人称之为"情态副词"（modality adverb），是表示说话者对当时情景的态度，所以跟语境有很密切的关系，因此有连接的功能。

4.3.2.2　就、才

这两个副词是反义词，但有的时候又好像是近似同义词。当它们用作时间副词时，是反义词，例如："你怎么现在就回来了？""你怎么现在才回来？"此处，"就"表示说话者认为，你的回来早于他的期望，而"才"表示你的回来晚于他的期望。同样地，当它们用来对他人的期望表示很强烈的同意与不同意时，也是反义词，例如：

(4.11)（a）A：今天晚上我们去看《花木兰》，你一起去吧！

　　　　B：这种卡通片，我才不看呢！

　　（b）A：我们都去看《莎翁情史》，你怎么不去？

　　　　B：不管你们去不去，我就不去。

（a）中，A的期望是"B会去"，但是B强烈地反对A的期望，所以用"才"；而（b）中A认为B应该去而不去，B强烈地肯定A的假设，所以用"就"（参看第4.1.7节中的"就"）。

另外，"才"指过去的时间，则等于"刚才"；而"就"指将来的时间，则等于"马上"，例如："晚饭才好"与"晚饭就要好了"。这个用法，"才"和"就"也可算是反义词。

但是，当"才"和"就"用作数量副词时，则几乎可算是同义词，

两者都表示"少于所期望的数量",例如:

(4.12)昨天晚上才/就来了三个客人。

这两个副词在条件句中则是近似同义词,同样引进结果;但是,"才"表示前面的条件是一个必要条件,而"就"表示前面的条件是一个充分条件,例如:

(4.13)(a)(一定要)他来,我才去。
(b)(只要)他来,我就去。

(a)中的"一定要"显示是一个必要条件,所以与"才"搭配;而(b)中的"只要"则显示是一个充分条件,所以与"就"搭配。(详细讨论,请参看 Biq,1987,1988)

在许多语法书或语文教科书中,这一组副词的语义,常常用很简单的几个字或几句话来说明,如"太多""不久""立刻""马上"等。其实它们的语义虽然并不复杂,但是它们的解释,却因语句本身的意义或前后文的需要而有所不同。上面所讨论的,是汉语语言学界最近二三十年来研究这一对副词所获得的成果,当然其中有很多省略与简化的地方。

经过上面的讨论以后,我们不禁要问,为什么同样一对"就"跟"才"会有这么多不同的功能与解释呢?最令人不解的是:这一对连接性副词,多半的时候是反义词,有的时候却是近似同义词。这究竟是怎么回事呢?这就必须从它们最基本的语义谈起。其实,我们可以用"近"(proximity/immediacy)与"远"(distance)来分别表示"就"与"才"的最基本语义,然后再来看其他各种功能与这个基本语义之间的关系。兹先列表如下:

(4.14)"就"与"才"的各种功能与其基本语义之间的关系:

功能	就	才	例句
基本语义	"近"	"远"	
(a) 时间	早	晚	你怎么现在就回来了/才回来?
(b) 数量	少	多	他吃一碗饭就饱了/三碗饭才饱。
(c) 条件	只要	一定要	你来,我就/才去。
(d) 完成	马上	刚才	晚饭就好了/才好。
(e) 意见	强烈同意	强烈反对	我就要去/才不去。
(f) 同义词	少	少	他一个月就/才赚两万块钱。

其实,如果将距离的"近"与"远"转换成数量,则"近"可以认为是"少",而"远"可以认为是"多",这样,(b)中的"数量功能"就得到了一个合理的解释。进一步再将静态的数量转换成动态的比较,则"少"可以解读为数量的"少于"或时间的"早于"(即少于所期望的时间),"多"同样可以解读为"多于"或"晚于"(即多于所期望的时间),这样,(a)中的"时间功能"也同样得到了合情合理的解释。量化后的"多"与"少",当然并不限定于具体的数量,也可以扩展到较为抽象的"条件":不需要很多的条件,就用"少"这个观念,所以可以用"(只要)……就"来表示充分条件;需要很多条件,就用"多"这个观念,所以可以用"(一定要)……才"来表示必要条件。这就说明了为什么在(c)中可以用"就"跟"才"来表示这两种不同的"条件功能"。至于(e)中的"意见功能",其实也是"近"与"远"的直接应用:与对方的意见相近,即表示同意,与对方的意见相远,即表示反对;而其中的"强烈"乃是因为该句本身的语义已有同意或反对的意思,再加上一个副词来表达,当然就显得强烈了。

较为麻烦的是(d)和(f)这两种功能。不过,如果再进一步地仔细观察，就可以发现，它们也跟"近"与"远"有关。（d）的例句中，认为"就"表示"马上、立刻"是经由"近"衍生而来，应该是不成问题的。但是，"才"为什么能表示"不久以前"呢？这也就要先看看该语句所出现的语境了。例如：

（4.15）A：我饿死了。吃饭吧！

　　　　B：饭锅才跳起来，再等一下。

（4.16）A：可以吃饭了吧！

　　　　B：饭锅刚跳起来了 /* 才跳起来，马上吃。

（4.15）中，B 用"才"表示"A 认为饭老早就好了，可以吃了，但饭煮好的时间实际上是晚于 A 的默认"，这个功能就与（4.14a）"时间功能"中的"晚于预期"毫无二致。再看（4.16），虽然饭煮好的时间在客观的情形下与（4.15）中的一样，都是不久以前，但是，因为 B 并不认为这个时间晚于 A 的预期，所以他不用"才"，而用"刚"。从这两个例子的语境，可以清楚地看出，这里的"才"，其实跟（4.14a）中的"才"是同一个功能，即表示"晚于预设的时间"。

再看（4.14f）中的例句，固然"才"与"就"似乎是完全同义，但是，如果换一个语境，也就会有不同的结果，例如：

（4.17）老吴这个人，别的什么都不会，? 才 / 就会吹牛。

这里，只能用"就"，不能用"才"。可见这两个副词，在这样的语境中，并不完全是同义词。那么，它们的分别在那里呢？回头再看看（4.14f）中的例句，其实"就"跟"才"也不是完全同义的。多加上一点语境，就可以显示出它们的差异，例如：

（4.18）（a）这个工作待遇太差，退休、保险什么都没有，就 /? 才领
　　　　　　一份死薪水。

(b) 他的房租三万多，薪水一个月就/才五万块钱，那怎么够用？

上面两句中的"就"跟"才"都表示"少"。但是"才"所表示的"少"必须包含一个预设，那就是"少于某个特定的预期"；而用"就"时似乎就不必有这样的预期。所以，也可以说，"才"所表示的是"与预期相去甚远"。如果这样，则这个"才"的用法依旧不违背其表示"远"的基本语义。另外从教学的观点出发，则不妨将这一对"就"和"才"当作表示"少"的近义词来看，而其间的区别仅仅是：用"才"时是有限制的，而用"就"时则没有什么限制。不过就理论而言，这个表达"少"的"才"，似乎不应该与表示"少"的"就"放在一起，当作相对应的两个副词来探讨。因此，也不能把它们像在（4.14f）中那样并列在一起。

以上的讨论，目的是要在一个最基本的语义基础上，找出一条线索，将这一对副词的不同功能联系起来。这个方法，在认知语法的观点上，是一个合情合理的途径，虽然还需要更进一步地来证明这一条线索是确实存在的。当然，也许有人会觉得这样一步步地推演，难免有点牵强附会。这就牵涉到一个基本的问题，那就是：在抽象与具体之间是否愿意作这样的比喻延伸。

4.3.2.3 又、还、再

一般课本对这一组副词语义的注释是"表示重复或继续"。对用法的说明则是："又"适用于过去，"再"适用于未来；"又"有表示"不悦"的意思，"再"则没有这样的意思。但是，对"重复"与"继续"的异同，与对这三个副词的适用与否，则多语焉不详。当然，在某些情况之下，这三个副词的确是可以互换的，例如：

（4.19）他一天到晚喝啤酒，常常喝了再／又／还喝。

但是，有了特定的语境，这三个副词却往往不能互换了。下面的这一组例句可以充分地说明这个事实：

（4.20）（a）我才喝了一瓶啤酒，想＊还／＊又／再喝一点。

（b）我才喝了一瓶啤酒，还／＊又／？再想喝一点。

（c）我刚才已经喝了一瓶啤酒了，现在还／又／＊再想喝。

（d）我刚才已经喝了一瓶啤酒了，现在＊还／又／＊再想喝了。

（e）你已经喝了一瓶啤酒了，怎么还／又／＊再想喝？

（f）你已经喝了一瓶啤酒了，怎么＊还／又／＊再想喝了？

（g）你才喝了一瓶，＊还／＊又／再喝一点。

从上面的这几个例句中，可以看出一个很明显的事实："再"似乎不能表示说话人的意见，因为它出现的位置总是在"想"之后，这就表示它无法修饰像"想"这样表示意见的词。换言之，"再"的确是一个中性的表示情态的副词，不带说话者的好恶成分。"还"出现在（b）中，这里前后两个子句代表的是同一个事件的延续。"又"出现在（d）和（f）中，此两句中的前后子句，表示同类事件的重复发生。（b）是说话的人给自己找台阶下，所以把喝了啤酒再喝认为是同一事件的连续。而（d）和（f）的说话者，觉得既然已经喝了一次，就应该够了，怎么又要再喝一次呢？所以用"又"表示同样的事件重复发生。这也是"又"之所以有"不悦"含义的原因。至于（c）和（e）中，"还"跟"又"似乎都可以，不过，解释却不同：用"还"时因为表示同一事件的继续，所以并没有因过分而带责备或自责的意思；而用"又"的时候，因为表示同一件事情的重复，有做得过分而带有责备或自责的意味。

除了这样的分别以外，这三个副词还有些细致的不同，例如："还"字特别重读时，也可以有不悦的意味（如：你怎么<u>还</u>不去上班？）；"还"表示后一事件是前一事件更进一步的发展（如：他问她的家庭，问她的出身经历，<u>还</u>问她一些她想不到的思想和见解。）；"又"表示前后的事物组成完整的一体（如：这个年青人<u>又</u>聪明<u>又</u>能干。），等等。（详细讨论，请参看 Chen，1992）

4.3.3　副词与连接词之间

如上面第 4.2 节所说，现代汉语中只有极少几个真正的连接词，如"和、跟、与、同"等，都只能用来连接名词组，不能连接动词、述语或子句。其他的所谓连接词，其实同时也是副词，而且除了出现的位置以外，也没有其他的标准可以用来分别这两种词类。这是因为连接的功能都是由副词经过语法化而衍生出来的。有些副词已经透过高度的语法化，而变得几乎没有副词的意义和功能了（参看 Liu，1996），例如：

（4.21）他要是年青的时候工作得努力一点的话，老来<u>就</u>不会这么苦了。

其中的"就"本身几乎没有什么语义可言，它主要的功能就是把后句连接到前句上去，表示两者之间的因果关系而已。像这样的情形，口语中用得特别多。所以，对于副词与连接词的分类，只能用原型与连续统的看法来处理，才不会产生削足适履的毛病。

第五章　介系词[①]和副动词

　　介系词（preposition）这个词类，在印欧语言中，一般都有明确的界限。但是，汉语却无法确切认定介系词这个词类。汉语中和介系词最接近的，就算文言文中的"於（于）"和现代汉语中的"在"这两个词，它们的意思很像英语的 at。其他一般认为是介系词的词，事实上多半同时也具有某些动词的特征。这些介乎介系词与动词两者之间的词，自成一类，很多语法学者称之为"副动词"（coverb），以显示其又像动词又像介系词的特性。而这类所谓副动词中，有些词的表现比较接近动词，有些则较接近介系词。[②] 例如，"往"非常接近介系词，而"给"尽管常作为介系词用，但它在语法上的表现，则与动词更为相近。[③] 过去，汉语语法学者为动词和介系词之间的区别确定了一些判断的标准，比较重要的有：（一）动词通常能与体标记结合，而介系词则不能；（二）动词通常可作为述语的核心，而介系词则不能；（三）动词后所接的宾语在某些条件下可以省略，介系词后的宾

[①] 或称"前置词"，因其语法位置总是在名词之前。
[②] 以传统语法的观点来看，"介于介系词与动词间的词类"可能十分难以理解。但事实上，语法上词类的区分，并非泾渭分明没有模糊地带的，英语中副词与介系词的界限就是一个很好的例子，例如 up 和 near 在许多情况下很难明确地说它们究竟是副词还是介系词。
[③] 详请参见 Chang（1977）。

语则无法省略。①理论上，这三个测试的标准，应该可以将动词和介系词明确地区分开来，然而在实际上，尽管极大多数的动词可以通过这三项测试，仍然有一些常见的动词，只能部分满足这些要求。更重要的是，只有极少数的副动词，能透过这三项测试，而明确地归类为介系词。也因此，许多语法学者无法认同汉语有介系词这个词类，他们一般就将这些只通过部分介系词特征测试，而介于动词与介系词两者之间的词，统称为副动词。本书亦将沿用这个名称。

5.1 副动词与体标记

汉语中常见的体标记有完成体标记"-了"、持续体标记"-着"和起始体标记"-起来"等。本节的重点在于观察副动词与体标记结合的可能性。至于体的本质，我们将在第六章详细讨论。以下的例子是用来说明"地地道道的动词"与副动词两者之间，能否与体标记结合在程度上的差异：

(5.1)（a）吃-了 /-着 /-过 /-起来

（b）对-了 /-着 / ? -过 /*-起来我笑

（c）朝 *-了 /-着 / ? -过 /*-起来南走

（d）为-了 /-着 /*-过 /*-起来你买

（e）往 *-了 /-着-/*-过 /*-起来前去

（d）从 *-了 /*-着-/*-过 /*-起来哪儿来

上例中动词"吃"和副动词"对、朝、为、往、从"，是否能与各个体标记结合的情形，也可以用下表（5.2）说明：

---

① 这些测试标准主要是参考 Chao（1968：749—751），其他测试动词与介系词的方式，请参见 Chang（1977）。

（5.2）副动词可与体标记结合的情形

	-了	-着	-过	-起来
吃	+	+	+	+
对	+	+	?	–
朝	–	+	?	–
为	+	+	–	–
往	–	+	–	–
从	–	–	–	–

（"+"表示可结合；"–"表示不可结合；"?"表示可接受度弱。）

5.2　副动词与述语核心

所谓述语的核心，根据 Chao（1968：750—751），可以作如下说明：

述语核心：（a）是主要动词，如：今天晚上<u>吃</u>什么？

（b）可形成正反问句，如：他<u>喝</u>不<u>喝</u>酒？

（c）可以单独形成一个句子，如：<u>来</u>。

副动词能够作为述语核心的能力，各不相同。下面在（5.3）—（5.8）中，我们用上一节已经测试过的动词和副动词，再来说明他们在构成述语核心能力上的差异。

（5.3）（a）今天晚上<u>吃</u>面。（主要动词）

（b）今天晚上<u>吃</u>不<u>吃</u>面？（正反问句）

（c）<u>吃</u>。（单词句）

（5.4）（a）* 他昨天<u>对</u>我。（主要动词）

（b）* 他<u>对</u>不<u>对</u>你？（正反问句）

（c）*对。（单词句）①

（5.5）（a）这屋子朝南。（主要动词）

（b）这屋子朝不朝南？（正反问句）

（c）*朝。（单词句）

（5.6）（a）他们什么都为你。（主要动词）

（b）*他为不为你？（正反问句）

（c）*为。（单词句）

（5.7）（a）*我们往前。（主要动词）②

（b）*往不往前？（正反问句）

（c）*往。（单词句）

（5.8）（a）*你从哪儿？（主要动词）

（b）*从不从哪儿？（正反问句）

（c）*从。（单词句）

我们也可把上面例子所展现的现象归纳如下：

（5.9）可作为述语核心的能力分级：

	主要动词	正反问句	单词句
吃	+	+	+
对	−	−	−
朝	+	+	−
为	+	−	−
往	−	−	−
从	−	−	−

---

① 该句不合语法，是以"对"作为副动词而言。当它作为形容词，具有"不错"的意思时，则可以单独出现，独立成句。

② 如果将省略纳入考虑，则很多句子都可能使用，例如："我们往前"可以作为"我们往前还是往后去？"的答句。

以这三个特征而言,"对、往、从"固然完全相同,然而"吃、朝、为"虽然都能作主要动词用,但对正反问句和单词句的接受度,却又不一样。如果将(5.2)和(5.9)的结果加在一起,则不难看出,各副动词所具有的不同程度的动词性。下面的这张表中,每种动词性都以"1分"来表示,则"吃"得7分,其他的从上而下越来越少,到"从"只得0分。

(5.10)副动词的动词性序列:

吃　　　　7
朝　　　　5
对　　　　3
为　　　　3
往　　　　2
从　　　　0

当然,这张表的数字,仅作参考,并非完全准确。因为,还有其他的动词性特征尚未考虑。而且,上面所提到的七种特征在动词性强度的表现上,也不是相等的。例如,"-过"和"-了"所表现的动词性就较"-着"所表现的要强得多。

5.3　副动词与宾语的省略

汉语及物动词后所接的宾语,若为定指而且非强调时,是可以省略的。这个宾语虽然没有形诸文字而明确地表达出来,但是却隐含在说话的内容里。这种情况和英语中没有重音的代名词 it 和 them 之使用,是相同的。下面(5.11)中是两对中英文相对应的句子:

(5.11)(a) 你还在吃糖吗?

　　　　　Are you still eating candy?

(b) 你还在吃 0 吗？

Are you still eating (it)?

(5.11b) 中的 0 代表省略，与英语的 it 相对应。汉语中及物动词后面的另外一种定指宾语，是强调的用法，如（5.12）：

(5.12) 那么贵的汽车，他都有钱买，怎么会没有钱买<u>这本书</u>呢？

这里的"这本书"是强调用法，用来与前面的汽车作对比。这样的宾语，当然不可省略。

至于副动词的宾语，则无论是定指与否，无论是强调不强调，都不能省略。也就是说，在一般的情况下，副动词是必须有宾语的：

(5.13)（a）他<u>对我</u>笑。

(b) 大家都<u>到那儿</u>去吧。

(c) A：你今天<u>在家</u>吃饭吗？

B：对，<u>在家</u>吃 0。

"对、到、在"都是副动词，都必须有宾语。特别值得注意的是（c）例中第二句内的"家"这个宾语，尽管它在前一句中已经出现，但在重复时仍然保留下来。相反地，"饭"在该对话的第二句中也是第二次出现，却省略了。这是由于"家"是副动词"在"的宾语，不能省略；而"饭"则是动词的宾语，所以可以省略。

副动词后面必须跟有一个宾语，是副动词特征之一，也可以说是汉语的一个语法规则。这个规则很容易让人联想到英语里一个有关介系词的规则：在一般的情形之下，介系词后面必须跟有一个宾语。如果用这个标准来衡量汉语中的副动词，那么，它们又都很像介系词了。

不过，这个副动词后面必须跟宾语的规则，却有几个例外，那就是"被、叫、让、给"。当它们的宾语是施事名词时，这个施事名词是可以不出现的：

（5.14）钱都被/叫/让/给偷走了。

由此可见，"被、叫、让、给"不如其他副动词那样接近介系词，这是因为它们除了引介宾语而外，还有一个重要功能是用来表达不幸含义的被动标记。（请参看第十三章）

5.4 副动词的功能

副动词的主要功能，正如印欧语中的介系词一样，是用来引介其后的名词或代名词的。而副动词的选用，则决定于该名词或代名词与主要动词间的关系，如：

（5.15）你跟/给我去吧。

上面（5.15）中的"跟"表达的是一种"随同"的关系，而"给"所表达的是一种"受益"的关系。

副动词与跟随在其后的宾语组成一个副动词词组，而这个词组的功能和副词的功能相同。因此，在大多数的情况之下，副动词词组都出现在副词的位置，也就是在主语和主要动词之间。然而，与真正的副词又略有不同：副动词词组通常紧接主要动词之前，而副词若遇到主要动词前有助动词时，则紧邻在助动词之前。试比较：

（5.16）（a）他就要去上班了。

（b）他要跟你去上班。

（a）中副词"就"出现在助动词"要"之前，而（b）中副动词词组"跟你"则出现在助动词之后。

不过，还有一些副动词词组也可以出现在主要动词之后，例如

"在"和"给"。而且动词前和动词后两个不同的位置,有时在语义上会有很大的差异:

(5.17)(a)在美国住。

(b)住在美国。

(5.17)中两个句子的语义是相同的,但(5.18)中的两个句子则不同:

(5.18)(a)在桌子上写字。

(b)字写在桌子上。

(a)中的"在桌子上"多半指写字的人的位置,而(b)中的"在桌子上"则是指所写的字的位置。下面(5.19)中的两个句子,一个只有一种语义,另一个则有歧义:

(5.19)(a)我叫他写信给你。

(b)我叫他给你写信。

(a)只有一个解释:信是写给你的;而(b)有两个解释:(一)信是写给你的,(二)信是替你写的。

另外,当"到"作为副动词来表达方向时,它出现在动词后的可能性大于出现在动词之前。例如:

(5.20)(a)走到大街上(来/去)。

(b)汽车不可以开到学校里(来/去)。

像(5.20)这样出现在主要动词后的"到"副动词词组,似乎是句末动词"来"或"去"省略后的结果。如果其后有"来"或"去"的时候,那么,这个副动词词组就算是出现在"来"或"去"这个主要动词之前了。

5.5 常见的副动词

以下是一些常见的副动词和例句,部分还包括了一些说明。它们排列的次序主要是根据一般使用频率的高低来排列的:

在:我们明天在哪儿开会?

给:出去的时候,请你给我买几张邮票。

此处的"给我"的语义有点模糊,它可以是请求对方帮忙买邮票,也可以是请求对方顺便替说话者出钱。若我们用"替"来取代"给",则这种歧义就消失了,因为"替"只能有"代劳"之义。反之,如果把"给"所引介的副动词词组放在动词后,则这种歧义也就不存在了:"买几张邮票给我"的意思是要听话者不但代劳,而且还要出钱。

跟:这个孩子上课的时候老跟别人说话。

对:他们对我很好。

你对他说了什么话?他又生气了。

"对"和"跟"在这里的差别是:"跟"表达的是一种双向的交谈,而"对"是单向的。

到:这个副动词可以用来表示地点或时间。

下礼拜我要到美国去开会。

昨天晚上,我们谈到十二点多才睡觉。

往:你往东走,过三条街,就到了。

为:父母亲总是什么都为儿女想。

这辆汽车是为我太太买的。

比:你比他可靠。

用:中国人多半用筷子吃饭。

这种锁不用钥匙也打得开。

拿：你<u>拿</u>多少钱也买不着这样好吃的东西。

从：<u>从</u>早到晚，他一点事都没做。

　　<u>从</u>这儿到旧金山大概有两千多英里。

离：旧金山<u>离</u>这儿有多远？

　　现在<u>离</u>上课还有十五分钟。

替：明天我想请你<u>替</u>我上一堂课。

照：<u>照</u>他意思，这个计划还得进行。

　　我希望大家能<u>照</u>计划行事。

於/于：这是文言文中最常见的介系词，而且它可能的意思十分丰富。但在现代汉语中，"于"只用在固定的词组或复合介系词中，或是加在单音节的词组中以达到双音节的效果，如：

　　<u>于</u>事无补。

　　其实<u>於</u>你有关。（文言体）

　　"于"的复合形式在以下三个例子中说明。

对于：<u>对于</u>做买卖，我不太有兴趣。

关于：<u>关于</u>非洲的事务，我倒很熟悉。

　　"关于"和"对于"都可以置于主语之前，以引介即将论及的事物，不过"对于"也可以置于主语之后。因此，"关于"只有一个功能，即用来引进话题。而"对于"则还可以有另一个意思，这个意思与"对"几乎完全一样，例如：我对（于）做买卖不太有兴趣。

至于：这个介系词词组是用来指出先前已经提过的或与之有关的话题。

　　<u>至于</u>孩子们上学的事，我倒无所谓。

自从：<u>自从</u>我开始学中文到现在，已经一年多了。

　　<u>自从</u>上礼拜五到昨天，病人都没吃东西了。

第五章　介系词和副动词

上面的双音节词，其用法固然与单音节副动词相近，然而它们在任何情况之下都不能当动词用，所以要称之为介系词应该是没有问题的。不过，为了简单明了，我们还是把它们归入副动词。

以上所列，当然并不是汉语中所有的副动词。目前常用的，至少还有两三倍之多。此外，还有另一组词在语法上可以归类为这个词类，这就是处置式的"把"，被动式的"被"（"让""给"或"叫"）。在句法上，它们所出现的位置和一般副动词相同，也就是和它们的宾语一起置于动词前。然而，在语义上，它们所表达的却不仅仅是动词与宾语之间的一种简单的关系而已，它们所表达出的关系要复杂得多。"把"要求（一）它的宾语必须是定指或特指，（二）动词必须是及物且非静态，（三）若没有结果补语时，动词必须解读为有结果的语义，（四）宾语必须被视为经过了一些改变，详情请参见第十二章。"被"（以及"让""给"和"叫"）也有类似的要求，详情请参见第十三章。以下是一些例子：

把：主要的语义是对宾语有某种程度的处置，而这种处置可以延伸到十分抽象的境界。

别把钱掉了。

被：可视为汉语的被动标记，尽管汉语被动的用法与英语有很大的不同。

钱都被他花了。

让/给/叫：通常可以和"被"互换，尽管它们之间还有许多文体上的差异。然而，这四者相同的是都可以省略其后的宾语。

例如：东西都被/让/给/叫偷了。

5.6 小结

本章讨论了汉语中副动词的各种特性。首先，汉语语法学者所以要采用"副动词"这个名称，主要是因为这一类词，既像动词又像介系词。而且，各个副动词之动词性程度，又各不相同。至于如何知道它们与动词相像的程度，则有各种不同的测试方法，如：是否能与体标记结合，是否能作为述语核心，其后的宾语是否能省略，等等。这样测试的结果，几乎可以将一般常用的副动词排成一个序列，如（5.10）。

这样的事实，用功能语法中的原型和连绵性的概念来处理，是最合适不过的。而汉语中之所以有这样不稳定的词类范畴，乃是因为语法历时的演变而产生的。现代汉语中几乎所有的副动词，都是从古汉语的动词演化而来的，在演化的过程中，个别的动词，逐渐丢失动词的各种特征。但是由于演化的时程不同，它们所丢失的动词特征就有多有少，而保存的动词性也就高低不一，乃至于有现在这样参差不齐的情形。不过，这种情形，并不是一种特殊现象，倒反而是一般正常的语言常轨。不但汉语如此，其他语言其实也是如此。只是过去普通的语法认为，同一个语法范畴内的成员，都应该是完全相同的，所以无法面对现实，只能硬把各个不同的个体塞在同一个框框里。但是，功能语法则承认这个事实，用各种方法，来凸显其中成员的异同。

副动词的主要功能是要引介其后的宾语，并表明该名词组与动词之间的语义关系，如"替我上一堂课"中的"替"，不但引介了"我"，还表明了"我"与"上课"之间的语义关系。汉语中还有一些双音节的词，它们的功能与上述的副动词相同，如"关于"。由于这些双音节词在任何情况之下都不能当动词用，所以是纯粹的介系词。不过为了方便起见，我们还是把它们当作副动词处理。

第五章　介系词和副动词

由于副动词与其宾语所组成的词组，多半是用来当作副词，所以它在句中出现的位置，一般也是在典型的副词位置，也就是在动词之前。不过，也有少数几个副动词，它们的词组也可以出现在动词之后，如"在、给"等。而且，有的时候，在动词的前或后还会有意义上的不同，如（5.18）和（5.19）。兹将该两例再次列出，以便讨论：

（5.18）（a）在桌子上写字。

　　　　（b）字写在桌子上。

（5.19）（a）我叫他写信给你。

　　　　（b）我叫他给你写信。

这两种不同的解释，其实跟汉语的象似性有关。在动词前的副动词词组，是作情状副词，表示该事件施事者的态度或样子，而在动词后的副动词，则是表示其所引介的是受益者。施事者的态度或样子，多半是在事件发生之前就存在的，所以在汉语中的语法位置，也是在代表行动的动词之前；而受益者的受益，一定是在事件结束以后，所以其语法位置，也在代表行动的动词之后。同样地，（5.20）中的副动词"到"，也可以用象似性来解释：

（5.20）（a）走到大街上（来/去）。

　　　　（b）汽车不可以开到学校里（来/去）。

由于"到"所引介的是目的地，而目的地的到达，当然是在行动之后。其后的"来"或"去"，本来仅是附加的词尾，不过，因为整个结构受到了语法变迁的压力，渐渐地解释为主要动词了。

第六章 虚 词

虚词（particle）是本身不具有固定语义的词类，它的功能主要是表达语法关系或篇章关系。由于虚词的功能差异很大，事实上是可以分出很多不同类别的，甚至很多虚词都可以自成一类。但是，要把它们归入任何一种既有的词类似乎也相当困难，因此语法上就将它们统称为虚词。本章讨论的重点是下面三类虚词。（一）体标记，包括：完成体标记"-了"、经验体标记"-过"、持续体标记"-着"、进行体标记"在-"和起始体标记"-起来"；（二）句末虚词，包括：表示情状改变的"了"以及"吧、呢、啊、嘛"；（三）多功能虚词"的"。句末虚词"吧、呢、啊、嘛"都还没有正式的统一名称，原因是语法学者对它们究竟担任何种功能，众说纷纭，迄无定论。本章对此当会有所澄清。而"的"之所以未命名，则是因为它的功能过于丰富，实在很难用单独一个标签来加以标示。尽管如此，"从属虚词"应该可以充分涵盖"的"的各项功能，所以本章采用这个名称。

6.1 体标记

"体"是用来表达一个行动或事件的某一部分的，如开始、结束或进行等。因此，体标记一定是随着动词出现，特别是行动动词。以英语来说，有两个为一般人所熟悉的体标记：以 V-ing 的形式出现的进行体和以 have / has V-en 形式出现的完成体（此处 -en 代表动词过去分词的形式）。① 进行体所指的是在某个时间点上正在进行的一个行动或事件，而完成体则是指在某个时间点之前曾发生的行动或事件：

（6.1）（a）I'm eating.
　　　（b）I have eaten.

上例中（a）表达了一个正在进行的动作，而（b）则表示已经发生过的动作。在两个句子里相同的是，这个参照时间点指的都是说话的当时，故称"现在时态"。

体尽管与时态不同，但两者确有某种程度的关联。例如英语的现在完成，必然隐含有过去发生的意思。汉语是一个无时态的语言，时间并不直接以动词形式变化显示出来，而在有需要时仅以时间副词来表达。尽管如此，汉语的完成体标记"-了"，正与英语的现在完成或过去式相同，也隐含了过去的意思。如果不认同这一点，那么在语言分析或外国学生学习汉语时，经常会造成许多不必要的困扰。本章将澄清一些关于汉语中体的基本事实，以作为学习或研究动词和体之间复杂关系的一个出发点。

6.1.1 完成体标记"-了"

完成体标记"-了"与同形的句末虚词"了"，通常是以它们出现

---

① 当一个动词没有任何体标记时，所表示的可称为"无标记体"，这时我们将它视为含有一个内隐的体标记或零体标记。无标记体的语义，会随着和它结合的动词类别而变化。一个无标记体的行动动词有"习惯"的意思；而无标记体的情状动词则表示在某个时间以某种情状存在的意思。请比较：

　　（i）I listen to him.
　　（ii）I hear him.

例句（i）表示一个"我常听他话"的习惯；例句（ii）则表示说话当时"（能）听见他说话"的情状。

的位置来区别的：前者一定紧接在动词之后，后者则出现在句子的末端。但是，当一个句子最后是以一个动词加上"了"字为结束时，就很难确定这个"了"的确切身份；也就是说，很不容易来判定它究竟是发挥什么功能的。这个问题，在第 6.2.1 节中当再详细探讨。在可以确切判定的情况下，本书以"-了"代表完成体标记，以"了"代表句末虚词，也就是以有无"-"来区别。本节先讨论完成体标记"-了"。

完成体标记"-了"，对外国学生来说是一个十分难学的虚词，这是由于一方面它很像英语的过去式，同时也很像英语的完成式（一般称为 perfect tense）。以下是几个含有完成体标记的句子：

（6.2）（a）昨天晚上我看了一场电影。

（b）中国跟日本打仗打了十四年。

（c）我们出去散了一会儿步，就回来了。

这些都是过去发生的事件，用完成体来标示，似乎与英语的过去式完全相同。然而，汉语的这个用法只适用于行动动词（请参看第 3.2.2 节）。也就是说，如果一个句子的动词是静态的情状动词时，则虽然所指是过去的情状，却不必也不能用完成体标记"-了"。请将例（6.3）中的两个句子与上举（6.2）中的比较：

（6.3）（a）他一直都很健康，可是上个月忽然病了。

（b）我昨天很不高兴。

（6.3）中的两个动词"健康"和"高兴"都是情状动词，因此，尽管它们明明是表达过去的情状，却不用完成体标记"-了"（(a)中最后的"了"是表示情状改变的句末虚词[①]）。

[①] 请参看第 6.2.1 节。

此外，在英语中，若有几个动词同时出现在一个子句中的时候，只有第一个动词有时态（包括过去式）的变化，其他的动词则以不定式或其他没有时态的形式出现（例如："We all wanted to see the show."其中的 wanted 是主要动词，所以用过去时态，而 see 则用不定式出现）；而汉语的一个子句里含有一连串的行动动词时，只有最后一个动词需要用"-了"这个完成体标记，来表示这是过去所发生的事件。例如（6.2c）中，尽管"出去"是行动动词，但因为在同一句中它后面还有另一个行动动词"散步"，所以它是不能有完成体标记的。其实，这是将"出去"跟"散步"两个事件，并作同一事件处理的一个手段。

除了上面的这两个基本规则以外，还有些必须遵守的例外。以下是一些虽然是表示过去发生事件的行动动词，却不用"-了"的例子：

（一）表示说话的动词，例如"说、告诉"，当这些动词后面接有所说的内容时，虽表示过去发生的事，却不用"-了"，例如：

(6.4)(a) 上礼拜他跟我<u>说</u> 0 / <u>告诉</u> 0 我，今天要来。

(b) 他<u>说了</u>半天，还是没说清楚。

(c) 我给他们<u>讲了</u>两个故事，他们还要我讲。

(a)中尽管"说"和"告诉"是行动动词表示过去发生的事，却没有用完成体标记"-了"，这是由于在它们之后有"今天要来"这段所说的内容。反观另外两个例子，由于(b)后面接的"半天"为时间副词，(c)所接的"两个故事"为一般宾语，两者都不是所说的内容，因此这两个行动动词后面，都需要加一个完成体标记"-了"。

（二）"行动动词＋-了"的否定形式是"没（有）+动词"，而不是"不+动词+了"：

（6.5）昨天好几个人没有来。

（6.5）中的"没有来"是"来了"的否定形式，不能用"不来了"。后者是"不来+了"，表示"本来要来，现在不来了"（请参看第6.2.1节）。

（三）在关系子句中，行动动词虽表示过去发生的事，但不需要"-了"：

（6.6）前天买0的那本书掉了。

（6.6）中的"买"是一个行动动词，表示过去发生的事件，但由于它出现在关系子句"前天买的"之中，所以不需要用"-了"。

（四）在"是……的"句式中，尽管动词含有发生于过去的意思，仍然不需要用完成体标记"-了"：

（6.7）这本书是谁写0的？

总括地说，完成体标记"-了"，只能与表示行动或事件发生的主要动词结合，凡是从属动词其后都不能附有这个体标记。

完成体的另一项功能，是特别用来表达"某个行动或事件之发生是在另一个行动或事件之前"：

（6.8）我吃了饭就要走。

在这个例子里，我们知道"吃饭"会发生在"走"之前，这是因为"吃"的后面跟着一个完成体标记"-了"。完成体标记"-了"的这个功能，和行动或事件发生的时间并没有任何关系。它只表示两个行动或事件发生的先后次序，却没有认定它们是发生在过去、现在或是将来。上例（6.8）所表达的是将来，但在下面的例子（6.9）里，（a）所指的是过去，而（b）所指的是没有时间的习惯性行为。

（6.9）（a）昨天晚上我们看了电影，就回来了。
　　　（b）他每天都是匆匆忙忙地吃了早饭，就去上班。

　　总结起来，将"-了"视为一个完成体标记的确是对的。所谓完成体，虽然基本语义上总是表示"一个特定事件的发生或完成"；但是，它在不同的语言中，却具有不同的功能。汉语的完成体，基本上行使以下两个功能：（一）标记一个事件的发生；（二）标记两个行动或事件发生的前后次序。除此而外，当然还有上面所说的各种不需要用"-了"的情况，必须注意。

　　当然，汉语完成体标记"-了"，事实上并不是如此简单，还有很多细节必须考虑。至于应该详细到什么程度，则当视需要而定。下面举几个例来说明。

　　根据 Chang（1986）的说法，如果主要动词是文言文，那么，即使符合用"-了"的条件，一般还是不用，如"返国三年"中绝不能在"返"之后用一个"-了"。相反，如果是语体文的单音节动词，则虽在同一句的一连串动词中，本来不必用"-了"，但是因为是单音节，用"-了"的机会就增加了，例如："昨天晚上我们上街，吃（了）晚饭，看（了）一场电影，就回来了"。在括号中的"-了"，就是因为位置在单音节动词之后，所以出现的机会较多。其他如上面（6.4）中所提到表示说话的行动动词，如果其后有所说的内容，则虽然表示过去事件，却不能接用"-了"。其实，除了表示说话的动词以外，还有表示"认知"和"感知"的动词，也都受这样的限制。例如：

（6.10）我记得数年前看《红楼梦》时，不断地抓着头皮想 0："在美国不要说五代同堂，连两代同堂都很困难……"

　　上例中的"想"是思考的意思，是一个行动动词，但是却不能跟"-了"，其原因就是因为它是一个认知动词，其后接有所想的内容。

另外还有一些非常恼人的问题，如："为什么墙上挂了一幅画"中的"挂了"，居然不能表示一个过去的事件，而必须表示一种情状？这个问题，我们在讨论持续体标记"-着"的时候，还会作进一步的观察。

6.1.2 经验体标记"-过"

虚词"-过"有两个常用的名称，一是"经验体标记"，一是"不定过去标记"（Chao，1968：251）。本书采用"经验体标记"，因为它比较能表达这个虚词的特色，同时也比较浅显易懂。"-过"的语法功能，正如它的名称所显示的，是将一个过去发生的事件当作一个经验来处理。例如：

（6.11）（a）我去过美国三次。

I have been to the U.S. three times.

（b）我们都听说过那本书，可是都没看过。

We have all heard about the book, but have never read (it).

像这样的经验，在英语中通常是以现在完成形式来表达的。然而这并不表示所有英语现在完成式的句子都可以直接译为汉语的经验体，因为英语的 have / has V-en 形式还有其他的功能。如与英语"I have lived here for three years."相对应的中译，是"我在这儿住了三年了"，而不是"我在这儿住过三年"。那么，汉语的经验体究竟应该怎么用呢？

如果我们将（6.11a）中的"-过"换成"-了"，而得到（6.12）如下：

（6.12）我去了美国三次。

I went to the U.S. three times.

（6.12）只是叙述"我去美国这件事在过去发生了三次"，至于这三次的发生，与现在的情状有无关系，则没有说明。反观（6.11a），则不但跟（6.12）所说的一样也是叙述"我去美国这件事在过去发生了三次"，而且还同时表示"这三次是与现在的某个情状是有关系的"。所以，如果要接着说"我对美国的情形很熟"等这一类的话，则用（6.11a）比用（6.12）更为合适。下面再举几个例子：

（6.13）（a）他们公司以前每年赚过好几千万；不过，现在不行了。

（b）他们公司去年又赚了/*过好几千万。

（a）不但叙述过去所发生的事，而且还把它与现在的情状相比。（b）则由于有副词"又"的限制，因为"又"标示事件的重复发生，所以只能用来叙述事件的发生，那就不能用经验体标记"-过"，只能用完成体标记"-了"。

可能是由于南方方言的影响，有时"-过"也可以作为动词补语，这时它可以和"-完"互换：

（6.14）（a）你吃过/完了饭能不能来一下？

（b）这一本书我看过/完了就还给你。

另外有些动词表面上虽然也可以和"-过"结合，但这些"-过"不一定是经验体标记。这些"-过"可能是复合动词的一部分，或是表示"经过"的一个后缀。

（6.15）（a）他没有走过大门。

（b）张三错过了一个好机会。

（c）他没有错过。

（d）从美国到东京去，会经过夏威夷吗？

（e）为了这件事，大家都很难过。

(a)中的"-过"有两种可能的意思：它既可以是经验体标记，也可以是表示"经过"的后缀。(b)中的"-过"因为后面紧接着另一个体标记"-了"和宾语"好机会"，所以必须解释为复合动词"错过"的一部分。(c)则又有歧义：在一般的情境之下，这里的"-过"可以当作经验体标记，但若它是用来回应(b)，则这个"错过"必须等同于(b)中的"错过"，所以也是复合动词的一部分。最后，(d)和(e)中的"-过"都没有歧义，因为"经"和"难"都不是行动动词，因此，"过"必须和其前的动词一起构成一个复合动词。

另外一点需要注意的是经验体的否定形式，应该是"没（有）V-过"，而不是"＊不V-过"，如上面（6.11b）和（6.15a）中所示：

（6.11）（b）我们都听说过那本书，可是都没看过。

（6.15）（a）他没有走过大门。

6.1.3　进行体标记"在-"

出现在动词前的虚词"在-"，一直到近年才为语法学者承认是一个体标记，原因是它出现在动词的前面，而其他体标记都是动词的后缀。若依语法位置而言，它显然与其他体标记完全不同。但如果以功能来看，则它确实是表示"进行"。所以，一旦我们将它视为动词的前缀，而承认它是进行体标记，那么它的功能与语义就变得十分清楚了：

（6.16）（a）昨天晚上七点钟孩子们都在念书。

（b）孩子们都在念书。

进行体所表达的是在某一时间点上正在进行的行动或事件，如（a）所示，这里的时间点是"昨天晚上七点钟"。如果句中没有特别说明时间，则通常就以说话的时间为准，如（b）。这与英语中的进行式极为相似，所以，即使对外国学生而言，"在-"的这种用法，也不是很难学习的。由于"在-"只表示行动的进行，而不表示整个行动的发生或完成，所以它代表的不是一个事件，而是一件事情在当时的状态，因此它也可以用来表达一种存在的情状。由于这个缘故，(b)也可以解释为"孩子们目前的身份是学生"，而不一定代表说话当时孩子们都正在做"念书"这件事。这一点跟英语的进行式也很相似。

不过，汉语的"在"字，也有一点复杂，那就是它同时也是一个方位副动词：

（6.17）我在城里上班。

本来一字两用并不是一个问题。值得注意的是，副动词"在"与体标记"在-"是不能同时出现在同一个述语中的。因此，在下面的例子中，(a)和(b)都是不合语法的：

（6.18）（a）*他在图书馆在念书。
　　　（b）*他在图书馆正在念书。
　　　（c）他在图书馆0念书。
　　　（d）他正在图书馆0念书。

(c)中的"在"出现在名词组"图书馆"之前，应该是一个方位副动词，所以述语"念书"应该算是没有带体标记的动词，那么其解释应该是一个习惯性的动作。这确实是(c)的一种解释；然而，这句话的意思，也可以解释为"念书"这个动作正在进行。也就是说，(c)既可认为是进行体，也可以认为没有带体标记。在另一方面，当"在图书馆"这个方位副动词词组剔除以后，这种歧义也就消失了，它只能解释为一个习惯性的行动。同样地，(d)中的"正"使得这个句子只有进行的意义。根据这些事实，有些语言学者认为像(c)和(d)中的"在-"作为方位词用时，同时兼具两种功能：可以当作方位副动词,也可以作为进行体标记。

6.1.4 持续体标记"-着"

虚词"-着"以前经常被误称为进行体标记,原因是"-着"所标记的动词,往往可以译为英语中表进行体的 V-ing 形式。例如:

(6.19)(a)我等着你呢。①

I am waiting for you.

(b)别走着路看报。

Don't read the newspaper (while you are) walking.

(c)他们都在那儿坐着。

They are all sitting there.

但是,本章上节已经说明"在-"是进行体标记,则显然"-着"不可能也是一个表示进行体的后缀。所以本书将它叫作"持续体标记",以资分别。

当然,有关"-着"与"在-"之间的问题,并不仅仅是一个名称而已。因为,这两个虚词,除了在基本语义上很相近,分别表示"持续"和"进行"以外,在语法和语用上,都有极为显著的不同。在语法上,两者固然都将所附着的动词标明为从属结构,但"在-"的参考点是一个时间,而"-着"的参考点是另外一个事件。例如,回头看看例(6.16):

(6.16)(a)昨天晚上七点钟孩子们都在念书。

(b)孩子们都在念书。

(6.16a)中的"昨天晚上七点钟"是时间参考点,至于(6.16b)中虽然没有言明时间,却隐含有"当时"的意思。而(6.19)中的"-着"

---

① 关于"-呢"的语义和用法,参见第 6.2.2 节。

则显然不同：

（6.19）（b）别走着路看报。

它的参考点是另外一件事"看报"。有一个很好的测试办法是将"在-"与"-着"在句中互换，则对该句的解释会产生很大的影响：

（6.16'）（a）昨天晚上七点钟孩子们都念着书。
　　　　（b）孩子们都念着书。
（6.19'）（b）?别在走路看报。

（6.16'）中的两句，因为没有另外一个事件作参考，所以听起来好像句子还没有完结，而（6.19'）因为不能用"看报"作为"在走路"的参考点，所以不能解释为"一边走路一边看报"。也就是由于这个原因，由进行体标记"在-"标示的从属子句，总是用来当作时间状语；而持续体标记"-着"所标示的从属子句，总是用来当作情态状语。

持续体标记"-着"还有一个语法功能，是将某些行动动词转化为情状动词，例如：

（6.20）门开/关着。

动词"开"和"关"，本来都是行动动词，表示一个动作。可是，与"-着"结合以后，就可以表示情状。（6.20）并不是说"有人在开或关门"，而是说"门的现状是开的或是关的"。所以说，"-着"的另一个语法功能是将行动动词转化成情状动词。当然，这个功能并不适用于所有的行动动词，如"看着书"和"听着音乐"就很难解释为表示情状的独立句子。它的适用范围是"瞬间动词"。所谓"瞬间动词"，就是代表在极短时间内一定要完成的行动或动作。上面的"开"和"关"都是瞬间动词，还有所谓"姿态动词"，如"坐、站、躺、放、存、挂"等，都可以归入这一类。也因此，上面（6.18c）中的"坐着"并不表示"坐这个动作在持续地进行"，而是表示"这个状态的存在"。瞬间动词与持续体标记"-着"结合后之所以有这样的意义，其原因在于瞬间动词所代表的行动无法持续，所以它的持续体就变成了说明该动作发生后所产生的结果。这就可以解释为一种情状。

有一个问题，与上面谈到的很有关联，那就是"挂着"与"挂了"这两种说法，为什么会有同样的解释？其实，由于"挂"是一个瞬间动词，所以其后"-着"的语法功能，是将动词"挂"解释为表示其所产生的结果，而"挂了"则是由于说话者与听话者对该事件必然结果之共同推断而得到的解释。同样的说明，也适用于很多其他的瞬间动词，如"坐、躺、输、赢"等。对于生活经验在语言了解和使用上的重要性，这是一个很好的实例。

那么，在语用上，"-着"和"在-"又有什么分别呢？上面提过，"-着"最基本的语法功能是表示"从属"。也就是说，在一个含有两个动词的句子中，附有"-着"为后缀的动词，是一个从属结构，而不是主要结构。可是，汉语中常常会在一个单句中只有一个动词，而这个动词也带有"-着"作后缀，那么，这又应该作何解释呢？以下是一些这样的例子：

(6.21)（a）他打着电话呢。

　　　（b）汤热着。

　　　（c）拿/慢/等着。

　　　（d）太阳斜着呢。

一般的语法，多半将它们当作"进行"的意思。很明显地，至少（c）和（d）绝对不是进行体，我们认为在这里"-着"所表示的仍然是持续的意思。（6.21）这些例子中比较特别的是，它们其实也有一个隐含的主要动词,说话者只是没有把它说出来而已。说话者之所以未将这个主要动词直接说出,可能是因为他不愿意说,或是他不知道怎么说。这也就是为何这些句子都让人有种话还没说完的感觉。这也可以用来说明,为什么(a)和(d)要加一个句末虚词"呢"。这个句末虚词,其实是用来表示本句与前文之间是有某种隐含着的关联的,这样当然该句就显得完整得多了(请参看第6.2节)。

基于这个理由,(b)和(c)的语用意义,似乎以这样的方式来解释较为自然:(b)隐含的意思应该是"(等一下就可以吃了)汤在微波炉里热呢"或者"汤是热的(你可以吃了)";而(c)隐含的意思应该是"按我说的做(你就知道会有什么结果)"。

6.1.5 起始体标记"-起来"

起始体标记"-起来"在语义上十分容易界定,它大致上可以对等于英语中 start to 和 begin to。请看下面的例子:

(6.22)那个小孩儿突然哭起来了。

The child suddenly started to cry.

然而,"-起来"在句法上,却有一些比较复杂的地方。首先,当动词含有宾语时,这个宾语会出现在"-起-"和"-来"之间,而不是在整个"-起来"的后面:

(6.23)(a)他说完了,就唱起歌来了。

(b)我在跟你说话,你怎么写起信来了?

"歌"是"唱起来"的宾语,却不跟在"唱起来"的后面,而在"唱起-"与"-来"之间。此外,"起来"也可以作为一个复合动词或是方向后缀来使用:

(6.24)（a）今天起来的时候，我很不舒服。

（b）请你们都站起来。

（c）这么重的东西，我拿不起来。

（d）我们得把这些书都捆起来。

（a）中的"起来"是一个复合动词，是从躺着的状态起身的意思。（b）中的"起来"是一个方向补语，表示从一个较低的位置移向较高的位置。（c）中的"起来"也表示方向，但"拿不起来"是一个潜能补语，其中的"不"出现在动词"拿"和"-起来"之间。这个"-起来"应该算是补语而不是后缀。（d）中的"起来"也是一个补语，但它的意思却是表示动作之全部完成（见 Huang & Chang, 1996）。同类的用法还有"包起来、围起来、躲起来、藏起来、收（拾）起来、存起来"等。

另外，"-起来"有的时候可以表示"尝试"的意思，如"闻起来香，吃起来酸"中的"-起来"就是。这个用法，应该可以算是从起始体的意义中衍生出来的。关于这一个说法，也请参看 Huang & Chang (1996)。

6.2 句末虚词

本节讨论五个常见的句末虚词：了、呢、吧、啊（或作"呀"）、嘛。句末虚词"了"通常称为"情状改变标记"，它表达的是：句中说明的情状是由另一种情状经过改变而来的。"呢"在文献中并没有一个正式的名称，语法学家对之也没有共识，本书称之为"接续虚词"，因为它所标示的是：该句所表述的内容是接着先前的话或情状而发的。"吧"则有许多不同的名称，我们将它称为"迟疑虚词"，表示说话者对该句所表述的内容没有十分把握，持迟疑态度。"啊"（或作"呀""哇""呐"等，其不同形式乃按其前之韵母而定，本书仅以

"啊"代表所有的形式）也没有一个固定的名称，本书称之为"关心虚词"，指该句所表述的内容代表说话者个人的关心。"嘛"，本书称之为"事实明显虚词"，乃指该句所表述的内容，在说话者心目中认为是确实无疑的。具体内容及各种引申出来的解释，当于下面各小节详述。

当然汉语还有其他类似的虚词，例如"啰、唷、喏、耶"等，但是它们多半可以解释为复合虚词，即由别的虚词组合而成（如：啰＝了＋哦；唷＝呀＋哦；喏＝呐＋哦；耶＝呀＋せ）。虽然"哦"的地位，在这类组合中非常重要，却还没有人对"哦"作过认真的研究，故本章只能从略。不过，它的基本功能乃表示"请你特别注意我告诉你的这句话的内容"，略等于英语中的"I'm telling you...！"应该是不错的。另外如疑问虚词"吗"，则将在其他章节再详加讨论。本章所讨论的五个句末虚词，都经作者长期研究，故所描述与前人甚为不同；而且诠释也较为实在，将每个虚词，设定一个基本的语用功能，对于过去语法书中所赋予的各种不同意义，则可依其语境而衍生出来。这也是语言学研究虚词的最近趋势（见 Li，1999）。

6.2.1 情状改变标记"了"

正如它的名称"情状改变"所示，"了"的基本功能是：表示从先前的一种情状，转变到该句所描述的情状。例如：

（6.25）（a）东西都贵了。

（b）小孩大了。

（c）这位小姐越来越漂亮了。

（d）饭菜都热了。

（a）中的"了"表示"东西"从"不贵"到"贵"的改变；（b）说明了"小孩"从年纪"小"到年纪"大"的改变；（c）的"了"标示从原来的"漂亮"一步一步地变得"更漂亮"了；最后，（d）说明"饭菜"从先前的"不热"到现在"热"的改变。

在以上的例子中，所有的句子都包含情状动词。通常这些动词在英语中对应的都是形容词而非动词。但由于这些句子都牵涉到两种情状（改变前和改变后），因此，从整个句子的层面来看，其实十分具有动态的感觉。下面再举一些情状动词，加上"了"之后，整个句子就显然增加了动态的意义，而不再是纯粹的静态了：

（6.26）（a）他好了。

（b）我懂/知道了。

（c）大家都有了。

（d）我们没有汽油了。

（e）你错了。

这种动态的含义，在汉语中并不明显，但在相对应的英语中，则往往需要用动词来表达。所以上面（6.26）中的句子，译成英语，应该是（6.26'）如下：

（6.26'）（a）He's got well.

（b）I understand now.

（c）Everybody has got one.

（d）We have run out of gas.

（e）You got it wrong.

当然，有句末虚词"了"的句子中，也可以有行动动词出现，请看下面的例句：

（6.27）（a）我们吃了。

（b）小孩都上学了。

（c）我们得走了。

上例（6.27）中每句句末都有一个"了"，这个"了"也可以作"情状改变"解。这样，（a）的意思是：从"原来我们不吃"的情况改变到"我们吃"这个情况。（b）的意思是：从"原来小孩没有都上学"的情况改变到"小孩都上学"的这个情况；不过，也可能是"从都不上学"改变为"都上学"的解释。（c）的意思是：从"原来我们不必走"改变到"我们必须走"的情形。不过，（a）和（b）都另外还有一种解释，那就是把这个"了"当作完成体标记"-了"看待。这种解释，则是纯粹的表示该事件在过去的发生。也就是说，（a）仅叙述"我们吃"这件事在过去的发生，（b）仅叙述"小孩都上学"这件事在过去的发生。至于（c）中的"了"，则不能解作完成体标记，因为其中的"得"是一个助动词，它与后面的动词结合以后，必须表示情状，而不能表示行动或事件之发生的。

　　换言之，当一个句子句末的主要动词是行动动词，而其后又紧跟着一个"了"字时，这个句子很可能有两种解释。一种是把"了"当作句末虚词，一种是把"了"字当作完成体标记"-了"，如（6.27a）和（6.27b）。也有的时候，这样的情形并没有歧义，那是因为句中还有别的成分，把这句话限制在一种解释之内，如（6.27c）。

　　有关句末虚词"了"的另外一个问题是，当它和完成体标记"-了"同时出现在一个述语里的时候，究竟应该如何解释呢？例如：

（6.28）（a）我们都吃了饭了。

　　　　（b）这个问题，他们研究了很久了。

上例中（a）（b）两句都含有两个"了"。第一个"-了"是完成体标记，第二个则是句末虚词。大多数的汉语教科书都将这第二个"了"视为标示情状改变的句末虚词，同时往往将这两句话分别翻译成英语如下：

（6.28'）（a）We have（already）eaten.

（b）They have（already）studied the problem for a long time.

这是一个比较方便的说法；而且，翻译也相当准确，如果（6.28）中的汉语例句也设定在"现在时间"的话。按照这样的处理，这种"双'了'句"应该有如下的功能：它表示（a）的"我们吃了饭"和（b）的"他们研究这个问题"这两个过去发生的事件都是"新的情况"。但是，这样的处理，还是有好几个问题。（一）将一个过去发生的事件当作一个新的情况来表达，究竟是什么意思呢？（二）为什么第一个"了"似乎可以省略而不影响原来的语义？（三）为什么第二个"了"如果省略了，句子便会显得不够完整，听起来好像没有完似的？问题（一）较为简单，我们可以把"新的情况"延伸为"新的消息"。加上这个句末虚词以后，就可以很明白地告诉听话者/读者"我是把这个过去发生的事件当作一个新消息告诉你"。可是问题（二）与（三）中的这些事实，都不是用一个单纯的"情状改变"所能解释的。所以本书把这个句末的"了"当作是一个纯粹的篇章标记（discourse marker），它的功能是标示"叙述段落"（end of discourse），也就是说，这个"了"是告诉听话者或读者，这一段叙述到此为止，告一段落（请参看 Chang, 1982）。这样处理，为问题（三）找到了一个合理的答案。不过，问题（二）还是没有得到一个圆满的解决。暂时的解释是：既然已经有了叙述段落标记，那么这句话一定是用来叙述一个过去所发生的事件，所以，标示过去事件发生的完成体标记"-了"也就可以省略了。这个说法，虽然听起来合理，但是还没有充分的证据，所以只能算是暂时的一种解释。下面我们看两个比较长一点例子：

（6.29）……但是我还是决定把这段绑猫的真正原由记下，给历史作个见证，也给自己作个交代。但谁都知道这件事已经不太可能有澄清的一天，这就是我为何一边记一边泪水滴滴落下的原因了。

这是《中国时报》1999年4月16日第26版发表的文章《绑猫记》的最后一段。其中最后一句句末的"了"字，似乎没有办法解释为情状改变。因为作者是在写下一件他认为是非常可悲的事情，所以"一边记一边泪水滴滴落下"，他毫无理由要表示这是一个由别的情状改变而产生的新情状。不过，如果没有这个"了"字，就似乎无法表示"这是一个相当长的故事，而现在就这样的结束了"。再看同一篇文章内另外短短的连接在一起的两小段，这两小段出现在该文的正中：

（6.30）（a）然而猫儿也的确是老了，老和尚走后不久，它也随着老和尚的脚步离开了这个世界0。

（b）葬了猫儿，新住持想到早晚课时，殿柱下不能没有一只猫，他着急了，慌忙里他去到了村子，向人家化缘了一只小猫咪带回寺里……

（a）虽然是一整段，句末尽管可以用一个"了"字，但是作者没有用，因为接着就是（b）所叙述的一段那只猫死了以后立刻发生的事。如果在（a）段最后0的位置加上一个"了"字，当然不是不可以，更不是不合语法；加了以后，只是将这两段分隔开来，就没有原来那样紧密的联系了。

这两个例子，（6.29）说明了句末"了"字的另一个功能，标示"叙述段落"；（6.30）说明了不用这个"了"的结果，使得前后两段产生了密不可分的关系。因此，我们似乎还相当有理由，把这样的句末"了"字认定为具有标示"叙述段落"的功能。

如果从教学的立场来看这个句末"了"字，我们可以用这样三个步骤来处理：（一）先认定其基本功能"情状改变"，（二）再将这个功能从"陈述新情状"延伸到"表达新消息"，（三）如果两者都不适合，则它的功能极可能是"叙述告一段落"。其实，上述步骤（二）只是一个更为广泛的原则中的一个特例而已。这个原则，就是"情状改变"这个基本功能，必须随着句子的内容而延伸。请看下例：

（6.31）甲：今天中午我请文山吃饭，我也请你。
乙：伯母，谢谢您，我不在您这儿吃饭了。我一会儿得走，因为……（DeFrancis, 1965: 262）

上面这段对话中，如果乙不用"了"，就显得没有那么客气。我们的解释是：这个"了"还是在发挥它的"情状改变"功能；因为如果把"不能在您这儿吃饭"当作是一个新的情况，那么原来旧的情况就是"我能在您这儿吃饭"，所以就有"我本来要在您这儿吃饭的，可是……"，这样听起来就客气得多了。英文也有类似的客气话："I would like to, but ...."（参看 Chu, 1998: 154）。当然，直截了当地将这个"了"解释为"表示客气"并没有错，但每逢一个新的意义，就给予一个新的功能，似乎并不是一个很好的办法。如果我们可以从"了"的基本功能推演出来，则不但合情合理，而且也反映了语言运作的一个正常方式。

最后，还有一点需要说明的是：因为句末是"行动动词+了"的句子常有歧义，所以它的否定，也跟着有两种不同的形式，例如：

（6.32）（a）他来了。
（b）他不来了。
（c）他没有来。

其中（b）和（c）都是和（a）相对应的否定式。（b）是将（a）中的

"了"解释为具有"情状改变"功能的虚词所得的否定形式;而(c)则是将(a)的"了"解释为完成体体标记所得的否定形式。这两个否定式,由于是各自根据其所认定的"了"字的功能而来,所以就没有歧义了。

6.2.2 接续虚词"呢"

我们将"呢"称为"接续虚词",是由于它表示:目前的谈话内容是接着先前的交谈而来,或者是接着交谈者彼此之间的某种共识而来的。也因此,"呢"的语义和功能无法由它所出现的一个单一句子来确认。过去有许多教科书和语法学者,由于有以下这类句子的存在,而误将它认为是一个疑问虚词:

(6.33)(a)书呢?
(b)钱呢?
(c)他们呢?
(d)你呢?

很多人将这个"呢"字认为是表示"在哪里"的意思。事实上,例(6.33)中的每一个句子都有一个以上的解释。例如:(a)除了可以用来问"书在哪里?"以外,若用在回应某人说"所有我需要的学校用品都买了"这句话时,"书呢?"也可以解释成"你需要的书买了没有?"同样地,(b)中的"钱呢?"除了可以解释为"钱在哪里?"以外,假若前面一个人说的是"我把所有的不动产都分给孩子了",那么,这个问句就应该解释作"你是否也把钱分给他们了?"

现在,已经可以很明显地看出,这些含有"呢"的问句要作何解释,还必须视它所出现的上下文而定。当然也有时候,有些问句是没有上文的,但是却必须有适当的语境。例如,当一个孩子从学校回到家里时,他可能说:

（6.34）妈妈呢？

他这样问是因为他期待母亲应该在家，而且他也有把握被问者知道他有这样的期待。所以，如果这个孩子问的问题是"钱呢？"就可能招来家人困惑的眼光，除非他每天回家的时候都有钱在等着他，而且，他认为听话者也知道他有这样的期待。

这样以"呢"跟一个名词组合成的问句，有一项共同的特色，就是句中的名词必定是"定指"。而所谓"定指"，其实是一种来自于交谈者双方的共识：双方都能确切地指认该名词组所指的人、物、事。这个事实就显示了，虚词"呢"必须出现于交谈者双方有共识的语境中，无论这个语境是建立在上文里，还是建立在先前的默契上。这也就是我们所说的"呢"的"接续"功能，所以将它称为"接续虚词"。

"呢"并非只能用在疑问句中，一般的陈述句也可以有"呢"的出现：

（6.35）（a）还没到时候呢。[①]

（b）那不是玩的呢。

（c）他还扯谎呢。

以上例子中，每一个句子都隐含了来自先前交谈中的共识，或是交谈双方早先已得到的共识。例如：(a)可以用来回应"我们走吧！"这个建议，用"呢"表示"还没到时候"是接续着对方的建议而作出的回应。(b)可以用来回应一种情况，例如"某人把某一件事看得非常容易"，这里的"呢"就用来把"那件事不是好玩的"与先前的那个情况连接在一起。至于（c）的"呢"则是把"他扯谎"这件事连接到一种先前已知的情况，在那种情况之下，他是不应当扯谎的。"呢"在

---

① 这些句子摘自 Chao（1968：802—803），但此处略作修改。

这三个例句中的主要的功能，都是把先前的共识引导出来，以表示与本句内容的相关。下面的两个例子（6.36）和（6.37）可以充分说明"呢"具有这种加强对话中前后关联的功能。

（6.36）甲：他这么大年纪，到美国来怎么过啊？

乙：你难道以为他不会说英文吗？他的英文说得比你还好呢！

（6.37）甲：你现在等着毕业了，真开心。

乙：我还有一篇论文要写呢！

（6.36）中的"呢"所表达的是："他的英文说得比你还好"是接着前面对方所说的话而来的。也就是说，这是对你的问题的回答。（6.37）中的"呢"，也表示这是我对你所说的话的回应。这两个"呢"都不是必要的；但是，没有"呢"的话，就不是那么连贯，而且还有"你不必多管这个闲事"的含义，其原因就是因为说话的人不用"呢"，就显得不愿意特别表示这句话是用来回应你所说的话的。

（6.38）师父：小的时候不长进，将来大了怎么成材呢？

徒弟：您别生气，也许您说得对，可是不一定样样都对呀。

师父：喔？这么说，你是全才了。你倒教训起我来了！……我倒要领教领教。

徒弟：师父，徒弟怎么敢教训您老人家呢？

这是从一个剧本中摘出来的对话，共有两个句末"呢"字。师父所用的"呢"字，表示"将来大了怎么成材"是接着"小的时候不长进"而来的。这里由于这两个子句的内容本身就因具有对比而能连贯，所以有没有这个"呢"字，并不至于发生很大的问题。而最后那个"呢"字，虽然也是多余的，但是，它代表的则是，徒弟特别要表示他说话的内容是与师父前面所说的有关联的。如果没有这个"呢",就好像做徒弟的对师父讲的话,居然不愿意直接作回应似的,因此,也有人将之解释为表示礼貌。其实,这也是"呢"由接续功能扩展到表示连贯功能的一个例子。

虚词"呢"还有另外一项用法,这种用法,它不出现在句末,因此一般都不认为这是个句末虚词。它的位置是在句首的词组之后,而这个词组通常被视为一个话题。① 请看以下的例句:

(6.39)(a)钱呢,都花了;玩呢,没玩到。
　　　(b)孩子们呢,都上学了。

这个"呢"有时也称为"停顿虚词",但是我们认为把它称为话题的"对比虚词"更为恰当(理由请参看屈承熹,1999)。

关于"呢"的最后一个问题,就是它经常与持续体标记"-着"一起出现,因此就无法令人不怀疑,两者间是否有某种句法或语义上的关联。试比较以下的例句:

(6.40)(a)他们现在吃饭呢。
　　　(b)他们现在吃着饭呢。
(6.41)(a)老赵在打电话呢。
　　　(b)老赵在打着电话呢。

如上所述,上例的(a)句都表示,这句话是根据先前的谈话或情况而发的。也就是说,(6.40a)可能是用来回应一种情况"有人想知道他们在做什么",或者对方吞吞吐吐地问了很多有关"他们"的事情,而没有说出究竟想知道什么,那么说话者有点不耐烦,就直截了当地说:"他们在吃饭呢!"以表示虽然答非所问,但是与对方的目的是有关

---

① 关于话题,请见第七章的讨论。

的。(6.41a)可以用同样的方法推得对"呢"的解释。但是,这两例的(b)句却不一样,除了其前有一种共识以外,其后也还有没有说出来的含义。例如(6.40b)除了回应先前的一个情况而外,还有"你要是找他们还得等一下"的意思;而(6.41b)则除了回应某一种情况,如"对方想要知道老赵忙不忙"以外,还表示"如果你要跟他说话,要等他打完电话"的意思。"呢"和"-着"两者之间的关系显然是:在独立的单句中可以互相用隐含的前后文来补足其意义的不够完整。

至于教科书之所以在举例说明持续体标记"-着"的时候,往往会用句尾有"呢"的句子,也是因为没有这个"呢"字来将该句与前文呼应,而"-着"又表示后面还有没说出来的话,那么这句话就变得孤零零的,有前不着村、后不着店的感觉。试比较:

(6.42)(a)？大家都说着话 0。

(b)大家都说着话呢。

(a)因为只有"-着",没有"呢",所以就显得不够完整;(b)多了一个句末虚词"呢",感觉上就完整得多了。

6.2.3 迟疑虚词"吧"

大多数的教科书,都将"吧"视为感叹词或疑问标记。这从标点符号的使用上就可以看出:通常"吧"的后面,都会跟着惊叹号或问号。事实上,以"吧"为结尾的句子,既不一定是感叹句,也不一定是问句。其实,句末虚词"吧"所表示的是:说话者对自己所说的这句话,不是很有把握。因此,本书将之称为"迟疑虚词"。由于这个基本功能,当"吧"与表示说话者意见的陈述句结合时,就将这个意见转化为委婉的征求同意;当"吧"与诉诸行动的命令句结合时,就将这个命令转化为委婉的建议,所以也有人把它叫作"建议标记";当"吧"与叙述过去发生的完成体动词句结合时,就把这个叙述转化为语气缓和的问句。

（6.43）（a）这幅画不错吧？/。
　　　　（b）（你）好好儿地念书吧！
　　　　（c）你/他去看医生了吧？

（6.43）中（a）的说话者虽然认为"这幅画不错"，但是没有十分把握，所以加个"吧"来表示对自己所说这句话的迟疑态度。这个"吧"字把原来的陈述转化成征求对方的同意，所以既可以作为一个陈述句，也可以作为一个问句。（b）的说话者对他所想发出的命令"你好好地念书"，也没有十分的把握是否应该作出这样强烈的要求，所以加个"吧"将这个命令转化为语气缓和的建议。（c）的说话者对"你/他去看医生了"这件事的是否发生，也没有十分的把握，所以加个"吧"以求证实，整句也因此而变成了一个语气缓和的问句。但是，这个问句并不像"你/他去看医生了吗？"那样，对这件事完全没有把握而在作百分之百的寻求证实。下面再看几个例句：

（6.44）（a）这辆车很贵吧？/。
　　　　（b）先吃了饭再谈吧！
　　　　（c）昨天这儿下雨了吧？
　　　　（d）你们明天不去台南吧？
　　　　（e）甲：他求了你半天了。你就给他一点钱吧！
　　　　　　　乙：好吧！那就给他两百吧！

（6.44）中的前三句，与（6.43）性质完全相同，不必再加以解释。（d）句是对将来的认定，说话者认为可能发生，但是没有把握，同时因为主语是第二人称"你们"，所以解释为相当强的问句。但是如果将其中的"不"换成"别"，则"你们明天别去台南吧！"就变成一个建议了。这个情形说明了一个事实,那就是"吧"本身并没有标示"建议"或"问句"等的特定功能;这些解释,其实都是根据各句或上下文的内容,从它的基本功能"标示迟疑"演化出来的。(e)句中一共有三个"吧"字,有两种不同的解释:甲所用的"吧",可作"建议"解,而乙所用的两个"吧",都可以解释为"标示不愿意"。但是"不愿意"似乎与"建议""设问"等的意思相差太远,同一个虚词如何能标示如此毫不相干的意义呢?如果我们把"吧"的基本功能设定为标示"迟疑",那么,(e)中后面这两个"吧"的解释,就可以迎刃而解。这里,乙对他所作的承诺持迟疑态度,所以有"不太愿意作这样的承诺"这样一层的意义。

6.2.4 关心虚词"啊"

如上所述,关心虚词可以有很多不同的形式,如"呀、哇、呐"等,选择何者,乃是由其前之韵母来决定的。如果没有特殊原因,本书均作"啊"。这个虚词,还没有人作过详细的研究。[1] 本节仅作一个概述,并另外并提出一个看法。

Chao(1968:803—806)将"啊"整理出十种不同的用法,分列于下:

(6.45)(a)开始发问:你明天出不出去啊?

(b)确认问句:你不去啊?

(c)招呼虚词:喂,先生啊!

(d)惊　　叹:小王啊!你还没上床啊!

(e)命　　令:走啊!咱们都走啊!

---

[1] 此系 1998 年前之状况。在本书 2009 年增订时,至少已有 Chauncey Chu(2002)之 Relevance Theory, Discourse Marker and the Mandarin Utterance-Final Particle *A / Ya*, *Journal of the Chinese Language Teachers Association* 37.1: 1—40.

(f) 不　　耐：我并没做错啊!

(g) 提　　醒：本来你也知道啊，也用不着再说啊!

(h) 警　　告：这个人的话是靠不住的呀!

(i) 提供停顿：要是你不肯啊，那我就不管了。

(j) 列　　举：什么"天"啊、"地"啊、"日"啊……这些字都会写。

上例中，除了(j)以外，把句末的"啊"删除以后，每句仍然还保有上面所列出的个别意义。所以，实际上这十种用法并不是"啊"本身所具有的，而是从各句的内容所引申出来的。Li & Thompson（1981：313—317）将"啊"称为"语气减弱"（reduced forcefulness）虚词。这个名称大致准确，例如(e)中的命令句，有了一个"啊"，命令的成分似乎减弱了一点。但当"啊"与警告、赞叹之类的语句结合时，该句的"威力"（forcefulness）不但不会因为"啊"的出现而减弱，反而会因之而增强。例如：

(6.46)(a) 你对他要小心一点儿。

(b) 你对他要小心一点儿啊。

(6.47) 甲：(这种录音机)它自己会告诉自己，这是怎么样的录音带。

乙：(a) 那很好。

(b) 那很好啊!

(6.46)中的两句都是警告。(a)与(b)的不同，仅在(b)有句末的"啊"，而(a)则没有。相较之下，(b)所表达的警告意味比(a)的强而有力得多了。(6.47)中，乙的回答如果是(a)式，则就显得不够热诚，若是(b)式，因为多了一个句末虚词"啊"，就显得对这种录音机非常赞赏了。这两个例子中的"啊",不但没有将句中的警告和赞赏减弱,反而将之增强了。

上面所举的例句中,"啊"都是可有可无。没有,并不影响语句本身的意义;有了,则可将某种语气增强或减弱。下面我们看一个不能用"啊"的例句:

(6.48)谁啊?

这个问句形式,不适用于下面这个情况:当一个半夜站岗的哨兵,听到黑暗中有一个东西移动的声音时,他绝对不可能说:"谁啊?"他只能喝问:"谁?"但是当一位家庭主妇在厨房准备午餐时,听到厨房后门上有轻轻的敲门声,她多半会说:"谁啊?"因为这个时候来找她的,多半是邻居熟人,加个"啊"在问句上才能显得亲切。当然,刚才那个哨兵绝对不会对这个移动的东西表示亲切,而加上一个"啊"再来喝问的。

从这两个情况可以看出,句末虚词加在与对方有关的语句后,有向对方或对所提及的事物表示关心之意,故称之为"(个人)关心虚词"。由于说话者的特别关心,警告的语气加强了,赞叹的语气也加强了,但是命令的语气可能就减弱了,表示不耐烦的语气也可能减弱了,问句的语气也缓和了。下面再举一个问句:

(6.49)(a)你喜不喜欢这辆车子?(Li & Thompson,1981:313)
　　　　(b)你喜不喜欢这辆车子啊?

上例(b)的"啊",固然可以说是用来缓和该问句的语气,其实还不如说是用来加上一点个人的情感。所以,我们觉得"啊"应该具有一个表示"个人关心"的功能。当然,由于"啊"是一个表示说话者个人态度的虚词,语调也是一个极为重要的因素。但是,因为这一方面的研究不是本节所讨论的范围，所以只能从略了（参看第 23.2.1 节）。

6.2.5 "事实明显"虚词"嘛"

近来语法学者对这个虚词也开始进行研究，但成果并不显著；因为一般都还是沿用过去的方法，将"嘛"在各种语境中可能衍生出来的意义，当作"用法"，然后分门别类地罗列出来，结果则是五花八门，有的各不相干。兹略举数例如下：

（6.50）（a）你就是不懂嘛。（坚持己见）

　　　　（b）车子开慢点儿嘛。（对方义务）

　　　　（c）日本本来在亚洲嘛。（显而易见）

　　　　（d）我说他会来的嘛。（确切事实）

　　　　（e）哪儿的话，这是我的责任嘛。（理所当然）

上面五个例句，都摘自汉语课本或语法书籍，括号内标明的是各句中"嘛"的所谓"用法"。这样的解释，并无多大意义，因为这些标签几乎可以任意给予，例如（b）中的"嘛"也可以说是表示"显而易见"或"坚持己见"。而且这些"用法"，其实都是从语句本身的语义衍生出来的，与"嘛"的功能无关。更有甚者，这样的"用法"有些还会互相矛盾。下面再举几个实例：

（6.51）（a）表示"信心"：

　　　　　　我原说来不及嘛，他偏偏要去。

　　　　（b）表示"同意"和"愤慨"：

　　　　　　甲：你看我们有八十分的余地……

　　　　　　乙：中专嘛。

　　　　　　甲：中专嘛。

　　　　（c）表示"不同意"：

　　　　　　甲：现在受这种出国潮影响的人太多了。

乙：这也是好事嘛！

（d）表示"坚持己见"：

甲：她跟我同年，属猪的……

乙：她好像比你小一点儿。

甲：小一点儿？她跟我一样，属猪的嘛。

这几个例子，或摘自语言学文献，或采自实际会话录音。其中除了（b）的两个"嘛"以外，其他的各种"用法"，都应该非常明显，故不赘述。（b）是甲、乙两位女士在讨论一次大专入学考试，甲的女儿成绩比"中专"的最低录取标准高出了80分，结果却还是分发到一个中专去上学；所以，乙也为之愤愤不平。当甲说了"你看我们有八十分的余地……"以后，乙马上接着说"中专嘛"，因此，这个"嘛"就被认为是表示"愤慨"用的。接着，甲也说"中专嘛"，因为她完完全全地把乙所说的重复了一遍，所以这第二个"嘛"就被认为是表示"同意"用的。（6.51）中所举，只是这方面研究结果的一小部分，但其中就有互相矛盾之处，如（b）中的"同意"和（c）中的"不同意"。而且，正如前两节中所说的，这些个别的解释，都是可以从语境中衍生出来的；因为，即使没有"嘛"，这几个例句还是可以有"信心""同意""愤慨""不同意""坚持"等这些解释。不过，加了一个"嘛"，好像就多了一点什么语气。下面再看几个例子，以进一步认定这个多出来的语气究竟是什么：

（6.52）（a）我不是早告诉你了，我先生下星期又要出差去了嘛。

（b）甲：我不想打电话去问，怕他们听不懂。

乙：你的英文说得很好嘛！

（c）啊呀，你才喝了那么一点儿酒，怎么会醉呢？再喝一杯嘛！

上例（a）中的"嘛"可以认为是表示"你应该知道"，因为"我"已经告诉过"你"了。（b）中的"嘛"可以算作是表示"客气"或"恭维"。（c）中的可以说成是"固执"或"坚持"。这样每有一个语境，就给予一个定义，似乎并没有达到有规律地来了解这个虚词。不过，如果将"嘛"省略，这些意义还是存在，只是少了一种"你老早就知道的"气氛。所以，我们可以认定，在上面所有的语境中，"嘛"的真正功能是表示"这句话的内容说话者认为是确切的事实"，然后从这个基础上，可以根据语境，衍生出各种解释。就以（6.52）中的三句为例：（a）之所以有"你应该知道"的解释，就是因为"我先生下星期又要出差了"与"嘛"结合，才能表示：这对"你"应该是一个确实的信息。（b）的"嘛"实际上与"客气""恭维"并无直接关系，乙只表示"你英文说得很好"这件事对你应该是很明显的事实。把对方的英文好这件事说成是一个确切的事实，当然就显得有"客气"或"恭维"的含义了。至于（c）中的"嘛"也只是说"你应该知道你可以再喝一杯"，用这样的话来勉强对方再喝一杯酒，当然也就显得"固执"或"坚持"了。下面的两段对话中，可以很清楚地看出，"嘛"确实表示："我"现在所说的是"你"本来就应该知道的。

(6.53)（a）甲：我在申请工作，可不可以请你写一封推荐信？

乙：（当然）可以<u>嘛</u>！

（b）甲：我们今天晚上去看《莎翁情史》，你去不去？

乙：我不想去。

甲：这个电影很好看啊！

乙：我不想出去。

甲：为什么？跟我们一起去<u>嘛</u>！

乙：我就是不想去<u>嘛</u>！

(a)的对话中,如果将"申请工作"换成"申请研究所",乙的回答似乎就太客气了一点,不太合适,主要的原因在于这个"嘛"。因为"嘛"表示:"我可以写是一个很明显的事实,你还何必多问呢?"这个表达方式在朋友和同事之间非常普通。而申请研究所的推荐信通常是学生请老师写,所以不太合适。其中"当然"和"嘛"的功能相近,都是表示"事实分明",所以两者选一,就可达到目的;如果两者都用,还可以加强效果。至于(b)中的两个"嘛",都是在说话者一再重复了她的意念以后才用的,这也表示"我现在所说的内容,对你早应该是很明显的了"的语气。

根据上面的分析,要验证"嘛"的功能,可以将"嘛"换成"你是知道的"或者"你难道不知道"等这一类的话语,其结果应该会与用"嘛"的效果几乎相等。

综上所述,我们可以归纳出两个结论:(一)句末虚词"嘛"的基本功能是表示这句话的内容对听话者而言是非常明显的;(二)当"嘛"与说话者的意见结合时,它的功能就转化为"坚持己见"(详见Chu,1998,第四章)。

6.3 从属虚词"的"[①]

虚词"的"(或"得""地")可以说是汉语虚词中用途最多样化的。它的用法,经常被语法学者所列举的,有以下八种:

(6.54)(a)作为形容词标记:

红<u>的</u>

(b)作为名物化标记:

[①] 关于"的"各种用法的基本假设以及"是……的"结构的详细讨论,请参看 Chu(1981)。

卖东西的

（c）作为所有格标记：

我的

（d）作为关系代名词：

你昨天看的书

（e）引介情状或结果副词（或作补语）：

吃的/得很饱（结果）

写的/得很快（情状）

（f）与"是"合用：

他是昨天来的

（g）作为同位语标记：

他成功的事实

（h）作为潜能标记：

看得见

（i）作为副词标记：

好好儿地/的

上例（e）（h）和（i）项中的标记，在形式上有几种不同的选择："的""得"和"地"。不过，这三种形式在发音上却没有什么区别，仅代表一种发音［de］，所以有些语法书就将它们与其他的用法一并处理。其中（h）的潜能标记和所有其他"的"的用途差别甚远，故本书不拟将之与其余的用法混为一谈，所以对（h）将不再作进一步讨论。其他则除了（f）之外，都可以很自然地归类在"从属关系"的范畴之内。在（a）—（d）中，出现在"的"之前的都是修饰语，而在（e）中，修饰语则出现在"的/得"之后。在（g）中，尽管"他成功"与"事实"在一般语法中认为是同位关系，其实，"同位"只是两者之间的语义关系,而在语法上,它们仍然保有一种从属关系:"他成功"包蕴在"事实"之中。至于(f)中的的,一般语法都称之为"是……的"结构。语法学者曾经提出好几种不同的解释,本书将采取较为简单明了的一种,将它看作与英语中的"分裂句"(cleft sentence)有同样的功能。

首先,我们将"是……的"区分为两种不同的结构,如(6.55)和(6.56):

(6.55)(a)花<u>是</u>红<u>的</u>;草<u>是</u>绿<u>的</u>。
　　　(b)他<u>是</u>教书<u>的</u>。
(6.56)这个表<u>是</u>五百块钱买<u>的</u>。

上面三例,虽然都含有一个"是……的"结构,但是性质却不尽相同。(6.55)中的两个"的",虽然一般把它们看作不同的用法,(a)中是形容词标记,(b)中是名物化标记,其实两者分别将"红""绿""教书"转化为名词,所以都应该是名物化标记。如果我们将"红的""绿的""教书的"都看作名词组,那么,其前的"是"就应该是"系词"(copula),是用来联系主语和述语名词组用的。所以,无论省略其中的"是"或"的",都会影响到这两个句子的可接受度(如(6.57))或意义的解读(如例(6.58)):

(6.57)(a)花<u>是</u>红 <u>0</u>;草<u>是</u>绿 <u>0</u>。
　　　(b)他<u>是</u>教书 <u>0</u>。
(6.58)(a)花 <u>0</u> 红<u>的</u>;草 <u>0</u> 绿<u>的</u>。
　　　(b)他 <u>0</u> 教书<u>的</u>。

(6.57)省略了"的",如果照原来的意义解读,则可接受度显然降低了不少。否则,就只能将其中的"是"当作一个加重语气词,而且有

"的确"的意思。那么,这三句话的意思就分别变成了"花的确(很)红""草的确(很)绿""他的确在教书"。而(6.58)则省略了"是",如果省略处不加上一个较长的停顿,则其可接受度也一样很低。这些事实,可以用来说明,在这两组例句中,"是"和"的"是不能分割的。缺了其中之一,不是合语法度降低,就是意义改变。

然而,(6.56)却不同,其中的"是"跟"的"是可以分开运作的。这个"是"字,是用来表示强调用的,与(6.57)中的"是"有同样的功能。因此,下面例句(6.59)和(6.56)虽有差异,但差异不在语义的实质,而在于是否强调了"是"之后的名词组:

(6.56)这个表是五百块钱买的。

(6.59)这个表0五百块钱买的。

在(6.56)中,很明显地有一个传递新信息的焦点,这个焦点落在"五百块钱"这个名词组上;而听话者之所以知道这个新信息的焦点在哪一个名词组上,乃是由于其前有个"是"来作这样的标记。而(6.59)中则没有这样的标记。

下面的例子中,可以更清楚地看出,"是"是怎样地运作,以标示该句中的焦点:

(6.60)(a)他是昨天九点钟坐火车来的。

(b)他昨天是九点钟坐火车来的。

(c)他昨天九点钟是坐火车来的。

(a)的焦点在"昨天",以别于其他日子;(b)的焦点在"九点钟",以别于其他钟点;而(c)的焦点在"坐火车",以别于乘坐其他交通工具。也因此,这三个句子可以分别用来回应以下三个问题:

（6.61）（a）老张（是）哪一天九点钟坐火车来的？

（b）老张昨天（是）什么时候坐火车来的？

（c）老张昨天九点钟（是）怎么来的？

基于以上这些原因，我们可以断定，（6.56）中的"是……的"结构和（6.55）中的"是"有很大区别。后者的"是"用作一个系词，而其中的"的"则是一个名词化标记；但在（6.56）中，"是"则是一个焦点标记，它表示新信息的焦点就紧随在其后。

厘清了"是"所扮演的角色，接下来的问题就只剩下（6.56）中"的"的定位了。

实际上，这个"的"所标示的是：紧接其前的词或词组（通常为动词）所带的信息是一个已知的预设。所谓预设，就是说话者假定为真实的信息。因此，即使在否定句子中，其预设还是肯定的，例如：

（6.62）（a）我们是上礼拜去看电影的。

（b）我们不是上礼拜去看电影的。

（b）中"不是"所否定的只是时间词，而不是动词或宾语。这是由于"的"已经将其前的"看电影"标示为预设；也就是说，在说话者心目中，这件事确实已经发生过。像这样的预设，在疑问句中也可以成立：

（6.63）他们是怎么来的？

上面这个问句中，发问者确知"他们确实来了"，他所存疑的仅仅是他们前来的方式。请比较下面的例句：

（6.64）（a）他们（是）什么时候来的？

（b）他们（？是）什么时候来了？

（a）只问"什么时候"，因为在发问者心目中，"他们来"这件事是没有疑问的事实。而（b）中说话者对于"他们是否来了"这件事并没有预设，因此，通常解释为他不但对"他们来的时间"有疑问，而且他对"这个事件的是否发生"也表示存疑。

下面的例子可以将这点说明得更清楚：

（6.65）甲：张三叫人打死了。

乙：(a) 不<u>是</u>打死<u>的</u>；<u>是</u>毒死<u>的</u>。

（b）* 不<u>是</u>打死<u>的</u>；<u>是</u>打伤<u>的</u>。

（b）不仅不适合用来回应甲所说的话，甚至于不是一个可接受的句子。其原因十分清楚，因为在（b）的前半段，由于"的"的出现，"死"已经是预设，也就是被认作确实信息，与后半段中预设的"伤"相矛盾。而之前我们已经提过，句子中已经预设的部分是无法否定的。因此，这个句子的前后很明显地相互冲突。另一方面，它前半部否定的是"打"，因此听话者会预期在后半部会由其他的动词来取代，但事实上"打"却在后半部重复出现，因此与听话者的预期相互矛盾，故在语用上无法接受。反观（a），其前后两部分的预设都落在"死"这个动词上，所以没有前后矛盾。此外，在前半部所否定的"打"，在后半部以"毒"来取代，修正了在前半部所否定的内容，所以在语用上是可以接受的。

综上所述，我们可以得到一个结论："是……的"形式，其实代表两种不同的结构。一种是"系词＋名物化名词组"，如（6.65）。这个形式，其实不应该称作"是……的"结构，因为"是"跟"的"根本是各有职司的。第二种结构，其中"的"的功能是用来表示：紧接在其前的词组所带的信息，是说话时便已经预设的已知信息；而其中的"是"则是用来表示：信息的焦点就在紧随其后的那个词组上。这样分析所得的结论，恰好与英语中的分裂句吻合。因此，也有人把这个

"是……的"结构称为汉语的分裂句。现在再将这个句式的功能用图解来表示,如下:

(6.66)"是……的"结构的功能:

是 [X]$_{信息焦点}$ …… [Y]$_{预设信息}$ 的

其中 X 紧跟在"是"的后面,所以是信息焦点;Y 紧靠在"的"的前面,所以是预设信息。

6.4 小结

本章共讨论了三类虚词:(一)作为体标记的动词词缀"-了、-过、在-、-着、-起来";(二)句末虚词"了、呢、啊/呀、吧、嘛";(三)从属虚词"的"。

对体标记的处理方法,是不但要看它的语法意义,而且要看它在篇章中所发挥的功能。因此,完成体标记"-了"不但有表示事件完成的意义,而且还能特别标示事件发生的前后次序(如(6.8)中的"吃了饭就要走"),并且能将几个相关的事件作为同一个大事件的一部分(如(6.2c)中的"出去"和"散步"),等等。持续体标记"-着"也一样,除了表示事件的持续以外,它还有很多其他的功能,如标示"从属"(如(6.19)中的"走着路"),将瞬间动词转化为情状动词(如(6.20)中的"开/关着"),标示"言犹未尽"(如(6.21)中的"他打着电话"),等等。其他经验体标记"-过",进行体标记"在-"和起始体标记"-起来",功能虽然较为单纯,但也可能随语境而有不同的解释。所以,本章最重要的原则之一,是在单句以外尽量融入语境中的其他可能产生影响的因素。

在句末虚词的处理上,主要的是透过各种比对方法,来找出每个虚词的基本功能,然后或由本句的实质意义,或由其相关语境,与其基本功能配合，衍生出各种不同的意义。这样不但可以避免互相冲突（例如"嘛"之被认为既可以表示"同意"，又可以表示"不同意"），而且还可以使每个句末虚词之所以能有这么多不同的意义，得到一个合理的解释。例如：标示"情状改变"的"了"，有时候可以用来表示"客气"（如（6.31）中的"谢谢您，伯母，我不在您这儿吃饭了"），只有把它的基本功能加上该句的语境，才能得到一个合情合理的解释。

此外，有时当然还会有些比较难于解决的问题。例如接续虚词"呢"的功能，本章认定是：将该句连接到上文或先前的共识。但是，有的时候，明明由语义来看，其间连接已经非常明显。那么，为什么还要用这个"呢"呢？答案是这样的：这个时候，说话者用这个虚词，表示他在做一种努力，以使篇章顺畅。这就使得他所说的话，显得客气多了（如（6.38）中的最后一个"呢"）。所以，"呢"的用途有这样的一个情形：所说的话越是与上文或语境无关或与期望相反，这个"呢"的需要就越大，如（6.36）和（6.37）；但是，如果该句与上文或语境本来就很连贯，那么，它的需要就不是那么大，如（6.38）中的第一个"呢"。总之，表示语气或篇章关系的虚词，一般都不是绝对性的，它们多半都仅仅代表一种趋势，而不是黑白分明的规则。

至于虚词"的/得/地"，本章仅对"是……的"结构作了较为详细的分析，其他用法，都认为是它从属功能的各种解释而已。

第三篇：句法

第七章　子句、主语与话题

"句子"(sentence)有"单句"(simple sentence)、"复句"(compound 或 complex sentence)之分。单句是相对于复句的一个名称；其结构单位的名称，应该是"子句"(clause)。所以本章讨论的是子句，而不是单句。至于复句，则将在本篇最后几章中再行讨论。由于一般读者对英语的子句结构较为了解，故本章首先将英汉子句的结构作一比较。然后，以此为出发点，进一步讨论汉语子句基本词序以外的各种变化。

一个子句通常包括两个主要的部分：主语与述语（或称谓语）。主语通常是一个名词、名词组或代名词，而述语则必须包含一个动词作为其主要成分。如果句中的主要动词是不及物动词，则其后不接宾语；如果该动词是及物动词，则其后通常会接一个名词、名词组或代名词作为它的宾语（或称直接宾语）。以英语为例，子句中这几个主要部分，通常是以"主—动—宾"（或作 SVO）的顺序排列的。

基本上，汉语的子句也包含一个主语和述语，而述语也以动词为其主要成分。（汉语的动词，包括"行动动词"和"情状动词"两大类；后者近似形容词，但以其在子句中的功能而言，应该算是动词。请参看第三章。）同样地，宾语是否出现，也要视动词为及物或不及物而定。再者，汉语子句的基本词序和英语相同，也是"主—动—宾"

这样的顺序。① 为方便计,此后均以 SVO 代表。

以上对词序的描述,基本上是以语义为基础。换句话说,汉语与英语句中基本词序之所以相同,乃是基于语义上的考量。在这个原则之下,主语必须是施事,宾语必须是受事时,这两种语言的词序才会相同。然而,即使在"施事—行动—受事"这样的大原则之下,还可能会有各种情况影响到词序的安排。例如名词组的是否定指,动词之有否补语,在在都会要求"主、动、宾"顺序的变动。当英语中一个子句的主语不是施事,或宾语不是受事的时候,汉语中的对应形式,往往会根据汉语自己的规则而使用不同的词序。下列例句可以用来显示汉语词序方面与英语对比的情形:

(7.1)(a)我买了(一本)书。

       I bought a book /(some) books.

(b)书,我买了。

       I bought the book(s).

(c)我书买了。

       I bought the book(s).

(7.2)(a)?他看了书两个钟头了。

(b)他看书看了两个钟头了。

       He has been reading for two hours.

(c)他,书看了两个钟头了。

       He has been reading the book(s) for two hours.

(d)书,他看了两个钟头了。

       He has been reading THE BOOK(s) for two hours.

---

① 关于汉语词序详细的讨论,请参见 Chu(1987b)。

第七章　子句、主语与话题

（7.3）老李跟陈小姐结婚了。

　　　　Old Li married Miss Chen.

（7.4）（a）我给他寄了一封信。

　　　　　　I sent him a letter.

　　　（b）我寄给了他一封信。

　　　　　　I sent him a letter.

　　　（c）我寄了一封信给他。

　　　　　　I sent a letter to him.

（7.5）（a）* 我卖了我的车子七万块钱。

　　　（b）我卖了我的车子，卖了七万块钱。

　　　　　　I sold my car for $70,000.

　　　（c）我的车子，（我）卖了七万块钱。

　　　　　　I sold my car for $70,000.

　　　（d）我把（我的）车子卖了七万块钱。

　　　　　　I sold my car for $70,000.

在上面的例子中，（7.1a）的词序是 SVO，其中主语是动作执行者（即施事），宾语是动作接受者（即受事）。但在（7.1b）和（7.1c）里，尽管宾语"书"也是受事，但它却置于动词之前，因此分别产生了 OSV 和 SOV 的词序。在这些子句里，将宾语置于动词前可视为一种将宾语标记为定指的方式。因此，此处的"书"应该翻译为英语的 the book(s)。在另一方面，（7.1a）中的宾语"书"出现在动词之后，因此它应作"不定指"的解释，可以翻译为英语的 a book 或 books。

　　在（7.2）中，当时段词组"两个钟头"出现时，子句的词序就不再只是 SVO 这么简单了。（7.2b）中，动词必须在宾语之后再重复一次，才能够接着用时段词组。而在（7.2c）和（7.2d）中，宾语分别置于动词与主语之前,因此也分别产生了 SOV 与 OSV 的词序。(7.2d)将宾语移到主语之前的原因,除了因为宾语是定指外,也有可能是因为要特别表达一种对比。①(7.3)和(7.4)英译中的宾语 Miss Chen 和 him 都可以直接作动词的宾语;而汉语却必须把它们作为间接宾语,即介系词(或副动词)的宾语。这点则和动词的本质有关。② 类似的差异也可以在英语的动词 buy 和 explain 之间看到:

(7.6)(a)I bought some ice cream for them.

(b)I explained the problem to them.

(7.7)(a)I bought them some ice cream.

(b)*I explained them the problem.

上例中,英语动词 bought 之后可以跟间接宾语 them,再跟直接宾语 ice cream,也可以先跟直接宾语 ice cream,再跟介系词和间接宾语 for them。然而 explained 之后,则只能先跟直接宾语 the problem,再跟介系词及间接宾语 to them。

(7.5)则牵涉到另一个问题,在这里,表目的的词组"七万元"必须直接跟在动词之后,尽管在英译中与之相对应的词组一律出现在介系词之后。

由(7.2)—(7.5)我们可以得到一个大致的结论:汉语子句中主语、动词、宾语三者的基本词序虽然与英语相同,但是并不像英语

---

① 动词前名词也可以作为话题,这点我们在下两节会再次讨论。这个可能性适用于(7.1)中所有的例句。

② 只有少数的汉语动词,可以和英语以相同的词序接上直接宾语和间接宾语,例如:

我想送她一点钱。

I want to give(as a gift)her some money.

中那样固定。事实上，有许多因素会影响到名词在子句中出现的位置。而这其中有两个最主要的因素：一个是目的词组（或结果补语）和其主要动词间必须非常贴近，另一个则是名词组之是否定指。

7.1 主语

上文我们将汉语与英语对照，来描述汉语子句的组成成分及其排列的顺序。我们很快发现，一旦离开了基本句式，两者之间相异之处竟越来越多，以至于无法再进一步地进行比较。这是由于我们一开始检视汉语子句的结构时，没有照顾到，事实上这两种语言，在构成子句的基本观念上有所不同。以英语而言，构成子句的基础是主语，而汉语则除了主语以外，话题至少也一样重要。而主语与话题在本质上就有许多不同之处。简言之，主语是一个句法上的概念，可以借它的语法特征，例如与动词的对应关系来定义，而且其作用范围可以限制在一个子句之内。但是，话题则是一个由语法、语义和篇章中各种关系糅合而成的一个综合概念，并且由篇章来主导。因此话题必须用语义特征（如定指）、语法位置（如句首）等来界定，并且其作用可以用来表示跨越单一子句的篇章关系。

主语与话题，长久以来都是语法学者所关心的问题。然而，两者之间的分别却一直没有一个清楚的界限，让非专业者也能一目了然。在下面的几个小节中，我们将以汉语和英语为例，为这两个概念略作界定。因为我们的定义是构建在这两种语言上，因此也必定有部分的简略，并不足以说明所有语言中两者间的关系。我们的目的，仅在借这两种语言中的异同，以说明汉语的子句是如何构成的。

7.1.1 主语的语法、语义特征

英语的主语经常被定义为：（a）动作的执行者，（b）所论及的人、物、事，（c）直接隶属于子句之下的名词组。定义（c）其实是下列树

形图的简述：

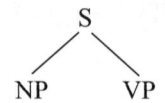

```
      S
     / \
    NP  VP
```

由于其含义较为专门，牵涉也较广，所以很难应用到一般的语法上，故此处不再进一步讨论。(a) 和 (b) 两种定义则显然是不充分的，因为不是所有的主语都是动作的执行者（亦即"施事"），也不是所有的主语都是谈论的焦点。例如下面（7.8）中各句的主语，就没有任何一个是动作的执行者：

(7.8)(a) The store stays open till 9 o'clock.

(b) The river runs 3,000 miles into the sea.

(c) Many small boats overturned in the storm.

(d) The children are all hungry.

(e) Toyotas sold better than VWs last year.

而下面（7.9）中各句的主语也很难作为所谈及的人、物、事：

(7.9)(a) Anybody can do it.

(b) It's 20 degrees below zero outside.

(c) I'd like to look at one of those TVs you have on sale.

(d) People used to believe that the earth was flat.

换句话说，尽管英语中有许多主语确实是动作的执行者，或是谈话的焦点，但仍然有许多主语两者都不是。

那么，英语的主语究竟是什么呢？从语法关系上来看，英语的主语是与句中主要动词在形式上有"对应关系"（agreement）的名词、代名词或名词组。从语义关系上看，则英语的主语与句中的主要述语之间具有"执行"（doing）或"等同"（being）的关系。所谓"执行"关系，其实就是担任施事的角色。而"等同"则可以解释为：主语所指就是述语所描述的人、物、事，或某种性质、情状。汉语没有语法上的对应机制，所以无法以对应关系来界定主语，但是语义上的执行与等同关系，则同样适用。当然，主语的其他特性还有：多半出现在动词之前，一般多为定指，等等。下面各节，均将对之有较详尽的说明。

7.1.2 主语的选择与语义角色

根据 Fillmore（1968）所创"格语法"（case grammar）的理论，一个子句中主语的选择，是以名词在该句所表达的概念中扮演的"语义角色"（semantic role）为基准。下面略为讨论这个理论中较为重要的语义角色：

（7.10）John opened the door with a key.

这个句子中的三个名词 John, the door 和 a key，分别扮演着不同的语义角色。我们通常把 John 称为"施事"，因为它是行动的始发者；the door 称为"受事"，因为它是行动的接受者；a key 则称为"工具"，因为该行动是借由它作为工具来进行的。（某个语义角色是否能出现在一个句子里，主要是由该句的主要动词来决定。）以上述的三个语义角色而言，它们被选为句子主语的优先级分别为（">"表示"优先于"）：

（7.11）施事＞工具＞受事

换言之，一个句子中，只要有施事存在，它一定会从与另外两个语义角色的竞争中胜出，而获选为句子的主语。施事不出现时，则以工具作为主语。而只有在施事和工具都缺席的情况下，受事才有可能作为句子的主语。由于这些可能性，结果会产生下面（7.12）中的各句：

（7.12）（a）John opened the door with a key.（本句同 7.10）
　　　　　　（施事）　　（受事）　　（工具）

　　　　（b）John opened the door.
　　　　　　（施事）　　（受事）

　　　　（c）A key opened the door.
　　　　　　（工具）　　（受事）

　　　　（d）The door opened.
　　　　　　（受事）

而下面（7.13）中的各句，由于违反了（7.11）的优先顺序，选择了错误的名词作为主语，或无主语，因此是不合语法的：

（7.13）（a）*A key opened the door by John.
　　　　　　（工具）　　（受事）　　（施事）

　　　　（b）*The door opened by John with a key.①
　　　　　　（受事）　　　　（施事）　　（工具）

　　　　（c）*The door opened by John.
　　　　　　（受事）　　　　　（施事）

　　　　（d）*The door opened with a key.
　　　　　　（受事）　　　　　　（工具）

　　　　（e）*Opened the door.
　　　　　　　　（受事）

　　由此可见，英语句子中主语的选择，主要是以语义来作为基准，

---

① 被动句式，是在施事 John 和工具 a key 都出现的情况下，说话者让受事 the door 来担任主语的一种语法机制：
　　The door was opened by John with a key.

语法上的对应关系是在选择结束之后才产生的,所以其重要性应该是次于语义关系的。像这样的主语选择方式,对于说母语者而言应该是非常自然的,但对于英语不是母语的人而言,却可能是一种全新的体验。这是由于其他语言固然也是以类似的方式(例如语义角色)来作为选择主语的基础,但选择时的优先顺序却可能有极大的不同。

下面汉语的句子,对以英语为母语者而言,看起来似乎都十分自然,因为这些句子主语的选择,和其对应的英文句子运用了相同的准则:

(7.14)(a) 老张用钥匙开了门。

　　　　(施事)(工具)(受事)

　　(b) *钥匙开了门。

　　　　(工具) (受事)

　　(c) 门开了。

　　　　(受事)

然而,对多数汉语母语者而言,(7.14b)却是不合语法的句子。这个句子必须改为(7.15),才可以接受:

(7.15)用钥匙开了门。

　　　(工具) (受事)

(7.14b)不合语法的原因,是因为汉语在通常的情况下,不允许一个含有行动动词的句子选择其工具作为主语。这个限制只有少数的例外,例如当句子中有潜能动词出现时:"这个钥匙打不开那个门。"

此外,还有一些成对的句子,两个句子之间的唯一差异,仅在于名词(或名词组)相对于动词的前后顺序:

（7.16）（a）门开了。

　　　　（b）开门了。

（7.17）（a）饭吃了。①

　　　　（b）吃饭了。

（7.18）（a）这张沙发可以坐四个人。

　　　　（b）四个人可以坐在这张沙发上。

上面这些例子中，成对的两个句子在形式上的差异，似乎不是由名词或名词组所扮演的语义角色，或是从主语选择的优先顺序，可以直接获得解释的。②特别值得注意的是，在（7.16b）与（7.17b）中，并没有类似英语句中要求的主语出现。同时，在（7.16）—（7.18）中，我们观察到"门""饭""这张沙发"和"四个人"等名词，有时出现在动词前，有时则出现在动词后，为了解释这个现象，除了主语以外，我们还需要另一个概念，那就是"话题"。以下两节，我们将分别介绍英语和汉语中的话题。

7.2　英语的话题

　　话题通常被认为是"谈论的对象"（that which is being talked about）、"句中的已知"（that which carries given information，即包含旧信息的部分）或"出现在句首的成分"（that which occurs at the beginning of the sentence）。这些说法固然都没错，但却没有一个可以算是完整的定义或描述。因此，我们首先拟利用英语的例子，将话题这个观念略加厘清，然后再仔细讨论话题在汉语中的地位。请先比较以下两个英语的

---

① "饭"除了仅作话题而外，还可能有对比的功能：饭吃了（还有别的还没做呢）。

② 关于汉语名词的语义角色，Tang（1972）与 Li（1971）有完整的说明。

第七章　子句、主语与话题

句子：

(7.19)(a) I warmed up my car for about 5 minutes.

（我把车子预热了差不多五分钟。）

(b) It took me about 5 minutes to warm up my car.

（花了我差不多五分钟才把车子预热起来。）

就所描述的事实而论，这两个句子讲的是同一个事件。但就篇章功能而言，它们却截然不同。(7.19a)直截了当地说明了整个事件的发生，包括这个事件从开始到结束费了多少时间；不过，所费的时间并不一定是该句所要传达的主要信息。而(7.19b)主要在说明花了多少时间，至于在这段时间内所发生事件的内容倒反而像是次要的。因此，在一个旨在描述某人在出门上班前做了些什么事的语境中，(7.19a)比(7.19b)较为合适：

(7.20) I got up at seven, washed and shaved. We started breakfast at 7:30. While my wife was cleaning up the table, I warmed up my car for about 5 minutes. Before 8:00 o'clock, we were on our way.

（我七点起床、梳洗、刮胡子。我们七点半吃了早饭。太太收拾餐桌的时候，我把车子预热了差不多五分钟。不到八点，我们就上路了。）

但是，在一个以所费时间为中心信息，而行动居于次要地位的语境中，则(7.19b)比较恰当。例如：

(7.21) This morning was very cold. It took me about 5 minutes to warm up my car.

（今天早上真冷，花了我差不多五分钟才把车子预热起来。）

在这个语境中,若用(7.19a)来代替标有底线的部分(即 7.19b),而又不用特别的重音来加强 for five minutes 的话,则会使(7.21)中这两句话之间的连贯性大为降低。

上例(7.19a)和(7.19b)的合适与否,可以归因于这两句话中在语法结构上的基本差异:(7.19b)中有一个特别的结构,而(7.19a)却没有。这个特别结构就是其中的不定词组 to warm up my car。这个不定词组除了表示"把车子预热"这件事实际上的发生之外,同时也提示:<u>要听话者把这件事作为已知的信息,并且也告诉听话者,说话者对这个已知信息将会有进一步的陈述</u>。这样的提示,其实就是话题的功能之一。反观(7.19a),它没有任何语法成分,具有类似(7.19b)中那个不定词组所发挥的话题功能。(当然我们不排除以语调和特别重音来标示同样的功能,但是那不在我们的讨论范围之内。)

话题除了"表述已知信息"和"表示说话者对之将有进一步的陈述"这两个功能以外,还具有很多特征,其中之一是在语法上的重要的特征:<u>它经常出现于句首</u>。请看下面各例句:

(7.22) The professor assigned a book for us to read last week. <u>It</u> was a killer.

上星期教授指定了一本书要我们看。(<u>那本书</u>)难得要命。

(7.23) <u>Center lane</u> must turn left.

中线必须左转。

(7.24) <u>The stupid seatbelt</u>, you can hardly unbuckle it in such frigid icy water.

<u>那该死的安全带</u>,在那么冰冷的水里简直无法解开。

(7.22)—(7.24)中加底线的部分,都是各句的话题。(7.22)中 it,是回指说话者先前已经提到的那本书,所以是说话者和听话者都已

经熟悉的一样东西。而 was a killer "难得要命"则提供了关于这本书的进一步陈述。(7.23)是交通标志上的用语，center lane 指街道的中线道，对当时的驾驶人而言是一个旧信息，must turn left 是有关这个中线道的进一步陈述，告诉驾驶人关于这个中线道的使用限制。(7.24)则是出自美国首都华盛顿旁边 Potomac 河空难（发生于 1982 年 1 月 13 日）的一位生还者之口，其中的 seatbelt（安全带）在这样的情景中无疑是已知的信息，而这位生还者则企图表达在这次空难中，有关安全带的进一步的陈述，即在冰冷的水中很难解开，使许多人无法即时逃生。因此，it、center lane 跟 the stupid seatbelt 三者都是话题。在语法上，它们有一个共同的特点：它们的<u>位置都在各句的句首</u>。尽管有不少以英语为母语者可能无法接受(7.23)是一个合语法的句子，而一般的英语老师也可能会对(7.24)中虚悬在句首的名词组有微词，理由是 center lane 和 the stupid seatbelt 都不能作为句中的主语，但这些都是活生生的英语用法，仅是与书本上的英文文法不尽相同而已。其实英语语法如果能承认话题也是英语中一种合语法的观念，那么就不必背离现实，而强说(7.23)和(7.24)这样的句子，虽然日常生活中用得很多，但是，是不合语法的。不过，上面所举的例句中，有一个例外，那就是(7.19b)中的 to warm up my car，它不但不在句首，而且还在句末。其实这个不定词组并不一定要放在句末，也是可以放在句首的："To warm up my car took me about five minutes."。但是，由于英语对冗长的主语相当地排斥，所以一般都用 it 置于句首来替代，尤以口语为甚。

话题还有一个语法特征。如果该话题指的是一个事件，因为话题必须是一个名词组，所以这个事件不能用一个独立的子句来表达，而必须将这句话转化成<u>一个从属结构</u>。上面的"把车子预热起来"这件事就是用一个从属结构的不定词组 to warm up my car 来表述的，其中动词没有时态，不是独立的句子。

从语义的观点来看，则由于话题所指的人、物、事，都代表已知信息，所以也都是"定指"（请参看第八章）。回头看看（7.22）—（7.24）中的三个话题，it 是第三人称代名词，是定指；the stupid seatbelt 有定冠词 the，也是定指；只有 center lane 在形式上略有问题。不过，这是交通标志用语，与报纸标题一样，冠词往往可以省略；实际上，它所指是当前马路上的一条中线，当然是定指。

除此而外，（7.22）中还有一个值得注意的事实，那就是其中的 it 不但是一个话题，同时也是一个主语。这是因为话题必须出现在句首，而主语也是极大多数都在句首，所以话题与主语重叠的机会不少。也就是说，英语中的主语，也很可能同时是该句的话题。

最后，以篇章的观点来看话题，则它可以将前后的句子联系起来，例如（7.22）中的 it，由于它回指前句中的 a book，所以在本句与前句之间发生了联系的功能。

总括起来，话题的功能特征是：（一）提供一个熟悉的人、物、事，让说话者对它作进一步的陈述。从语法的观点出发，话题有以下几个特征：（二）是名词组，所以如果话题是一个事件，必须经过名物化变成一个从属结构；（三）出现在子句的句首；（四）与主语重叠的机会很多。在语义方面，（五）话题因为带有已知信息，所以是定指；（六）不必是一个论元，即不必与动词有直接的语义关系。至于话题的篇章功能特征，则是（七）产生与前句之间的联系。不过，有一个很重要的事实，我们必须承认，那就是：这些功能与特征，并不是每一个话题都必须全部具备。例如，（一）—（三）三种特征几乎每个话题都具有，（五）也是几乎无话题没有，但是（四）与（六）（七）则有的话题有，有的话题没有。接受这样的分布情形，而承认上列各例中的话题，乃是功能语法的特点之一。

上面对话题的描述，是通过对英语的考察而获得的。其实，这样的描述，大致上也适用于汉语，下节有较为详细的说明。

7.3 汉语的主语与话题

汉语的主语，一向都是备受争议的一个问题。一般而言，讨论汉语的主语时，必须考虑以下三个问题：（一）主语在汉语子句中的重要性，（二）主语与语义角色之间的关系，（三）主语与话题之间的关系。兹分述如下。

第一，由于一般国人的语法知识多半来自英语，所以总认为，无论哪种语言，每一个句子都应该有一个主语。其实，汉语的句子并没有这样的要求，例如：

（7.25）（a）来客人了。

A guest is / Some guests are coming.

（b）吃饭了。

It is time to eat.

（c）最好看看书。

It would be better if you did some reading.

（7.25）中，好像所有的句子都没有主语，而与之对应的英语中，却每句都有一个主语。其中最简单明了的是（b），我们绝对没有办法给它添加一个很自然的主语上去，而且也没有这个必要。当然，如果仔细观察，则不难发现，（c）中其实隐含着"你"。除此而外，（a）中的"客人"，假如用语义上的"执行"（即"施事"）这个观念来衡量，应该可以算是一个主语。但是，由于一般主语必须在句首，因此"客人"在（a）中的主语地位就发生了问题。由这三个例句可以看出，汉语的子句并不一定需要一个主语。也可以说，主语对汉语而言，似乎并没有对英语那么重要。

现在再看第二个问题。我们既然已经在上面第 7.1.1 节中讨论过主语与语义角色的关系,那也不妨就从这个角度来看看汉语中主语的选择。下面将先前用过的(7.14)重新编号为(7.26):

(7.26)(a)老张用钥匙开了门。
　　　　　(施事)(工具)(受事)
　　　 (b)*钥匙开了门。
　　　　　(工具)　(受事)
　　　 (c)门开了。
　　　　　(受事)

从上例中不难发现,汉语对主语的选择,也受到语义角色的支配。不过,其规律与英语并不完全相同。再如:

(7.27)(a)我们看了一场电影。
　　　 (b)？一场电影我们看了。
　　　 (c)？我们一场电影看了。

很显然,(7.27)中的"我们",由于是施事,必须担当主语的角色。

以上数例,其中动词都是行动动词。如果动词是情状动词,则主语的选择比较简单。例如:

(7.28)(a)今天的天气很好。
　　　 (b)很好,今天的天气。

(7.28)中的"今天的天气"是"当事"(theme),一定要担任主语的角色。所以(a)是常态,而(b)则一般认为是倒装句。

综合有关施事、受事、工具、当事等语义角色对汉语中主语选择

的影响，我们可以得到以下结论：①

（7.29）（a）无论句中是否有受事或工具，在主语选择中，施事优先，如（7.26a）和（7.27）。

（b）在通常情况之下，工具不能选为主语，如（7.26b）。

（c）受事单独出现时，可以选作主语，如（7.26c）。

（d）当事在情状句中必须选作主语，如（7.28）。

当然，这些结论并不涵盖一切，这里仅用来作大致的说明而已。

但是，汉语主语的问题，至此还没有得到一个完全的解决，因为汉语的词序，经过主语的选择以后，还会有如下的变化：

（7.30）（a）我写信了。

（b）信我写了。

（c）我信写了。

（7.30）的三个句子，它们的主语究竟是否相同？要回答这个问题，那就必须考虑到话题在汉语语法中的地位了。这就是上面所说的第三个问题。根据先前的"执行"（就是"施事"）与"等同"（就是对"情状"或"身份"的说明）这两种语义关系来看，似乎（7.30）中的"我"跟"信"都可以是主语。但是根据（7.29）中的规则，则只有"我"才能作主语。其间是不是有冲突了呢？实际上并不冲突。因为，具有那两种语义关系的名词组，固然可以充任主语，但并不一定要作主语。决定由哪个来充任主语，还是要根据（7.29）的规则来选择。所以，（7.30）中的各句，虽然词序各异，主语还是同一个"我"。

---

① 当然，还有很多其他的语义角色，这里没有考虑，如来源、目的、方位、时间等。此处无法一一讨论。

而且,"信"也始终都是宾语。既然如此,为什么又会有 SVO、OSV、SOV 这三种不同的词序呢?这就与我们在上节讨论英语话题时谈到的话题与主语竞争句首位置一样,"信"在(7.30)中虽然不是主语,但只要它是话题,它就有取得句首位置的权利。因此,如果"信"在句首,那么很可能是它已经以话题的身份取得了这个位置了。当然,"信"是不是话题,还需要我们仔细地检定一下。

首先,应该看一看(7.30)中,(a)与(b)在用法上究竟有什么不同。

(7.30a)是叙述"我写信"这个事件的发生,可以用来回答如"你今天早上做了什么?"这样一个问题,或用在类似的语境中。(7.30b)则不能这样用,而必须用在下面(7.31)这一类的语境中:

(7.31)(a)说话者假设,听话者知道说话者有一封或几封信要写;

(b)说话者假设,听话者知道说话者有几件事要做,其中之一是写信;

(c)说话者要告诉听话者他有好几件事要做,其中之一是写信,等等。

在语境(7.31a)和(7.31b)的情况下,"信"都是已知;在(7.31c)的情况下,说话者要听话者把"信"当作已知。所以,在所有的情况下,"信"在这个位置的功能,都是"提供一个熟悉的事物,对之作进一步的陈述"。除此而外,"信"在这个位置,一般语法都认为是定指。再加上它的确在句首的位置,在上节最后确认的七个条件中,满足了(一)(二)(三)(五)四个,而其他(四)(六)(七)三个本来就是可有可无的。所以(7.30b)中的"信"可以说是一个相当够资格的话题了。至于(7.30c)则较为复杂。简单地说,"我"既是主语,又是话题,"信"则一般称之为"第二话题"或"次要话题"。此处无法详

第七章 子句、主语与话题

细讨论。

总之,(7.30)中各句之所以有不同的词序,其中(a)的基本词序固然由主语的选择而决定,但其他两句的变化,则是经过主语选择后,再由于话题的不同而产生的。

如果我们再回顾上面的(7.16)—(7.18)中成对的句子,则很容易就可以看出(a)(b)两句之间的差别了。下面我们将这些例句重新编号为(7.32)—(7.34)以方便读者。这些例句中,(a)都包含了一个话题,而(b)则不包含话题或包含一个不同于(a)的话题:

(7.32)(a)门开了。

　　　(b)开门了。

(7.33)(a)饭吃了。

　　　(b)吃饭了。

(7.34)(a)这张沙发可以坐四个人。

　　　(b)四个人可以坐在这张沙发上。

不过,一般教科书或语法书上介绍的话题,却往往是像下面例句中这样的,那又是为什么呢?

(7.35)(a)这盆盆景,叶子很大,花太小,不好看。

　　　(b)那条鱼,猫吃了。

　　　(c)那场球,我们看得累死了。

　　　(d)对于波斯湾战争,我们都很关心。

这些当然都是彻头彻尾的汉语话题,因为它们都具有好几个我们在上面已经认定的功能和特征。这样的话题,Chu(1998)称之为"有标话题",其主要功能是用来"提供一个熟悉的人、物、事,让说话者对它作进一步的陈述"。一般教科书和语法书之所以特别介绍这样的话题，有的甚至于只介绍这样的话题，其主要原因是，它们的用法与西方语言非常不同，介绍它们可以凸显汉语的特点。其实，汉语像英语一样，也还有一种话题，其主要功能是用来在子句与子句间作联系的。例如：

（7.36）A：老张欠了我五百块钱，<u>0</u>一直都没有钱还我。
　　　　B：<u>他</u>把车子卖了，<u>0</u>就有钱了。

上例中的"他"与两个 0（一般称为"零形回指"，zero anaphora），都是指"老张"这个人，它们除了"提供一个熟悉的人、物、事，让说话者对它作进一步的陈述"以外，还有"联系前后句子"的功能。第一个 0 将 A 说的两个子句连在一起，第二个 0 将 B 说的两个子句连在一起；"他"则将 A 与 B 说的两段话连接起来。这样的话题，汉语里用得很多，而且有其特殊的用法，所以研究的人也不少。Chu（1998）称之为"无标话题"。

有标话题与无标话题的区别，除了上面所说的功能以外，当然在形式上也有显著的不同。前者都是名词组，而后者都是代名词或零形回指。另外，还有其他的区别，如：有标话题都重读，而无标话题即使是代名词也不能重读；有标话题后面多半都有停顿，无标话题后面不能有停顿，等等。更有人认为，有标话题后面可以加上一个停顿虚词，如"吧""呢""嘛"等，而前面可以用"至于""关于""对于""就……来看/来说"这类介系词组。不过，这几个停顿虚词和介系词组，其实还有其他的功能。试将上面（7.35）中的有标话题前后，都加上停顿虚词和介系词组，并重新编号为（7.37）如下：

（7.37）（a）至于<u>这盆盆景</u>呢，叶子很大，花太小，不好看。
　　　　（b）至于<u>那条鱼</u>嘛，猫吃了。

（c）至于<u>那场球</u>吧，我们看得累死了。

（d）对于<u>波斯湾战争</u>呢，我们都很关心。

（7.37）中的句子，虽然与（7.35）中的语义完全相同，但是其用法，即出现的语境，却完全不同。例如（7.35a）可以用在买盆景的时候，顾客指着任何一盆盆景都可以说这句话。而在说（7.37a）的时候，却一定要有更特定的语境，比如顾客先前已经看过这盆盆景，但是在看了别的以后，再回头来谈论这盆的时候才可以用。由此可见，这些停顿虚词和介系词组，其实除了标示话题以外，还表示这个话题不是一个新话题，而是过去已经谈到过的。我们将这种功能称为"重引话题"。另外，（7.37a）也可以用在这样的情况之下：一个鉴赏家在批评过了一批盆景以后，回头看到这盆盆景，他也可以用（7.37a）来把这盆盆景跟别的盆景作评比。这个时候，"至于这盆盆景呢"是一个与同类物件相对比的"对比话题"。下面我们再看一个较长的例子：

（7.38）（a）……赵医师是个十足的棒球迷，他买了一份《民生日报》以后说，他比较喜欢这张新出的报纸，而不太喜欢历史悠久的《台北时报》，因为"它的体育专栏写得好，花絮新闻更是十分精彩"。

（b）可是，卖给他报纸的那个报贩说，像赵医师这样的人很少。

（c）"《民生日报》，我一天卖两份，有大赛的日子，也许卖五份，"在台北棒球场前面摆摊卖报的老吴说，"<u>（至于）《台北时报》</u>嘛，我一天卖四五十份。"

上例（c）中的《民生日报》与《台北时报》都是话题，都回指（a）中已经提到过的这两份报纸。但是，《民生日报》不加"至于"或

"嘛",因为它在老吴所说的话中是第一次作话题,而且还没有别的报纸与它对比。而《台北时报》呢,因为跟老吴所说的《民生日报》对比,所以前面可以有"至于",后面也可以有"嘛"。

总之,汉语话题在本质上与英语的并没有很大的差别。不过,在使用上显得非常突出,如(7.35)(7.37)和(7.38),所以 Li & Thompson(1976)认为汉语是"话题凸显"(topic prominent)的语言。而与英语相较,则英语的话题不像汉语的那么突出,而其主语却是句子组成成分中很重要的一分子,所以是"主语凸显"(subject prominent)的语言。

7.4 小结

本章以英语的 sentence 为例,开始讨论英、汉语中句子的内部结构。这两种语言的句子结构基本上是相同的,它们的基本词序都是 SVO,而且主、宾语的选择都立基于语义关系上,规则也大同小异。不过,一旦牵涉到话题(还有"定指""补语"等),那么汉语的词序就会发生各种不同的变化。因此,要谈汉语的子句结构,就不能不涉及话题。

事实上,英语也有话题这个概念。而且,就话题的基本功能及其语法、语义特征而言,两种语言也很相近。但是,在话题的使用上,汉语似乎就用得多得多了。例如,(7.35)中的那些句子,英语是无法用话题形式来表达的。除此而外,汉语常常会一连用两三个话题,例如:

(7.39)(a) <u>麻将</u>,<u>他</u>,<u>十场九场赢</u>。
　　　(b) <u>我们两个孩子</u>,<u>一个八岁</u>,<u>一个十岁</u>。

上例中加底线的部分,都可以算是话题,一个接一个,在理论上可以无限制地叠下去。当然，在实际应用中，三四个话题在一起已经是够多的了。由于汉语允许话题这样的用法，就更显得"话题凸显"了。

至于话题与主语的区别，最重要的在于它们的功能。主语的基本功能是在语法上给予子句一个切实的结构。而话题的主要功能是在篇章上，使一段话语能首先指出所谈对象，然后作进一步的陈述；如果这一陈述牵涉到一个以上的子句，则话题还有在这些子句之间发生联系的功能。至于主语与话题在形式上的差异，则多半是由于其不同的基本功能而产生的。

第八章 定指与词序

第七章中我们提到，话题的特征之一就是"定指"(definite)。在英语中，有两个和定指、不定指(indefinite)有关的语法标记，就是冠词the和a/an。通常前者称为"定冠词"(definite article)，后者称为"不定冠词"(indefinite article)。此外，"指示词"(demonstrative，如this，that，these，those)、"人称代名词"(personal pronoun，包括it)和"专有名称"(proper name)，都和定指有关；而不带冠词的复数或集合名词、含有某些语义的形容词(如any，some，another等)以及代名词one等，则通常都解释为不定指。以上所说的英语定指和不定指在语义上与语法形式的对应，看似十分简单明了，但是，这是由于经过简化的结果。若仔细审察定冠词和不定冠词以及其他各种定指词和不定指词的用法，我们会发现其中问题其实十分复杂。以定冠词the为例，它固然可以用来表示定指，但当它出现在单数名词前时，也可以用来表示"泛指"(generic)。在下面一小节中，我们首先将清楚地界定"定指""特指"(specific)和"不定指"的含义，接着再指出它们在英语中的各种表达方式，以便与汉语的形式作对应比较。

8.1 "定指""特指"与"不定指"在英语中的形式

"定指"和"不定指"的区分标准，是以在说话当时，说话者与听话者是否知道，正论及的人、物、事"所指为何"。第一种情形是，说

话者认为他自己以及听话者,都不知道所论及的人、物、事"所指为何",说话者就使用不定指的形式。在下例中:

(8.1) I'm looking for a book to read on the plane.
我想找一本书在飞机上看。

a book 可以用来指任何一本书,也就是在说这句话时,说话者和听话者都不清楚这是哪一本书。我们把这里的 a book 称为不定指。

第二种情形是,说话者认为他自己和听话者都知道这个论及的人、物、事所指为何,他就使用定指的形式:

(8.2) I read the book you told me about.
你告诉我的那本书我看了。

(8.2) 中的 the book 为定指,因为说话者认为,他和听话者都知道 the book 在这里所指的是哪一本书。

第三种情形是,说话者知道所论及的人、物、事所指为何,但他认为听话者不知道。例如:

(8.3) I am looking for a book entitled *A Grammar of Spoken Chinese*.
我在找一本叫作《汉语口语语法》的书。

此处的 a book 和(8.1)尽管在形式上完全相同,但却有不同的假设:说话者知道其所指是哪一本,但他假定听话者不知道。请将(8.3)与下面(8.4)作比较:

(8.4) I am looking for the book entitled *A Grammar of Spoken Chinese*.
我在找那本叫作《汉语口语语法》的书。

这里的 the book 是定指的,因为说话者假设他自己和听话者都知道

the book所指是哪一本书。我们将（8.3）中的a book称为"特指"。尽管在英语中它的形式和（8.1）中的不定指相同，但实际上它是介于定指和不定指之间的一个概念。这个概念，也有人称之为"有指"（referential），不过，我们将采用"特指"这个名称。此外，特指与不定指由于在英语中的形式相同，为了讨论上的方便，我们也将它们纳入一类，称之为"非定指"（non-definite），以别于"定指"。所以这几个概念，可以用这样的分类法：

（8.5）"指称"的分类：

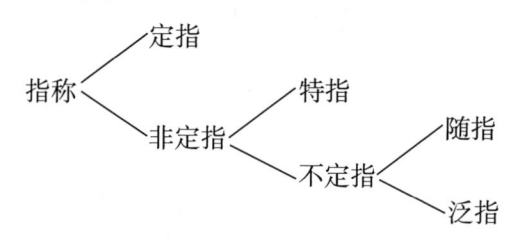

```
              定指
指称 ┬──────
     │        特指
     └─非定指 ┬──────
              │       随指
              └─不定指 ┬──
                      └─泛指
```

其中的"随指"和"泛指"，在下面说明。

以上所讨论的定指、特指和不定指的三种意义，可以用下表显示其间的关系：

（8.6）由说话者的假设推定各种"指称"的语义：

	定指	特指	不定指
说话者知道所指与否	+	+	−
听话者知道所指与否	+	−	−

（"+"表示"说话者认为其知道"；"−"表示"说话者认为其不知道"）

前面我们曾经提到，定指、特指和不定指这三个语义概念，并不是与任何单一的语法形式，以一对一的方式对应的。那么，它们的对应关系是怎样的呢？这里用下面（8.7）中的表格，来简略地表示这些语义概念和各种语法形式之间在英语中的基本对应关系（箭头表示语义与形式之间的关系）：

（8.7）英语的定指、特指、不定指与形式的对应：

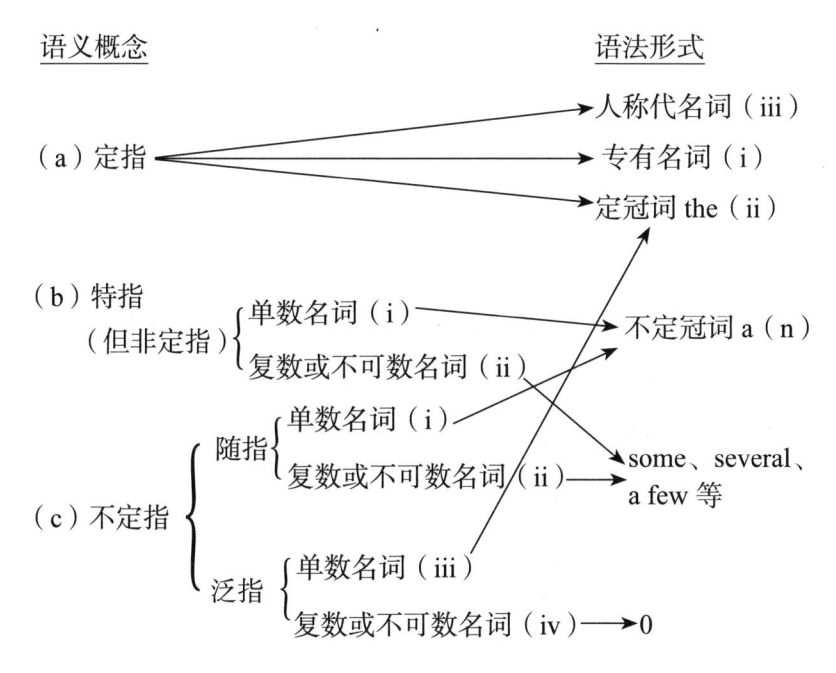

语义概念　　　　　　　　　　　　　　　语法形式

(a) 定指 → 人称代名词（iii）
　　　　 → 专有名词（i）
　　　　 → 定冠词 the（ii）

(b) 特指（但非定指）
　　{ 单数名词（i）
　　 复数或不可数名词（ii） } → 不定冠词 a（n）

(c) 不定指
　　随指 { 单数名词（i）
　　　　 复数或不可数名词（ii） } → some、several、a few 等

　　泛指 { 单数名词（iii）
　　　　 复数或不可数名词（iv） } → 0

表中最左边一栏是定指、特指和不定指这三种语义。最右边一栏是英语中表达这三种语义的各种基本形式。在语义栏中，不定指再分成两种不同的指称："随指"（random）和"泛指"（generic）。"随指"所指的是该类别中的任何一个成员；而"泛指"所指的是该类别中的所有成员，以取其相似之点。这些语义概念与形式的对应关系，请参看下面（8.8）中的例句及进一步的解释：

（8.8）（a.i） <u>Dr. Smith</u> would like to have an appointment with you.

　　　　　　 <u>施医生</u>想要跟你约个时间见面。

　　（a.ii） <u>The doctor</u> will not have time until tomorrow.

　　　　　医生明天才有空。

（a.iii）He will not have time until tomorrow.

　　　　　他明天才有空。

（b.i）I found a good doctor to take care of my allergy.

　　　　我找到了一个很好的医生替我治过敏症。

（b.ii）I saw a few doctors, but none of them knew what was wrong.

　　　　我看过几个医生，可是（他们）都不知道究竟是怎么回事。

（c.i）I can't find a good doctor to take care of my allergy.

　　　　我找不到个好医生替我治过敏症。

（c.ii）Taking a few days off may be helpful.

　　　　休息几天可能会有帮助。

（c.iii）The bald eagle is almost extinct.

　　　　秃鹰现在差不多已经绝迹了。

（c.iv）Natural gas is getting more and more scarce.

　　　　天然瓦斯越来越少了。

（a.i）中的 Dr. Smith 是专有名词，所以是定指。（a.ii）中的 the doctor 由于含有定冠词 the，因此也是定指。（a.iii）中的 he 是人称代名词，所以也一样是定指。（b.i）中的 a good doctor 和（b.ii）中的 a few doctors，因为都含有不定冠词，一般都把它们笼统地认为是不定指。其实，在这两句中，它们的所指，与下面（c.i）和（c.ii）中的 a good doctor 和 a few days 不同。在（b.i）和（b.ii）中，说话者由于已经找到一位好医生及看过几个医生，他当然知道这些医生是谁，他用 a good doctor 和 a few doctors 也仅仅表示，他们是他所熟悉的；但对听话者而言，由于这些医生是在谈话中第一次被提及，所以说话者认为，听话者还不知道 a good doctor 和 a few doctors 在这两句中所指是哪个或哪几个，所以（b.i）和（b.ii）中的这两个名词组，虽然都是用不定冠词，但它们真正的指称，应该是特指。至于（c.i）中的 a good doctor，虽然在形式上和（b.i）完全相同，但却不是特指，而是不定指，而且是不定指中的随指；因为说话者的意思是，他想要找一位好医生——也就是说在好医生这个范畴之内的任何一个成员，因此是随指。（c.ii）中的 a few days 也是随指，因为它们可以指任何几天。（c.iii）中的 the bald eagle，尽管表面上是单数名词的形式，又有定冠词，但所指却是该族类的全体，因此所表达的语义是泛指。像这样的泛指，也可以用不带冠词的复数名词来代替，例如"Bald eagles are almost extinct."，其意义与（c.iii）完全相同。最后，（c.iv）中的 natural gas 指的是该类的整体，因此也属于泛指。

关于定指、特指和不定指，还有许多值得讨论的地方。在此，我们仅简要说明两点：第一是动词的时态，第二是名词的位置。含有泛指或随指名词的句子，其时态通常都不表示特定的时间；含有定指或特指名词的句子，则其时态倾向于表示特定的时间。至于名词出现的位置，定指和用定冠词的泛指名词较常出现于动词之前，而随指名词则较常出现于动词之后。如此的词序安排，不但英语有这样的倾向，汉语也有，而且汉语中词序和定指之间的关系，更为紧密。这也就是下一小节所要讨论的重点。

8.2 汉语句子中的话题、定指和词序

在 7.3 节中我们曾经提到，要决定汉语子句中名词和动词的相对词序，标准之一就是看该名词之是否为话题。固然我们也曾强调，话题是一个篇章上的概念，而不是句法上的概念；也就是说，一个名词

在单一子句内通常很难判定其是否话题，而要在一连串的子句中，才能比较明显地看出。不过，在一个子句的范围里，靠定指来测定话题还是相当可靠的。除此之外，还有另一项语义因素会与定指及话题发生互动，那就是用"这"和"那"这两个指示词表示的指示意义。如果能将这三者之间的互动关系厘清，则对汉语名词在句中之所以在某个位置，有相当的解释力。这三者的互动关系可以归纳为以下三点：

(8.9)（a）话题多半是定指，虽然定指的名词不一定是话题。
　　　（b）有指示意义的名词组一定是定指，但定指名词不一定有指示功能。
　　　（c）有指示意义的名词组亦可作为话题。

当这三者的关系确定后，我们就可以进一步探讨它们如何影响到名词在句中的位置。请参看表(8.10)。

(8.10) 话题、定指、指示意义对名词在句中位置的影响：

	话题	定指	指示意义	句法或构词标记
(a)	+	+	+	名词置于句首，并带有重读的"这"或"那"
(b)	+	+	−	名词置于句首，可以有轻读的"那"
(c)	−	+	+	名词置于句首以外的位置，但带有重读的"这"或"那"
(d)	−	+	−	名词省略或置于句首以外的位置（该名词位于动词前时可以带有轻读的"那"，位于动词后时则一定带有轻读

第八章 定指与词序

的"那")

(e) － － －　名词置于动词后的位置,其前可以带有"一""几"或"一点"

上表中所列出的名词在句中位置,可以从下面(8.11)中的各例句看出,其实是由话题、定指和指示意义三者之间的互动而决定的(各句标号,与上表中之标号相对应):

(8.11)(a)<u>那条鱼</u>,猫吃了。(话题,定指,指示)

(b)(<u>那条#</u>)鱼,猫吃了。(话题,定指)

(c)猫吃了<u>这条鱼</u>,就饱了。(定指,指示)

(d) A:见到他的时候,跟他要钱。

B:要是他不给 <u>0</u> 呢?(定指,但该名词省略,用 0 代替)

(d') A:你什么时候来?

B:我写了<u>那封信#</u>就来。(定指)

(e)我写了<u>一封信</u>。(不定指,但特指)

(e')他们都喜欢喝<u>咖啡</u>。(不定指,且随指)

(#例句(b)和(d')中的"那"作轻读,不具有指示的语义)

上面(a)中的"那条鱼"是话题、定指,又带指示意义,故置于动词之前。(b)中的"(那条)鱼"是话题、定指,故也置于动词之前,但因为不带指示意义,所以"那条"可有可无,而且即使选用"那条",也不能重读。(c)中的"这条鱼"是定指,也有指示意义,需重读(当然也可以认为它没有指示意义,那么就不能重读;不过,这不是我们要举例说明的情况),但是因为不是话题,所以只能出现在动词之后。(d)中的 0,代表 A 所说的"钱",因此是定指,但是因为它不是话题,所以出现在动词之后。(d')中的"那封信"虽然是定指，但不是话题，所以只能出现在动词之后；其中的"那封"因为不带指示意义，所以只能轻读，不能重读（当然我们也可以认为它带有指示意义，那就可以重读；不过，那不是我们举例所要说明的情况）。（e）中的"一封信"是特指，只能出现在动词之后。（e'）中的"咖啡"是泛指，也只能出现在动词之后。

根据以上的讨论，我们可以归纳出下面几个倾向。首先，除非有特别的标记，否则动词前的名词解释为定指，动词后的名词，则解释为非定指，包括特指与不定指。其次，在动词没有完成体标记的句子中，动词后光杆名词（即其前没有"这""那""一"等一类的标记）解释为泛指，如（e'）中的"咖啡"；在动词有完成体标记的句子中，则动词后的光杆名词解释为特指，如（e）中的"一封信"，即使不带"一封"，其解释还是"说话者知道所指为何"的特指。

8.3　存在句及呈现句的词序

汉语有些词语的语法风貌十分多变，"有"就是其中之一。一般而言，语法学者认为"有"具备以下四种不同功能：（一）表示"拥有"的所有动词；（二）表示"存在"的存在动词；（三）表示"一些"的不定形容词；（四）完成体标记"- 了"的一种变体，与否定词"没"合用。[①] 请看以下各例句：

(8.12)（a）他们都有不少钱。

（b）怎么会有鬼呢？

（c）有人在门口等你。

（d）我们昨天都没有出去。

---

① 关于"有"的最后一项功能，请参看 Wang（1965）。

(a)和(d)中"有"的功能十分明显,在此不多作说明。但(b)和(c)则值得进一步讨论。

(b)中的"有"称为"存在用法",相当于英语的 there be。这个"有"的后面通常只能出现非定指的名词。这个现象,和根据名词在句中的位置(即动词前或动词后)来解释该名词为定指或非定指的情况,正相吻合。

(c)中的"有"则和英语中不定指的 some 相对应(该句可译为"Someone is waiting for you at the door."),因此常被称为"不定形容词"。不过,这样的解释却有一个困难,就是这里的名词"人"在动词"等"之前,为什么不作定指解释呢?也有人认为,其前的"有"就是将动词"等"之前本来应该是定指的"人",转化成不定指了。但是,这样的解释,仅仅是自圆其说而已,因为这并没有进一步地解释,为什么"有"会具有这样的功能。其实,我们不妨将这个"有"跟(b)中的"有"作同样处理,即认为它具有 there be 的意思,也没什么不妥。那么,(c)就可以翻译成"There is someone waiting for you at the door."。事实上,这两者之间最大的差别,乃在于(b)中的"有"是唯一的动词,而(c)中则还有另一个动词"等"而已。如果我们将(c)像上面那样译作英语的"There is someone waiting for you at the door.",那么,这个"有"就跟 there be 一样,可以视为用来介绍新事物的一个"呈现动词"。这恰巧与(b)中的"有"具有相同的功能,其后的新事物一定要作不定指解(一般也将"呈现"与"存在"认为是同一个功能底下的两种不同的解释)。如此一来,(c)中的名词"人"虽然在动词"等"之前,却可以是不定指,就不至于违背上节所述的原则(即:动词前的名词应该是定指,动词后的名词应该是不定指),因为它其实出现在动词"有"之后,所以先被介绍为新呈现的人、物、事,然后才在其后由另一个动词来说明、介绍这个名词的目的。也就是说，如果分成两段来说（c），那么，它就是："有一个人在门口，他在等你。"

在"有"和 there be 这一类的"存在""呈现"动词中，还可以加入一些相类似的动词，例如汉语的"来"和"出现"：

（8.13）（a）上礼拜我们家<u>来</u>了两个客人。

（b）远远的，天空中<u>出现</u>了三个小黑点。

我们将以上动词归类为呈现动词的做法，和它们所表现出的对名词在句中相对词序所具的影响，正相吻合。

8.4 小结

在本章中，我们看到定指、特指和不定指三个概念，在汉语和英语中，分别以各种不同的方式来表达。英语基本上是以构词标记 the 和 a/an 或 0（即其前不用任何冠词）来展现这三种概念；此外，在某些情况下，动词的特定时体，也可以影响名词是否为定指的解读。而有时名词出现在句中的某个特定位置，也会产生同样的效果。然而在英语中，影响是否定指的主要因素，还是冠词 the 和 a/an 之间的选择或冠词之是否需要。也因此，名词的是否定指对句中词序的影响，并不是很大。

至于汉语的词序，则与名词的是否定指，关系非常密切。简单地说，除非有特别标记表示另有安排以外，否则动词前的名词可以解释为定指，动词后的名词可以解释为非定指。从另外一个角度看，是否定指也可以说直接影响了句中的词序。除此之外，动词的特定体标记，也可以决定动词后名词的是否特指，例如：（8.11e）"我写了一封信"中的"一封信"一定是特指，但是"他要写一封信"中的"一封信"却不一定是特指，也可能是泛指。不过，汉语体标记对名词组是否定

第八章　定指与词序

指的解释，其影响力似乎远不及名词位置本身的影响力来得大。

在第七章中，我们曾讨论过汉语子句的基本成分。我们发现汉语句子的构成和英语有极大的不同：汉语是以话题而不是主语来最后决定哪个名词应置于动词前。英语的句子，在绝大多数的情况下都需要一个主语；而在汉语中，主语却不是每个句子都必须具有的，它只有在需要时才出现。因此，如果不作主语和话题的区分，下面这两个句子的不同语义，就无法作很自然而合理的解释：

（8.14）（a）吃饭了。
　　　 （b）饭吃了。

这两个例句都没有主语。（a）中的"饭"，由于出现在动词后的位置，它不但是非特指，而且也不是话题，因此我们可以推断它的语义指的是广义的"一餐饭"。而（b）中的"饭"，由于出现在动词前并且是句首，所以是定指，而且是话题，它的意思是：说话者和听话者都已经知道的"某一分量的米饭"或"某一餐饭"。[①]

从另一个层面上来看，话题和定指之所以如此密切相关，是由话题在人类认知上的本质而决定的。正如我们在7.3和7.4节中所提到的，话题多半是对说话者（或作者）和听话者（或读者）都熟悉的人、物、事，而表达对该人、物、事的熟悉，在一般语言中所用的信号，正好就是"定指"。因此，话题和定指在通常的情况之下，其间的关系

[①] 这两个例句中有一个初看似乎令人费解的问题：其中的两个"了"，（a）中的解释为表示情状改变的句末虚词，而（b）中的是一个完成体标记。其实这两种解释，与名词组的定指与否有关。（a）中的"饭"是泛指，所以这里的"吃饭"只能是情状，而不能是一个事件；因此，其后的"了"就只能与情状配合，而解释为情状改变。而（b）的"饭"是定指，"吃饭"就一定是指一个特定的事件，所以其后的"了"也只能与事件相配合，而解释为完成体标记。

是密不可分的。

最后，一个名词的语义角色，也可以决定它在句中应该出现的位置。然而在汉语中，除了施事之外，其他的语义角色对于词序的影响，似乎远不及在英语中重要。

总而言之，汉语句子中一个名词应该置于动词前还是动词后，首先由它所担任的语义角色（如施事、受事、工具、目的、当事等）来决定这个名词应该是主语还是宾语，而主宾语的次序是 SVO，这是汉语的基本词序。然而，在基本词序之上，还有其他的因素，来变更这种基本的安排：（一）在语义层次上，这个名词是否被说话者认定为定指；（二）在篇章层次上，这个名词是否作为话题。很显然地，语义角色、定指与否、是否话题这三项会彼此交互作用，也因此汉语的词序所呈现出来的面貌较英语要复杂得多。不过，汉语的情状动词之前，倒总是要有一个名词作主语的：

（8.15）他很聪明。

当然，其中的"他"也可能省略，但是，这是一个篇章上的承前省略，或称"零形回指"，与话题有关，在第七章已略为提及，见该章中例（7.36）。现再举一例，略作说明如下：

（8.16）（a）<u>王大明</u>，今年十六岁，
　　　　（b）<u>0</u> 是王家长子，
　　　　（c）<u>0</u> 从小就聪明伶俐，……

其中（b）和（c）中的 0，是零形回指标记，表示没有实质的主语。但在这个语境中，则很显然地，这两个子句所谈及的是"王大明"，与（a）句中的主语相同，所以实际上并不能说（b）和（c）两句没有主语，只是在这种情况之下，没有以有形的名词或代名词出现而已。

第八章　定指与词序

　　本章的主旨，如上所述，是要说明话题、定指与词序三者之间的关系。其中主要关系之一，是动词前的名词有极强烈的定指倾向，而动词后的名词，则有极强烈的非定指倾向。这个说法，主要是根据 Li & Thompson（1975）的理论。不过，其后有不少讨论这个问题的研究，如 Sun & Givón（1985）和 Wang（1988），都提出实例和统计数字来证明，汉语中固然存在这样的倾向，但如果要用它来判定名词是定指还是非定指，则相当不可靠。Chu（1998）对这个问题也提出了他的看法。他认为，名词在动词前后的位置，固然与该名词组是否定指有"相关关系"（correlation），但是这种关系却不是直接的，而是间接的。名词在动词前后位置的真正不同，是"信息焦点"（information focus，也就是说话者要传递给听话者本来不知道的信息）的位置问题。他认为，汉语子句的结构，如果没有特别标记的话，那么，信息的焦点一定集中在动词及其后的词语上。如此一来，一方面由于未知信息作信息焦点的机会较多，另一方面由于未知信息在名词上是以不定指来表示，所以不定指的名词就倾向于出现在动词之后。但是，由于信息焦点并不限于名词，而且还包括动词以及名词与动词之间的关系等，所以动词后的名词并不限于非定指名词，定指名词也一样可以在动词后出现，而且也不必有任何定指标记。例如：

　　（8.17）（a）有一匹农家的马，
　　　　　　（b）站在河里，
　　　　　　（c）水齐着膝，
　　　　　　（d）懒洋洋地在那里摇动湿淋淋的尾巴。

上例（c）中的"膝"和（d）中的"尾巴"，读者都了解为"那匹马的膝"和"那匹马的尾巴"，根据一般的理论，也都认为是定指（此处无法详述）。但在这一段话里，"膝"和"尾巴"都出现在动词后原来应该是非定指的位置，而且也没有任何定指标记，如"它的""那条"等。（事实上，如果用英语的标准来看的话，"膝"和"尾巴"前都应该有这样的标记才对，如：(c) 应译作 "The water comes up to the knees.", (d) 应译作 "...lazily wagging its tail."）。该文作者之所以将定指名词"膝"和"尾巴"放在动词之后，主要是因为它们是在他所要传达的信息焦点之内；而他之所以没有把它们特别用"那个"或"它的"来标示为定指，乃是因为它们的定指意义，在这样的语境之中已经是非常明显的了。

由此观之，名词组在句中位置与其是否定指，这两者之间固然有某种程度的关联，但是这种关联究竟应该如何解释，似乎还没有一个定论。不过，由于近年来国内外很多人对汉语语法与语用的研究，我们对这类问题，却时时在获得进一步的了解。（请参看第二十四章）

第九章 否 定

现代汉语中,有三个否定词:"不""没(有)"和"别"。其中的"不"是使用最广泛的一个,其他两个则都可以用特定的情况来说明其各种用法。兹分别举例如下:

否定词"别"只适用于祈使句,[①] 相当于英语的 Don't,例如:

(9.1) 别又出去乱跑。

与"别"相比较,"没(有)"的用法略为复杂。有些语法学者认为"没(有)"包含两种不同的形式:(一)"没"用来否定拥有动词和存在动词"有";(二)"没(有)"用来否定一个行动动词的完成式。[②] 但大多数语言学者都主张(例如 Wang, 1965; Chao, 1968),上述"没"的两种否定,其实是同一形式的两种不同用法。本书采用第二种观点,因为它较为简单明了:"没"出现在"有"之前作为否定之用,而这里的"有",既可以是拥有动词或存在动词,也可以是完成体标记"-了"的一种变形。请参看以下的例句:

(9.2)(a) 他这个人真没(有)知识。
　　　(b) 没(有)人在家。

[①] 祈使句的结构,请参看第十一章。
[②] 例如,Li & Thompson(1981: 434)就是这样分析的。

（c）我们没（有）看见那个小偷。

（a）中的"有"为拥有动词，（b）中的"有"为存在动词，而（c）中的"有"为完成体标记"-了"的变形，它在否定句中用来取代"-了"。

此外，值得注意的是，（9.2）各句中"没"之后的"有"都是可以省略的。这样的省略，只有一个例外，那就是如果出现在句末时，就不可省略：

（9.3）（a）你去了没有？
　　　（b）*你去了没？

不过，这个例外，在台湾所说的国语中，尤其是在年轻一代的口中，已经是经常出现的形式了。

此外，"没（有）"也可以用来否定表经验体的动词，即含有经验体标记"-过"的动词形式：

（9.4）我没（有）去过日本。

另外一个固定的形式是，"没（有）"用在比较句中：

（9.5）他没（有）你那（么）能干。

不过，像（9.5）这样含有"没（有）"的否定句，并不是用来直截了当地否定下面（9.6）中的比较句用的：

（9.6）他比你能干。

因为汉语中还有一个否定比较句，如（9.7），才是用来直接否定上面（9.6）中的比较句的。至于这两种否定比较句的不同，当于第十六章中再详加讨论。

(9.7)他不比你能干。

总结上面的讨论,"别"与"没"有以下的几种用法:(一)"别"用来组成否定意义的祈使句。(二)"没"用来(a)否定拥有动词或存在动词,(b)否定带有完成体的动词,其形式是"没(有)+V";(c)否定带有经验体的动词;(d)组成否定比较句。除了以上的各种动词和各种句式,其他的动词及句式,都用第三个否定词"不"来否定,其中包括带有进行体标记"在-"的动词。例如:

(9.8)(a)学中文不难。

(b)这个礼拜五不上课。

(c)很多人不会开车。

(d)小孩都不在做功课,都在看电视。

(a)中的"难"为情状动词,(b)中的"上课"为行动动词,(c)中的"会"在传统上被视为助动词。[1] 这三者都不带有任何体标记,故用"不"来否定。(d)中的动词则带有进行体前缀"在-",也用"不"来否定。[2]

不过,当动词带有起始体标记"-起来"或持续体标记"-着"时,就不像带有完成体标记"-了"、经验体标记"-过"或进行体标记"在-"时那样,只用一个固定的否定词"没"或"不"来否定,而是可以用几个不同的否定词。所以表面上看起来较为复杂,似乎没有一个明确的规则可以规范。请看以下各例句:

(9.9)动词带有起始体标记"-起来"的否定:

---

[1] 请参看第二十章"序列动词"(serial verb)。

[2] 也有人偶尔会用"没(有)"来否定带有进行体的动词,如:"小孩都没(有)在做功课。"不过,这个用法一定要指过去。

(a)千万别哭起来啊。

(b)他不哭起来才怪了呢。

(c)你骂了他,他倒没(有)哭起来。

(9.10)动词带有持续体标记"-着"的否定:

(a)别站着,好不好?

(b)你为什么不坐着看书?

(9.9)中动词都带有起始体标记,而三个不同的否定词都能适用,所以似乎其中没有选择的准则。其实,其选择只是与起始体没有关联而已,而与之有关联的却是各句的语义。(9.9a)的解释是"我希望(某人)不会……",故有祈使的意思,所以用"别"表否定;(9.9b)中的动词不带完成体标记,是"非过去"的语义,所以用"不"表否定;(9.9c)中的"没有"则指一个原本应该过去发生而未发生的事件,故有过去意义,合乎汉语完成体的语义,所以用"没(有)"表否定。换言之,虽然上面提及,否定词的选择与动词所带的体标记有关——完成体和经验体都用"没(有)"来否定,而不带体标记的动词则用"不"来否定,但是,体标记仅代表各形式所具有的中心语义,所以否定词的选择与其说是以体标记来选择,还不如说是以语义来选择。再从(9.9)这几个例子来看,带有起始体标记的动词对否定词之选择,却与其所带体标记无关,而是以其是否有"祈使""过去"或"非过去"等语义为准则。

在(9.10)中,"别"与"不"的出现,也是决定于该句是否祈使句,如(9.10a),或是该句所表达的为非过去时间,如(9.10b)。对有些人来说,(9.10b)中的"不"也可以用"没(有)"来代替,但此时这个句子则有过去的含义。根据以上的讨论,那么持续体动词对否定词的选择,也就可以说,是用该句的语义来作依据的。

第九章 否　定

换句话说，"–了""–过"和"在–"等体标记之所以必须选择特定的否定词（"没"仅能用于"–过"和"–有"，即"了"的变形；"不"仅能用于"在–"），是由它们所具有的语义所致。而起始体标记"–起来"和持续体标记"–着"之所以在选择否定词时不受限制，是因为它们并不具有前面三者的语义。

关于否定词最后一点值得注意的是，它们仅和述语中的动词一起出现。因此，英语中的 none、nothing、nobody 和 no one 等否定词，在汉语中没有与之对等的词。这些词的意义，必须转由动词来表达，至于以何种否定的形式出现，还要看它们在句中出现的位置来决定。（例句请见本章 9.4 节）

9.1　否定的范围

在学习任何一种语言时，不论母语还是外语，学习者对于否定都会面临一个共同的问题，那就是：当否定词出现时，究竟句子的哪一个部分是被否定的？（进一步的讨论，请参看 Teng, 1974。）在汉语和英语中，否定词最常出现的位置是在动词之前。① 所以通常被否定的，也就是句子述语的部分。请看以下例句：

（9.11）（a）We don't <u>have any objection to it</u>.
　　　　（b）我不<u>认识这个字</u>。

被否定词 not 和"不"所否定的是标有底线的部分，也就是两个句子的述语。用专业术语来说，这两个述语是在"否定范围"之内。

在汉语中，当动词是不含任何补语的单一动词时（请参看第 3.3

---

① 否定词应置于动词词组之前或之后，得视该语言的词序而定。以日文为例，其基本词序为"主—宾—动"，而否定标记则置于动词之后。

节），否定的范围十分容易决定。此时，否定的范围通常涵盖否定词之后的全部。请参看以下例句：

（9.12）（a）别 看电视。
　　　　　　Don't watch TV.

　　　（b）我们没（有）出去度假。
　　　　　　We didn't go out for a vacation.

　　　（c）这个孩子不 喜欢说话。
　　　　　　This child doesn't like to talk.

在这三个句子里，整个述语都在否定范围之内，也就是说，整个述语都被否定了。从这些例子里我们也可以看出，讨论到目前为止，汉语和英语的否定范围是完全相同的。但是当动词组的结构变得复杂时，动词组中的其他成分便会影响到否定范围的运作。这些会影响否定范围的成分，在汉语中包括副词以及动词补语。但是在我们进一步讨论这些成分之前，还有一个关于英语的问题需要提出来，一方面这可能对学习汉语的外国学生会有帮助，另一方面对中国人翻译外语也有相当的提示。

之前我们已经提过，根据规则，否定的范围基本上涵盖的是紧接在否定词之后的部分。然而英语中有些常用的动词，却不一定遵守这条规则。这些动词包括 think、suppose 和 assume 等。举例来说，当我们将（9.13）译为汉语时：

（9.13）I don't think it will rain.

必须将否定词 don't 跟 will rain 联系在一起，而不是跟 think 联系在一起。也就是说，（9.13）的汉译应该是（9.13'a），而不应该是（9.13'b）：

(9.13')（a）我想不会下雨。

（b）*我不想会下雨。

要说明这个问题，我们必须先看英语中一些副词子句，它们可以由主要子句中动词前的否定词来否定。请看（9.14）的例句：

(9.14) Jack didn't come to see you because he was sick.

（9.14）有两个不同的意思：（一）Jack 没有来看你，原因是他生病了；（二）Jack 不是因为他病了才来看你的（此时听话者可能是个医生，而他原本以为 Jack 来看他是因病求诊）。而这两个不同的语义，在汉语中是分别以两种不同的形式来表达的：

（9.15）（a）杰克没有 来看你，因为他病了。

（b）杰克来看你，不是 因为他病了。

在这两个句子中，否定词都紧接在它所否定的部分之前。（关于 9.15b 中"不是"的用法，请参看本章第 9.5 节。）反观（9.14），很显然，否定词 didn't 既可以否定紧接其后的 come to see you，也可以否定与之相隔甚远的 because he was sick。（9.13）中的 don't 也一样，既可以否定紧接其后的 think，也可以否定与其有一定距离的 will rain。但是，在这一句中，其语义的搭配应该是"会下雨"被否定，而"想"不应该被否定才是。

汉语与英语在这方面的主要不同是：汉语似乎很少有这样的"长距离否定"运作，虽然有时也例外，如第 9.3 节所讨论的动词补语。

9.2 否定与副词

有一个众所周知的事实是：在副词和否定词的互动之下，一个句子可能产生几种截然不同的语义。以下是一个典型的例子：

(9.16)（a）Jack didn't die happily.

杰克死得很不幸。

（b）Jack didn't die, happily.

杰克没有死，运气真好。

（c）Happily, Jack didn't die.

运气不错，杰克没有死。

（与（b）对应的口语形式，在 die 与 happily 之间会有明显的停顿，（a）中则没有停顿的。）

尽管（a）中 didn't 出现在 die 之前，却不是用来否定 die，而是用来否定句末的 happily。所以整句的意思还是说 Jack 死了，只是他死时并不快乐。换句话说，didn't 并没有将整个述语都否定，而只否定了其中的副词 happily。但是在（b）和（c）中，尽管副词 happily 出现的位置不同，但两个句子是同义的。它们的意思都是说，Jack 没有死，而这是件令人高兴的事。换言之，这里的 didn't 确实是用来否定动词 die 的。这些差异基本上都与否定的范围有关。在（a）中，副词 happily 是在否定的范围内，而动词 die 则不在其范围之内。相反地，在（b）和（c）中，动词 die 在否定范围中，而副词 happily 则不在其范围之内。

汉语的副词是在否定范围之内还是之外，是用两种不同的词序来表达的：否定词在副词之前，该副词即在否定范围之内；否定词在副词之后，则该副词不在否定范围之内。例如：

(9.17)（a）我们 都 不 去。

（b）我们 不 都 去。

（a）中的副词"都"在"不"之前，所以不在否定范围之内，因此

"不"只否定动词"去",意思是说"我们当中没有人要去"。而在(b)中,副词"都"在否定词"不"之后,所以在否定范围之内,也就是说"并非我们所有的人都要去"。从以上的例子来看,副词是不是被否定,与先前我们所定的准则相符——汉语中的否定词所否定的,是紧接在其后的语法单位。

然而,从另一个角度来看,否定词和副词之间的关系,并非像表面上所显示的那么简单。一方面,并非所有的副词都能出现在上述的两个位置。事实上,有些副词仅能出现在否定词之前,而有些仅能出现在否定词之后。另一方面,当副词包含在否定范围之内时,被否定的不再是整个述语,而可能仅仅是副词本身而已。这两点我们将在稍后分别讨论。

首先,我们先从一些例子中,看看否定词与副词的相对位置:

(9.18) 程度副词:

  (a) 不很好   (a') 很不好

  (b) 不那么好玩   (b') 那么不好玩

  (c) 不特别好玩   (c') 特别不好玩

(9.19) 时间副词:

  (a) 不(常)常来 (a') 常常不来

  (b) 不再来   (b') 再不来

  (c) *不老来   (c') 老不来

  (d) *不刚刚走   (d') ?刚刚不走

(9.20) 地方副词:

  (a) ?不到处有人 (a') 到处没有人

  (b) *不哪儿有好人? (b') 哪儿没有好人?

(9.21) 情状副词:

(a) 不专心做事　　　　　　（a'）? 专心不做事

(b) 不勉强做事　　　　　　（b'）勉强不做事

(c) 不空手去　　　　　　　（c'）空手不去

（9.22）范围副词与数量副词：

(a) ? 不也要　　　　　　　（a'）也不要

(b) 不都要　　　　　　　　（b'）都不要

(c) * 不一共要两千块钱　　（c'）一共不要两千块钱

（9.23）评价副词：

(a) * 不居然当了总统　　　（a'）居然不当总统

(b) * 不反正要买　　　　　（b'）反正不要买

（9.24）判断副词：

(a) * 不大概会下雨　　　　（a'）大概不会下雨

(b) * 不也许出版　　　　　（b'）也许不出版

从（9.18）—（9.24）中，我们可以很明显地看出，所有的程度和情状副词都可以置于否定词之后，但评价副词和判断副词[①]则都不可以。如果我们根据前面一节所说的通则，否定词所否定的是在它之后的语法成分，那么也就是说，评价和判断副词是不能被否定的，而程度和情状副词则都可以。这个句法上的限制，事实上是来自于语义上的限制。由于评价副词和判断副词所表达的是说话者的态度或意见，在一般正常情况下，说话者不太可能在说话的同时就否定自己的态度或意见。而情态和程度则是属于述语所表达的语义的一部分，因此可以很容易地加以否定。

至于其他几类副词，地方、时间、范围和数量副词，与否定词搭配的情形则各有不同。地方副词基本上是无法否定的，而时间副词

---

① 有关副词的分类，请参看第 4.1 节。

第九章 否 定

则可以。（9.19）中打"*"号的例子，只是用错了否定词罢了。例如"刚刚"和"老"因为是和过去的事件有关，因此应该用"没（有）"来否定，而不能用"不"。范围和数量这两类当中的各个副词，也似乎各有其独特的情形，从（9.22）中的例子很难归纳出一个通则来。

此外，由于否定词否定的是出现在其后的一个语法结构，理论上在它之前出现的副词属于哪个类别，应该不至于影响整个否定部分的语义，而我们也发现大多数的例子都符合这个原则。唯一可能有疑问的是（9.21a'），但是这里的"专心"和"不做事"明显有语义上的冲突，因为一个人只可以在工作上专心，而不应该在不工作上专心。因此这个例子中不兼容的是副词和整个被否定的述语之间的语义，并不是"专心"这个副词本身影响了其后的否定形式之能否成立。

另外还有一个有关否定和副词之间的问题，那就是副词和其所修饰的动词，虽然都在否定词之后，但两者却不一定都在否定的范围之内。例如（9.18）（9.21）和（9.22）就存在着这样的问题。其实，这不是汉语独有的问题，其他语言，如英语，也有类似的麻烦。例如：对于不熟习英语的人而言，下面这个问句，不论以 yes 或 no 来回答，都无法否定 kill the victim，即无法否定"被告杀了受害者"这件事，这简直是一团雾水：

（9.25）Did you kill the victim with a handgun?

其实，这个问题，与否定词究竟是用来否定整个述语，还是仅仅用来否定其情状副词有关。也就是说，即使回答是"No, I didn't."，这里的 didn't 仅否定副词 with a handgun，它的否定范围并不包含主要动词加上其宾语 kill the victim。（回答这个问题时，如果要否认杀了那个受害者，则必须回答"I didn't kill him."。）当然，这个问句在书面语中，最可能产生这样的歧义，即问题在"是否杀了人"或"杀人是否用了手枪"两种不同的语义。但在口语中，说话者往往会在不同的位置重读，以显示问题重心的所在。例如：

（9.26）（a）Did you KILL the victim with a handgun?
　　　　（b）Did you kill the victim with a HANDgun?

以 no 来回答（a）时否定的是"杀人"。而同样的回答，如果问题是（b），那么所否定的却是"用手枪为工具"。

以上对这个问题的讨论，似乎略嫌冗长，而且与汉语语法也似乎没有什么直接关系。但是，我们之所以如此费尽周章，主要是因为这类问题对外国人学汉语以及中国人学英语都会有相当大的影响。现说明于下。

在汉语中，像（9.26）这样问题的两种意义，是分别以两种不同的问句形式来表达的：

（9.27）（a）你有没有用手枪打死他？
　　　　（b）你是不是用手枪打死他的？

这两个问题的否定回答，也有不同的方式：

（9.28）（a）我没有。
　　　　（b）不是。

（9.28b）所否定的是"用手枪"，而（9.28a）则有两种可能，它可以只否定副词词组，也可以否定整个述语。（有关"（不）是……的"的讨论，请参看第 6.3 节；有关"不是"作为全句否定，请参看本章第 9.5 节。）

上述汉英语之间的不同，不但使中国人觉得不易了解为什么（9.25）会有两种意义，而且也常使学汉语的英美人士只用一种汉语形式，即（9.27a），来表达（9.27）中（a）和（b）两种不同的意义。

9.3 否定与动词补语

在第 3.3 节里，我们介绍了三种动词补语，分别是"结果补语""潜能补语"和"方向补语"。（有关这三种补语进一步的分别，请参看 Lu，1973，1977。）下面是一些之前我们已经讨论过的例子，动词补语为加底线的部分：

（9.29）（a）结果：

　　　　问<u>明白</u>　　　　唱<u>累</u>

　　（b）方向：

　　　　拿<u>回去</u>　　　　送<u>到家</u>

　　（c）潜能：

　　　　看<u>得见</u>　　　　问<u>得明白</u>

尽管以上各类补语都是附着在行动动词之后，但是它们的否定形式却并不相同。首先，动词加上结果或方向补语的形式，可以用"不"和"没（有）"来否定，但是动词加上潜能补语的形式，则只能用"不"来否定。而且，在结果和方向补语中，否定词出现在行动动词之前，但在潜能补语中，否定词则出现在行动动词和情状动词之间，并且同时取代其中的"得"。以下是与（9.29）中各例对应的否定形式：

（9.30）（a）<u>不 / 没（有）</u>问明白

　　　　<u>不 / 没（有）</u>唱累

　　（b）<u>不 / 没（有）</u>拿回去

　　　　<u>不 / 没（有）</u>送到家

　　（c）看<u>不</u>见

　　　　问<u>不</u>明白

从"不"出现在潜能动词与补语中的位置来看，我们就可以知道它否定的不是行动动词，而是后面所接的补语。(9.30c)的两个否定形式中，动词"看"和"问"都没有被否定，被否定的是补语"见"和"明白"。因此，可以这样说而不显得前后矛盾：

(9.31)(a)我看了，可是看不见。

(b)他问了半天，还是问不明白。

然而在结果补语和方向补语这两种形式中，否定的范围却无法用相同的方式来预测，以下我们将分别讨论这两者的否定。

就动词加上结果补语的形式而言，虽然"不"和"没（有）"都在行动动词之前，两者的否定范围却不尽相同："不"否定的可以仅是补语，也可以是行动动词加上补语，但是"没（有）"则仅能否定补语。① 请看以下的例子：

(9.32)(a)你不问明白，就别给他写信。

(b)他问是问了，可是没（有）问明白。

(9.32a)中的"不问明白"有两个意思，一个是"你会问，但是结果不明白"，另一个是"你不问，所以结果不明白"。但(9.32b)则很明显地是说"问了，但是结果并不明白"。由此可知，"没（有）"在这里否定的是补语"明白"，而不是动词"问"。

在方向补语的形式中，"不"和"没（有）"都可以用来单独否定方向补语，或是用来把行动动词加上方向补语两者都否定。因此：

---

① 在此我们并不考虑句中含有特殊（例如：对比）重音的情况：
你不唱累，也站累了。

在这里，"不"很明显仅仅否定行动动词"唱"。这样的否定范围，说话时必须将"唱"和"站"重读，以凸显其对比。相同的情况也存在于方向补语中。

(9.33)（a）不送到家，就留在店里好了。

（a'）不送到家，就送到办公室去吧。

（b）没（有）拿回去，那到哪儿去了？

（b'）没（有）拿回去，那拿到哪儿去了？

上面（a）和（b）两句中，"不"和"没（有）"同时否定了行动动词和它的方向补语。但在（a'）和（b'）中，否定的仅仅是方向补语而已。

下页的图解可以用来说明行动动词和结果补语及方向补语的否定范围。图中的实线箭头表示该部分必须包含在否定范围之内，而虚线箭头则表示该部分可以包含在否定范围之内，但也可以不包含在其内。

(9.34)（a）含有结果补语的行动动词：

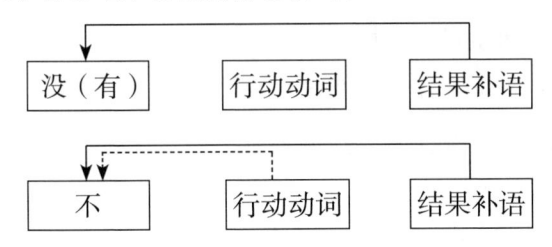

```
┌─────────┐   ┌─────────┐   ┌─────────┐
│  没（有） │   │ 行动动词 │   │ 结果补语 │
└─────────┘   └─────────┘   └─────────┘

┌─────────┐   ┌─────────┐   ┌─────────┐
│    不    │   │ 行动动词 │   │ 结果补语 │
└─────────┘   └─────────┘   └─────────┘
```

（b）含有方向补语的行动动词：

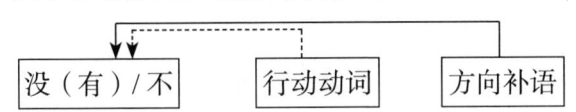

```
┌───────────┐   ┌─────────┐   ┌─────────┐
│ 没（有）/不 │   │ 行动动词 │   │ 方向补语 │
└───────────┘   └─────────┘   └─────────┘
```

9.4 否定对不定词与疑问词的作用

汉语中有几个很简单的词，称为"不定词"（indefinite word），如(9.35)中所列，对于以汉语为母语的人而言，其语义似乎应该是不言而喻的，可是，事实上却并非如此。对于学汉语的学生，当然更为困难。下面列出几个，并以英语与之对应：

（9.35）（a）一 + 量词　　　　　a / one

　　　　（b）一点（或：一点儿）　a little, some, any

　　　　（c）几 + 量词　　　　　some, a few

　　　　（d）一些　　　　　　　some

这些不定词都有非定指的意义。尽管此处列出的只有几个，但细看它们的意义，就已经有点令人混淆不清。这并不是因为英语翻译的缘故，而是因为不定词的确切语义，必须由它们的语境来决定。比较容易分辨的语境之一就是肯定句与否定句之间的差异。为了讨论的方便，此处将含有否定词的句子视为否定语境，而不含否定词的句子则视为肯定语境。以下是几个提供给不定词这两种语境的例子：

（9.36）（a）天上有一片云。

　　　　（b）天上没有一片云。

　　　　（c）天上一片云也没有。

（9.37）（a）我爸爸有一点名气。

　　　　（b）?我爸爸没有一点名气。

　　　　（c）我爸爸一点名气也没有。

（9.38）（a）他要几块钱。

　　　　（b）他不要几块钱。

（9.39）（a）他总买（一）些便宜东西送给我。

　　　　（b）?他从来不买一些好东西送给我。

（9.36）中的"一 + 量词"有两种解读的方式，它可以是泛指，也可以是数词，相当于英语的 one。前者轻读，后者重读。这两种语义的差别，在像（9.36b）这样的否定语境中，非常明显：轻读作泛指时，该句意为"天上没有云"；而重读作数词用时，则意为"天上不是只有一片云"或"天上连一片云也没有"。这是否定语境之一，其中否定词在

"一+量词+名词"之前。另外还有一个否定语境,就是否定词在"一+量词+名词"之后,这时的"一"则只能作数词用,这是(9.36c)中的语义。所以,我们可以这样说,"一+量词"似乎不受肯定和否定影响而改变其语义和其形式的合语法性。

(9.37)中的"一点",其语义虽然对本国人而言非常清楚,但对学习汉语的外国人而言,却相当困难;因为在肯定的语境中它在英语中的对应意义是 some 或 a certain amount,在否定的语境中则是重读的 any。至于词序,则它在否定形式中必须出现在否定词之前,且两者之间必须插入一个"也"或"都"。另一种排列方式"否定+一点"仅在极少数的情况下才能使用。①

(9.38)显示,"几+量词"有两种解释:肯定时为一个少于十的数量,大约可以与英语的 a certain number of 相对应②;而否定时则与否定词合在一起,意为"不多",与英语的 not many、a few 相对应。至于(9.39)中的"一些",则只能用于肯定的语境,而不能用于否定的语境。

此外,还有另一组词的语义也会因为否定而改变,它们是疑问词,如"谁""什么""怎么""为什么"和"多少"等。从以下的例句中,可以看出这些疑问词经由否定所产生的各种不同解释:

(9.40)(a)明天谁要来吃晚饭?

(b)明天没有谁要来。

(c)明天谁也不来。

---

① 这个句子只有在少数的情况下才允许,例如当某人说"我父亲并没有什么名气"时,它可用来作为答辩中的一部分:"我爸爸没有一点名气,怎么能当选呢?"

② 不过,a number of 也可以指"十"以上的数目,所以与"几"并不完全相同。

（9.41）（a）你买了什么？

　　　　（b）我没（有）买什么。

　　　　（c）我什么也没（有）买。

（9.42）（a）这件事怎么行？

　　　　（b）这件事不怎么行。

　　　　（c）这件事怎么也不行。

（9.43）（a）你为什么抽烟？

　　　　（b）我不为什么抽烟。

　　　　（c）什么也不为。

（9.44）（a）你们一个月用多少钱？

　　　　（b）我们不用多少钱。

　　　　（c）用多少钱也不要紧。

在这些例子中，各（a）句由其中疑问词发问，故都是彻头彻尾的疑问句。各（b）句中尽管同样带有疑问词，却不是问句。[①]（a）和（b）之间的差异在于：后者提供了否定的语境，而将疑问词转化为不定词了。也就是说，（9.40b）"谁"变成了"非任何特定的人"；（9.41b）"什么"变成了"非任何特定的东西"；（9.42b）"怎么"变成了"不完全"，也就是"非任何特定的方式"；（9.43b）"为什么"变成了"非任何特定的原因"；而（9.44b）"多少"成了"不多"。它们似乎和（9.36）—（9.39）中（b）句的情况十分类似。

各（c）句，则强烈否定了任何（b）句中不定词所代表的人或物之存在。尽管它们也被称为强调性否定，但它们和（9.36）—（9.39）中的强调性否定却是截然不同的。

---

① （b）当中的某些例句可以视为否定的反问句，例如（9.41b）可以用来反问："你是不是问我，我没有买什么？"

从以上的例子里我们可以看出，否定对不定词和疑问词的影响十分相似。当否定出现于不定词之前时，被否定的是由不定词所表达的数目或数量的重要性，而不是数目或数量本身。至于疑问词，则其前的否定词也不是用来否定疑问词本身，而是否定疑问词所代表的人、物、事、方法、原因或数量的重要性。最后，当一个不定词之后接着"也 / 都 + 否定"时，这整个组合彻底地否定了不定词所表达的数量或数目的重要性。当疑问词出现在这样的组合时，这整个结构根本否定了疑问词所代表的人、物、事、方法、原因或数量的存在。

根据以上的讨论，我们可以提供一些与英语中 none、nothing、nobody、no one 或"no + 名词"等词语相对应的汉语说法。这些词语，每一个都有两种意义：（一）表示这一类人、物、事之不存在；（二）对于这一类人、物、事存在之强烈否定。因此，（9.45）—（9.47）中的每一个英文句子都有两个汉语的句子与之对应：

（9.45）（a）I have nothing.
　　　　（b）我没有东西。
　　　　（c）我什么东西也没有。
（9.46）（a）Nobody came.
　　　　（b）没有人来。
　　　　（c）谁也没有来。
（9.47）（a）No book is on the desk.
　　　　（b）没有书在桌子上。= 桌子上没有书。
　　　　（c）桌子上什么书也没有。

9.5 "不是"及其否定范围

在第 9.1 — 9.3 节中，我们讨论了几种可能的否定范围：整个述语、副词、动词补语（包含或不包含行动动词本身）等。除了上述这些可能性以外，还有一个句法单位也可能接受否定而被涵盖在否定的范围之内，那就是整个子句。

整个子句，可以借由在句首加上"不是"来达到否定的效果。以下的例子足以说明这一点：

（9.48）不是我想看电影，是孩子们太吵了。

（9.49）A：（听见楼上公寓传来打破东西的声音）他们又打架了。

　　　　B：不是他们打架，是棒球打破了玻璃。

在这两个例子中，"不是"否定了在它之后的整个子句。而且这些例子中，可以很明显地看出，说话者认为听话者有某种假定，而"不是"则是用来否定这个假定的。（9.48）中，听话者假定了说话者想去看电影，但说话者否定了自己"想要"去看电影的这个假定，并进一步说明自己去看电影是因为孩子们实在太吵了。（9.49）中，说话者 A 假定"楼上的人在打架"，但说话者 B 以"不是"来否定"楼上的人在打架"的这个假定，以纠正 A 的想法。在这两个例子中，"不是"否定了由整个子句假定的部分，而不像第 9.1 — 9.3 节所讨论的那样，仅仅否定了述语或述语的一部分。

然而，以"不是"为句首的句子基本上都可以有两种语义，这是由于"不是"的否定范围，也可以只包含紧接在它之后的一个句法单位，通常是一个名词组。不过，这样的解释往往也要仰赖其后的子句内容。例如：

（9.50）不是我想看电影，是孩子们想看。

（9.51）不是他们打架，是隔壁的小孩。

"不是"也可以置于句首的第一个名词或一连串名词之后，此时它所否定的，也仅仅是紧接在它之后的一个句法单位，[①] 例如：

（9.52）他不是在上学，是在教书。

像（9.52）这样以"不是"否定的形式和（9.53）仅以"不"来否定的形式，两者的差别也在于有没有假定的存在。

（9.53）他不在上学，在教书。

在（9.52）中，说话者想要否定听话者认为"他在上学"的假定；而在（9.53）里，说话者仅仅在陈述"他不在上学而在教书"的事实。因此（9.52）比（9.53）更适合于作为对（9.54）的回应：

（9.54）孩子在美国上学。

9.6 小结

汉语中一共有三个否定词："别""没"和"不"。"别"仅用于祈使句，包括命令、请求等。"没"仅用于"有"之前，但在用了"没"以后，其后的"有"多半都可以省略。在既不能用"别"又不能用"没"的情况下，则用"不"来否定。

汉语的否定范围，通常涵盖紧接于否定词之后的语法单位。这个语法单位一般是：副词，动词及其宾语，以及整个述语。名词与子句，则必须用"不是"来否定。"不是"的功能乃在否定人、物、事之存在，或者否定某一假定之真实性。

不过，有些副词，由于其特殊的语义而无法否定，如评价副词与判断副词，以及某些时间副词与地方副词。至于程度副词和情状副词，

[①] 关于这种否定形式的解释，请参看第 6.3 节中有关"是"作为"信息焦点"的功能。

则随时随地均可否定。

否定范围通常是紧接在否定词之后，这个通则，也有例外。那就是带有结果补语与带有方向补语的行动动词。基本上，在这样的行动动词之前的否定词，可以跳过行动动词本身，而仅将补语部分纳入其否定范围之内（请参看第9.3节之图解）。

不定词和疑问词会受到否定的影响，而产生各种不同的解释。当否定词位于不定词之前的时候，整个句子的功能是，将不定词所代表的数量认为是无关紧要的。在疑问词前的否定词，则将疑问词所代表的身份、数量等，认为是无关紧要的。当否定词位于不定词之后，而且两者之间又有"也"或者"都"的时候，则整句的功能是，绝对否认（或不接受）不定词所代表的数量之重要性。同样形式中，如果将不定词换成疑问词，则其功能是，绝对否定该疑问词所代表的人、物、数量之重要性。

第十章　疑问句

汉语的疑问句式共有四种：（一）疑问词问句；（二）句末虚词疑问句；（三）"V-不-V"疑问句；（四）"（还）是……（还）是……"疑问句。[①]本章下面几个小节，将对每一种句式作详细的讨论。现在先简单介绍各种疑问句的句式如下：

（10.1）疑问词问句：

　　（a）<u>谁</u>要来？

　　（b）你到<u>哪儿</u>/<u>什么地方</u>去了？

　　（c）这件事该<u>怎么</u>办？

（10.2）句末虚词疑问句：

　　（a）你喜欢看武侠小说<u>吗</u>？

　　（b）你们大家都认识<u>吧</u>？

（10.3）"V-不-V"疑问句：

　　（a）他们<u>去</u>（图书馆）<u>不去</u>图书馆？

　　（b）楼上<u>有</u>人<u>没有</u>（人）？

---

① 几乎所有简短的陈述都可以经由句末语调的上扬，来变成疑问句。例如"下雨了"这句话，依照语调的不同，可以是肯定的陈述，也可以是相当于"是不是下雨了？"的疑问句。但由于这样的变化纯属语音上的运作，与句法本身无关，因此在本章我们不作讨论。

（10.4）"（还）是……（还）是……"疑问句：
　　　（a）我们是下棋还是看电视?
　　　（b）这个钱，0买股票还是去度假?

以下第 10.1—10.5 节中，将分别对这四种疑问句式以及各种相关问题，作详细的讨论。

10.1　疑问词问句

不论从句法还是语义上来看，疑问词问句都是四种疑问句式中最简单的。这类疑问句的形成，不需要将对应的陈述句作任何词序上的改变，在该陈述句中用一个疑问词来替代相对应的实词即可。换言之，在语言教学时，我们可以说，任何一个陈述，都可以借由将句中的一个词以相同词类的疑问词来替换而变成问句。动词可以由"怎么样"（情状动词）或"做什么"（行动动词）代替，来构成问句。因此，只要先确定各个疑问词的语义，这类问句即没有太多复杂的问题。请看以下例句：

（10.5）（a）他是谁?
　　　（b）我们明天做什么?
　　　（c）你太太在哪儿上班?
　　　（d）你们家什么时候吃晚饭?
　　　（e）他为什么不高兴?
　　　（f）他们是怎么来的?
　　　（g）这栋房子怎么样?
　　　（h）这样的汽车跑多快?
　　　（i）一共来了多少人?
　　　（j）哪个便宜?

（k）你看了<u>哪些</u>书？

（1）你昨天晚上念了<u>几课</u>中文？

尽管以上疑问词的语义大多是不证自明的，但还是有几句需要进一步解释。首先，"什么"既可以作为名词，也可以作为形容词。作形容词用时，它可以用来表示任何名词的属性，例如"什么人、什么东西、什么书、什么声音"。而"什么人"和"什么东西"除了表属性外，可能同时还有其他的语义："什么人"可以用来问两个人之间的关系，"什么东西"则有时会隐含贬抑的意思。例如：

（10.6）（a）你是他的<u>什么人</u>？

（b）他是<u>什么东西</u>？

（c）这是<u>什么东西</u>？

（a）中的"什么人"问"你"和"他"之间的关系；（b）中的"什么东西"将"人"比作"东西"，故有贬抑之意；（c）中的"什么东西"则是普通的用法。

（10.5c）中的"哪儿"另外有两个与之同义的疑问词："哪里"和"什么地方"。尽管三者可能各自略带某地的方言色彩，但基本上是可以互换的。值得留意的是：在"哪儿的话！"（意为"没关系、不客气"等）这句客套话中，虽然"哪儿"可以用"哪里"来代替，说成"哪里的话！"，但却不能用"什么地方"来代替，而变成"*什么地方的话！"。

（10.5d）中的"什么时候"是用来问时间点（即时间上的一点，如"三点钟、昨天、去年"等）的。另外还有一个疑问词也可以用来问时间点："几时"。不过，"几时"听起来有点方言或者文绉绉的味道。至于问时段（即时间的长短，如"五分钟、三个钟头、半年"等）

则用"多久"：

（10.6'）（a）你们在这儿等了<u>多久</u>了？

<u>How long</u> have you been waiting here?

（b）你<u>多久</u>理一次发？

<u>How often</u> do you have your hair cut?

上面（a）和（b）两句，在汉语中问的虽然都是时间的长短，但在相对应的英语中（a）同样是问时间的长短，故用 how long；（b）问的却是频次，故用 how often。（b）与英语之对应，无论对中国人学英语，还是英美人士学汉语，都是应该注意的。

（10.5e）中的"为什么"可以用来问原因，而（10.5f）中的"怎么"则除了作为情状副词外，也可以用来询问原因：

（10.7）（a）<u>怎么</u>他们都没有来？

当"怎么"置于句首时，只能作为修饰全句的副词，故只作"为什么"解。但当它出现在主、述语之间的位置时（如例句 10.5f），则既可以作为情状副词，亦可以作为修饰全句的副词。这时候，"怎么"有两种可能的语义，一个是"为什么"，另一个是"以什么方式"，例如（参看 Li & Thompson，1981：523—524）：

（10.7）（b）他们<u>怎么</u>吃龙虾？

上例有两种解释：（一）"怎么"当修饰整句的副词时，意思是"他们为什么吃龙虾？"；（二）作情状副词时，则意思是"他们用什么方式吃龙虾？"。

此外，尽管（10.5g）中的"怎么样"和（10.5f）中的"怎么"一样，经常与英语的 how 对等，但两者有一个极大的不同之处："怎么样"是一个情状副词,而"怎么"则主要是用来修饰全句的。由此差异,延伸出两种语法上的不同:(一)"怎么样"可以用来取代情状动词作为问句的述语核心,见(10.5g);但"怎么"无法作如此的取代,见下例(10.8b)。(二)"怎么样"仅能出现在主、述语之间的位置(如"他们怎么样吃龙虾?"),但不能出现在句首,见下例(10.8a):

(10.8)(a) *<u>怎么样</u>他们都没有来?(试与 10.7a 比较)[①]

　　　(b) *这个房子<u>怎么</u>?(试与 10.5g 比较)

(10.8a)中,"怎么样"在句首,必须修饰全句,因此该句不合语法;(10.8b)中,"怎么"取代了述语中的情状动词,因此该句不合语法。其实,这与副词类别有关。第四章第 4.3.1 节曾提及,情状副词的句中位置仅限于主、述语之间。换言之,上面的现象,也可以用"何者是情状副词,何者不是"这个事实来解释。不过,即使如此,还是有一个问题:既然"怎么"不是情状副词,为什么也可以在(10.7b)中表示"用什么方式"的情状意义呢?实际上,在那一句的特殊语境中,它是"怎么样"的省略。在此可以顺便一提的,是另外一个类似的疑问词"怎么了",它也可以取代述语中的情状动词,不过,它的语义与"怎么样"完全不同,而是表示"发生了什么事"。请参看下例:

(10.9)这个房子<u>怎么了</u>?

(10.5h)中的"多"是一个程度副词,可以置于大多数情状动词之前。(10.5k)中的"哪些"是(10.5j)中的"哪个"的复数形式。

(10.5i)中的"多少"和"几"的差别在于:"多少"对可数和不可数名词两者都适用,而"几"不仅只适用于可数名词,而且有只能

[①] 同样的形式,但如果在"怎么样"之后插入停顿,就变成可以接受了:"怎么样,他们都没有来?"

用来指"十"以下的数目的限制。但是"几"可以和"~十"（例如"二十、三十"等）相连，用来指一个大于十的不定数目。请看下面例句：

（10.10）我们刚才花了<u>三十几块钱</u>。

10.2　疑问词作为"不定词"和"复合关系代名词"

在第9.4节中，我们讨论到否定和疑问词之间的关系。这种关系，表现于两种形式：

（a）否定……疑问词
（b）疑问词……也/都……否定

形式（a）中被否定的是疑问词所代表的人、事或物的身份、数量或属性的"重要性"；形式（b）中被否定的是疑问词所代表的人、物、事、数量或属性的"存在"。我们用下面的例句再次说明这一点：

（10.11）（a）我们<u>没有请什么/多少客人</u>。
　　　　（b）我们<u>什么客人也/都没有请</u>。

（a）用"什么"表示客人的身份并不重要，用"多少"表示客人的人数并不重要;（b）则表示"根本没有请客人"。

另外一种情况是：疑问词后面仅加上一个"都"（少数情况下亦可用"也"），但是没有否定词，如下面（10.13）中之各句。这种情况虽然在表面上的结构和（10.11b）很类似，但是在语义上却有极大的不同。有些语法学者将之归入"不定词"。然而，它们与第9.4节中所讨论的"不定词"有极大的不同。下面（10.12）所列，是第9.4节中例（9.35）所举的不定词。

（10.12）（a）一 + 量词

（b）一点 / 一点儿

（c）几 + 量词

（d）一些

这些不定词的定义是：听话者不知道它们"所指为何"（请参看第八章（8.6）中的表格）。然而，我们现在所讨论的所谓"不定词"，并不是表示这样的语义。因此，我们虽然随众沿用"不定词"来称呼将要讨论的这一类词，但其所具有的功能，却必须澄清。那么，它们究竟具有什么功能呢？其实，它们所具有的功能，必须与其后所加的"都"或"也"一起考虑；两者加在一起，其功能是任指该类人、物、事之一，或者任指一个不确定的数量、品质、状态等。也因此，这些"不定词 + 也 / 都"常与英语的 every 或 any 相对应，以表示某一类中的任何一个成员，某一个不确定的数量、品质、状态等。我们举以下的例句来说明：

（10.13）（a）这儿谁都会说英文。

　　　　　　Everybody knows how to speak English here.

（b）有的人什么电影都看。

　　　Some people（like to）see any movie.

（c）出去度假，哪儿也一样。

　　　To go on a vacation, it is the same anywhere.

（d）你给他钱，多少都可以。

　　　If you give him money, any amount will be O.K.

（e）这种事，怎么办都行。

　　　This kind of thing,（you）can do it in whatever way.

由上面的例句我们可以清楚地看出，这些由疑问词所转化而来的不定词，与（10.12）中的功能不同。以（10.13a）为例，说话者并不是在表示：他假定听话者不知道此处的"谁"所指为何人。"谁都"所指是：在这儿的一群人中任何一个成员（会说英文）。同理，（10.13b）中"什么电影都"的意思是"任何电影"；（10.13c）中"哪儿也"的意思是"任何地方"；（10.13d）中"多少都"的意思是"无论大小的任何数量"；（10.13e）中"怎么……都"的意思是"任何方法"。

汉语的疑问词，也可以行使英语复合关系代名词或复合关系副词的功能，如 whoever、whatever、wherever 和 whichever 等。下面举数例说明：

（10.14）（a）谁不怕鬼，（谁）就留在这儿。

Whoever is not afraid of ghosts can stay here.

（b）你喜欢什么就买（什么）吧。

Why don't you buy whatever you like?

（c）哪儿最好玩，我们就（到哪儿）去。

We will go wherever（there is）most fun.

（d）你说怎么办，就怎么办。

（We）will do（it）whichever way you say.

上面的例句中，都包含了两个由"就"来连接的子句。此外，用来代替名词的疑问词的第二个，往往可以省略。

10.3 句末虚词疑问句

在（10.2）中，我们已经介绍了疑问虚词"吧"和"吗"。事实上，另外还有几个虚词也常被一般教科书归入疑问虚词，例如"啊"和"呢"。然而，尽管这些虚词经常出现在疑问句中，但它们并不是真正的疑问词。换句话说，将一个陈述转化为问句并不依靠"啊"和"呢"这两个句末虚词；这些问句之所以为问句，其实另有原因。请看以下的例句：

（10.15）（a）你好<u>啊</u>？
　　　　（b）谁<u>啊</u>？
（10.16）（a）你<u>呢</u>？
　　　　（b）钱<u>呢</u>？
　　　　（c）哪儿去找这么多人<u>呢</u>？

（10.15b）和（10.16c）成为疑问句并不是由于"啊"和"呢"的出现，而是由于分别含有疑问词"谁"和"哪儿"。（10.15a）只有在说话时将句末语调提高的情况下，才能成为问句。少了这种语调的变化，它就成了一句表示不高兴而带有讽刺的话（例如，当说话者发现听话者做错事的时候），它的意思很接近"你看你做的好事！"而（10.16a）和（10.16b）都必须在有预设的语境下才有意义。因此，"啊"和"呢"尽管常被称为疑问虚词，事实上它们却是另有他用："啊"通常用来缓和语气，"呢"则用来表示目前的谈话和先前所提过的或已知的有所关联。[①]（关于"呢"的详细讨论，请参看第 6.2.2 节。）

---

① Li & Thompson（1981）把"啊/呀"的功能称作"减低强度"（reduced forcefu-lness），其实与此处所说的"缓和语气"是同样的功能。Chu（1998）则认为"啊"的功能是"个人投入"（personal involvement）。至于"呢"，Li & Thompson 则称之为"对期待的响应"（response to expectation）。对于他们处理"呢"的方式，我们并不十分同意，因为这个虚词也可以十分自然地用在像下面这样的对话中：
　　A：他把钱都输光了。真可惜！
　　B：才好呢！
这个"呢"并不是用来表示该句是对 A 的响应，而是用来表示这是在先前说过的话基础上说的。

我们曾提过的另外两个疑问虚词是"吗"和"吧"。(关于"吧"问句的另一种处理方式,请参看第 6.2.3 节。)在(10.2)中我们已经举过几个例子,在此,我们除了将它们重复一次以外,同时再举几个新的例子:

(10.17)(a)你喜欢看武侠小说<u>吗</u>?

(b)昨天的功课你们都没(有)做<u>吗</u>?

(c)你到的时候,他们都在睡觉<u>吗</u>?

(d)大家都等着我<u>吗</u>?

(10.18)(a)你们大家都认识<u>吧</u>?

(b)你孩子从美国回来了<u>吧</u>?

(c)汽车出事,他们没(有)受伤<u>吧</u>?

从结构上来看,"吗"问句和"吧"问句都十分简单:只要在任何一个句子的末端加上两者之一,就可以将陈述句转换为疑问句。此外,这类问句中动词的时体似乎也没有任何的限制。然而,在其他方面"吗"问句和"吧"问句仍然是有限制的。首先,"吗"不能加在祈使句之后使之变成问句,除非这个句子的意思是"你是不是说……?"例如:

(10.19)别出去吗?

(10.19)的意思是:"你是不是说别出去?"至于"吧"问句,则没有这样的限制。此外,有些副词不能用在"吗"问句或"吧"问句中,而有些副词则会影响该问句的语义。例如,像"还好"或"幸好"等评价副词,不能用在"吗"问句中;"简直"和"不一定"会将"吗"问句由问句变成反驳;同时,虽然"简直"不能用在"吧"问句中,但"不一定"则可以。以上这些限制,都和问句本身的功能有关。以下我们将讨论这些疑问句的功能。

第十章　疑问句

"吗"问句基本上和说话者的假定有关，它表示说话者对本身的假定是否正确无法确定，因而寻求听话者的确认或否定。例如：

（10.20）你要学开汽车吗？

（10.20）不仅仅是个问句而已，该句的说话者假定听话者想要学开车，但却不能肯定他真的要学。因此，这个问句是用来寻求确认或否定这项假定的。基于这个原因，我们也可以解释为什么某些判断或评价副词无法用在"吗"问句中。例如，前面提到的"还好"和"幸好"都是用来表达说话者对于一件事实的评价，而不是对某一假定的评价。既然"吗"问句含有一个说话者的假设，那么当然就无法用"还好"或"幸好"来评价。"简直"亦复如此。

（10.21）（a）*你们幸好没有买股票吗？
　　　　（b）?这种事简直是胡闹吗？

（10.21a）之所以不合语法，其实是因为副词"幸好"与疑问虚词"吗"在功能上的冲突。要检验这个冲突的可靠性，我们可以把"吗"删去，（10.21a）就立刻变成一个完全合理的陈述；如果把"幸好"删去，也是一个十分自然的问句。（10.21b）也可以用同样的方法来测试。（对某些人而言，"吗"可以作为非疑问标记，即当"嘛"用，那么，这两个例句的意思就完全不一样了。请参看本节最后一段的讨论。）

不过，事实上（10.21）中的两个问句还可能有另外一种意思。（10.21a）可以解释为：你难道说"你们幸好没买股票"吗？而（10.21b）也可以解释为：你难道说"这种事简直是胡闹"吗？这是"吗"问句的反问功能。

由此观之，我们可以确定，"吗"问句有两种不同的功能：(一)说话者相信与之对应的陈述,其内容为真实,但不甚确定,因此寻求确认;(二)说话者对与之对应的陈述内容,表示强烈质疑。而第二种语义似乎没有任何句法上的限制。其所以能作如此解释,乃在于其所质疑的是该语言行为,而不是该句的内容。

现在谈"吧"问句。"吧"问句跟"吗"问句一样,其中含有说话者的假定。然而不同于"吗"问句的是,此时说话者相当确信他的假定是对的,因此这个问句的主要目的,不在试探其假定是否错误,而在对之寻求确认。因此,在下面这个问句中:

(10.22)你要学开汽车吧?

说话者相当确定听话者要学开车,因此透过问句来寻求确认。基于这个功能,我们可以很容易看出,为何有些副词不适用于"吧"问句,而有些却可以适用。

(10.23)(a)?他简直不行吧?
　　　　(b)西瓜现在不一定买得着吧?

由于"简直"所表达的是确定性,因此和用来确认假定的架构不甚兼容。相反地,"不一定"所表达的是不确定性,因此可以用来寻求确认。

除了用来寻求确认外,"吧"还有其他的功能,而这些功能我们在第6.2.3节中已经讨论过了。

在一些方言里,"吗"加在句尾时,不作为疑问虚词,而是用来表示些许的不耐烦。在这种情况下,(10.21b)则会是个很自然的句子,其中"吗"的意思是"不必多谈了"。

10.4 "V-不-V" 问句

"V-不-V" 问句，也称为"A-不-A"问句，指的是将述语不包含动词前副词的部分重复两次，并在重复的两部分中间，插入一个否定词而形成的疑问句（请参看例句 10.3）。述语重复成分，除了动词组中的第一个词以外，都可以省略。下面的例句中，每一组括号表示其中的成分是可以省略的。

（10.24）（a）你们明天要去看电影不要去看电影？
　　　　（b）你们明天要（去（看（电影）））不要去看电影？
　　　　（c）你们明天要去看电影不要（去（看（电影）））？

（10.24）中的三个句子尽管语义相同，却有不同的省略方式。在（b）中，三个可以省略的层次分别为"电影""看电影"和"去看电影"，也就是说同样的句子三种可能的说法分别是"你们明天要去看不要去看电影""你们明天要不要去看电影"和"你们明天要不要去看电影"。（c）所使用的基本上是相同的三种省略方式，只不过其省略的部分是在第二个述语中。因此，相同的一个问句总共有七种不同的说法，语义却完全相同；而且这种运作的方式是十分有规律的。下面还有一些例句：

（10.25）（a）他喜欢打篮球不喜欢打篮球？
　　　　（b）他喜欢（打（篮球））不喜欢打篮球？
　　　　（c）他喜欢打篮球不喜欢（打（篮球））？

（10.26）（a）老师明天考英文不考英文？
　　　　（b）老师明天考（英文）不考英文？
　　　　（c）老师明天考英文不考（英文）？

上面提到，这种问句的省略是非常有规律的。然而，如果动词是双音节的话，其第二个音节是否能省略，却是因人而异。例如：

（10.27）（a）你喜（欢）不喜欢？

（b）你高（兴）不高兴？

（c）你们考（试）不考试？

（d）这个人幽（默）不幽默？

（e）那个小丑好（笑）不好笑？

（f）他们难（过）不难过？

对有些人而言，不管动词的内部结构如何，在前面的动词的第二个音节都可以省略。也就是说，无论是简单动词（如"幽默"）还是复合动词（如上例中的其他动词），都不影响这种省略的方式。但也有些比较保守的人不愿意作如此的省略。当然还有一部分的人会作选择性的省略。

另外一个较为不规则的情形则和完成体标记"–了"有关。在第 6.1.1 节中我们曾经提到过，完成体标记的否定是"没有"，而不是"* 不 –V– 了"。因此，当动词含有完成体标记"– 了"时，"V– 不 – V"问句的形式如下：

（10.28）我们学校赢了那场球没有赢那场球？

但当省略发生时，不规则的情形就出现了。下面这些省略后的句子都是正确的说法（0 表示省略）：

（10.29）（a）我们学校赢了那场球没有赢 0？

（b）我们学校赢那场球没有 0？

（c）我们学校赢了 0 没有赢那场球？

（d）我们学校有 0 没有赢那场球？

在（10.29b）中，"没有"因为是动词组中最前面的部分，所以被保留下来。然而，在（10.29d）中，第一个子句的"赢"和"–了"却都被省略了，反而是由"有"来构成"有没有"这个结构。因此，在下面（10.30）和（10.31）各例句中，对应于"V– 不 –V"问句完整形式（a），各（b）和（d）句都是可以接受的简略法，而各（c）句则十分不自然。

（10.30）（a）你想到了没有想到？

（b）你想到了没有 0？

（c）你想（到）0 没有想到？

（d）你 0–有没有想到？

（10.31）（a）他吃了没有吃？

（b）他吃了没有 0？

（c）他吃–0 没有吃？

（d）他 0–有没有吃？

上例各（c）句，根据"V– 不 –V"问句省略的原则来看是合理的结构，然而却不像（b）和（d）句那么容易被人接受。

接着，我们要谈的是"V– 不 –V"问句的语义，特别是它和"吗"问句的差别。在第 10.3 节中我们已经提过，"吗"问句隐含了说话者的假定，而由于说话者对这项假定并不确定，因此他借由问句的形式来寻求确认。请看下例：

（10.32）你要去吗？

（10.32）的精确意义应该是"我认为你要去，可是不太确定，所以能不能请你告诉我，我的假定对不对"。相对于"吗"问句，"V– 不 –V"

问句就没有这样的假定。因此，下面（10.33）和上面（10.32）的差别，仅在于是否含有说话者的假定。

（10.33）你要不要去？

上面（10.33）的精确意义应该是"我不知道你要不要去，所以请你告诉我，你要不要去"。当然，两者之间的差异是非常细微的；因此，大多数教科书都没有将这两种问句的语义差异作任何区分。此外，这个差异也很难单独在一个句子的层面讨论，必须在较大的语境之下才能看清楚。下面就是这样的一个例子：

假设有两个朋友刚刚决定了周末要到海边去。就在这时候，有人走进来。这个人看到他们谈得兴高采烈，就问："你们看起来很高兴的样子，在谈些什么呀？"那两个人就把他们的周末计划告诉了他，并且问他要不要一同前往。他们在说完周末想到海边去以后，可以用"吗"问句或者"V-不-V"问句来问这位朋友要不要去：

（10.34）我们周末想到海边去。
　　　　（a）你要去吗？
　　　　（b）你要不要去？

如果这位第三者是前面两个人的熟朋友，而且常常参加他们的活动，那么在这个陈述之后，应该用（a）来作为问句，因为（a）的假定是"你要去"。反之，若这位第三者不是很熟的朋友，或者从未参加过他们的活动，则用（b）比较恰当，因为（b）没有武断地假定他要跟他们一起去。

上面曾经提到，"吗"问句有两种意义，另一种是对相对应的陈述意义作强烈的质疑。（请参看第 10.3 节中例句（10.17）—（10.21）和该节有关"吗"问句的讨论。）以下对话是将这种意义用语境凸显出来的例子：

（10.35）A：老李找到了一个很好的工作。
　　　　B：他毕业了吗？他去年才上二年级嘛。
　　　　（？他有没有毕业？他去年才二年级嘛。）

在这个例子中，B所说的"吗"问句表达对"老李毕业了"这个假定的强烈质疑，不过，这个问句的句末必须有上扬的声调伴随。在这个语境中，由于其后的"他去年才上二年级嘛"含有"他今年还不可能毕业"的假定，因此"V-不-V"问句"他有没有毕业？"很不合适，因为它是无法与"他今年还不可能毕业"这个假定相容的。

现在我们再讨论像（10.36）这样的否定问句的意义：

（10.36）（a）你不喜欢看武侠小说吗？
　　　　（b）你不是喜欢看武侠小说吗？

（a）有两个可能的意义：第一个是，说话者假定听话者不喜欢看武侠小说，但由于他不确定，而想要借由这个问题来确认它是否正确。不过，这一个问句也可能表示，说话者认为听话者喜欢看武侠小说，而现在却发现对方不喜欢，因此十分讶异而反问。而（b）则只有一个意思，与（a）的第二个意思相同，表示讶异而反问。

下面再看""吧"否定问句的意义：

（10.37）（a）你不喜欢看武侠小说吧？
　　　　（b）你不是喜欢看武侠小说吧？

这两个问句，与（10.36）中的"吗"问句在形式上相对应，但所表达的语义却并不完全对应。（a）只有"我想你大概不喜欢看武侠小说"的解释，（b）也只有"我想你喜欢看武侠小说这件事，大概不对"的解释。换言之,(10.37)并不像(10.36)那样,(a)也可以与(b)有同样的意义。

当然,否定问句的意义之所以如此复杂,除了与问句本身的假定(即预设)有关而外,与否定的范围也有密切的关系。下面第10.7.2节中还有进一步的讨论。

10.5 "(还)是……(还)是……"疑问句

这类型的疑问句,曾在(10.4)中举例。由于这种问句是要求听话者作出选择,因此又称为"选择问句"。本书将之简称为"还是"问句。请进一步参看下例:

(10.38)他(还)是在教书(还)是在念书?

在(10.38)中,发问者提供了"教书"和"念书"这两个选择,要听话者从两者中任择其一。如果我们将提供固定的选择视为选择问句的基本要素,那么"V-不-V"问句事实上也可以说是一种特殊的选择问句,因为它提供了肯定和否定两种选择。事实上,有许多语法学者也将这两种问句视为同一种疑问句下的两种相关句式。但是,在此我们基于两个理由,将它们分开处理:(一)"V-不-V"问句使用的频率比"还是"问句高出许多;(二)这两种疑问句的功能不同。

首先,我们讨论"还是"问句的各种变化。"还是"问句可以包含两个或两个以上由"还是"或其变形所连接的选择。在理论上,这些选择的数量是没有限制的。然而在实际上,最常见的是二选一,三选一的很少见,而超过三种选择通常就很难让人接受了。此外,"还是"经常仅以"是"的形式出现,或甚至于整个省略。而这种省略是有规则可循的:同一个句子中的两个"还是",前者绝对不能比后者长。因此,以下六个形式都是可能的"还是"问句,而且语义都是相同的:

（10.39）（a）我们<u>还是</u>喝茶，<u>还是</u>喝咖啡？

（b）我们<u>是</u>喝茶，<u>还是</u>喝咖啡？

（c）我们<u>是</u>喝茶，<u>是</u>喝咖啡？

（d）我们 0 喝茶，<u>还是</u>喝咖啡？

（e）我们 0 喝茶，<u>是</u>喝咖啡？

（f）我们 0 喝茶，0 喝咖啡？

在实际说话时，句中逗号代表短暂停顿，而且往往在句末带有上扬的语调。这个上扬语调的需要，在（10.39）所列各句中，似乎是自上而下，越来越增强。尤其是（10.39f），如果没有这个上扬语调，则变成了一句陈述句："我们喝茶，也喝咖啡。"

当"还是"问句是三选一时，其形式的变化却反而较少。依本书作者本人而言，仅有下列两种：

（10.40）（a）你是喝汽水，0 喝茶，还是喝咖啡？

（b）你 0 喝汽水，0 喝茶，还是喝咖啡？

可以想见的是，这样的变化往往是因人而异的。

现在再回到"还是"问句和"V-不-V"问句两者之间在语义上的差别。前面已经说过，在"V-不-V"问句中，说话者没有任何假定，这可能是由于它同时包含了一个肯定和一个否定的选择。然而，"还是"问句中一方面由于不包括否定的选择，另一方面说话者提出所允许的选择，因此，设问者对（10.40）所期望的回答，不是下面（10.41a），而是（10.41b）—（10.41d）其中的一个：

（10.41）（a）（我）喝啤酒。

（b）（我）喝汽水。

（c）（我）喝茶。

(d)(我)喝咖啡。

其原因乃是，啤酒并不是设问者所提供的选择之一。

10.6 附加问句

所谓附加问句，是在一个陈述的句尾加上一个简短的"V-不-V"问句，用来寻求允许或确认。只有少数几个动词能出现在附加问句的"V-不-V"结构中，这些动词包括用来寻求同意的"好""行""成"和"可以"，以及用来寻求确认的"对"和"是"。下面（10.42）是一些附加问句的例子：

（10.42）(a) 他昨天来了，<u>是不是</u>？
(b) 我下礼拜来看你，<u>好不好</u>？
(c) 我们明天晚上再谈，<u>可（以）不可以</u>？

(a) 是用来确认"他昨天来了"这个事件；(b) 和 (c) 是用来寻求对提议内容的允许。请同时注意"可以"是个双音节动词，它在附加问句中的省略方式和一般的"V-不-V"结构是相同的。汉语的附加问句，一般认为和"吧"问句一样，可以与英语的附加问句（如"He came yesterday, didn't he?"）相对应。

10.7 小结与讨论

本节将对以上所讨论的各种疑问句形式及其功能作一小结，然后再对"吗"问句的预设及其与否定之间的互动，作进一步的说明。

10.7.1 小结

汉语中一共有四种疑问句式。疑问词问句是在一个陈述句中换上一个疑问词，或是疑问词和其他词的组合，例如"什么人"。和英语不同的是，汉语的陈述句与疑问词问句，并没有词序上的不同。不过，汉语疑问词在非问句中也可以行使其他的功能——作为不定词或复合关系代词。

句末虚词问句是在句尾加上虚词"吗"或"吧"。"吗"问句是建立在说话者的假定上；而这种假定，可以是对与其相对应的陈述作轻度的肯定，也可以是对之作强烈的质疑。"吧"问句与"吗"问句的不同，在于它对相对应的陈述作较强的肯定，因此常与英语的附加问句对译。

"V-不-V"疑问句有好几种省略方式，所以可以产生数种变形，而这些省略都是十分有规律的：两个重复的动词词组，除了其中的第一个词以外，其他成分都可省略。但当动词含有完成体标记"-了"时，省略的方式则略为不规则。这类型的问句不含有说话者的假定。

"还是"问句也有数种的变形，唯一的限制是在前面的"还是……"不得比后面的长。这种句式强烈地要求回答者选择其中一个选项。

最后，附加问句是在一个陈述后加上某些动词的"V-不-V"形式（如"是不是""对不对"和"好不好"等）。附加问句是用来征询同意或确认的。

10.7.2 "吗"问句的预设及其与否定之间的互动

本章另外还提到，提问者"对与其问句对应的陈述所作的假定"（即"对其中命题所作的预设"，以下讨论，均改用术语"命题"和"预设"，以求简洁），在各种问句中的强弱程度各有不同。而且否定问句与肯定问句中的预设又有很大的差异。一般而言，在肯定问句中，"V-不-V"问句没有预设，"吗"问句除了作反问（即"你难道说……"这样的反驳）以外，略带正面的预设，"吧"问句的正面预设则较强，最后，附加问句的正面预设最强。下面表（10.43）显示这样渐进的程度：

（10.43）各类问句中的预设强度：

肯定问句形式	正面预设强度
V-不-V	没有
"吗"问句（不含反问句）	微弱
"吧"问句	较强
附加问句	最强

但是，由于"吗"问句的预设不是很强，所以常常因为语境的关系而将这样微弱的预设抵消了；有的时候甚至于也可能有否定的预设。请参看下例（Li & Thompson, 1981: 548—554）：

（10.44）甲：你好像瘦了一点。

乙：是吗？你看我瘦了吗？我自己倒不觉得。

（?? 是不是？?? 你看我瘦了没有？……）

（10.45）（甲知道乙不吃苹果，可是现在看见他在啃苹果，就说：）

你吃苹果吗？

（?? 你吃不吃苹果？）

（10.44）中，乙说的"你看我瘦了吗"？有一个肯定预设，就是"你看我瘦了"。但是，（10.45）中的"你吃苹果吗"？有一个"你不吃苹果"的否定预设。除此而外，"吗"问句也可以用在没有预设的语境中。例如见面时互打招呼，下面的（a）（b）两式都可使用。

（10.46）（a）你好吗？

（b）你好不好？

不过，Li & Thompson 的结论与本书的不甚相同，他们认为，"V-不-V"问句只能用在没有预设的语境之中，但"吗"问句则无论语境中有没有预设，都可以适用。虽然如此，我们还是认为，"吗"问句在基本上较之"V-不-V"问句，还是有正面预设的。只有在很明显的语境中，它的正面预设才会发生变化。在一般的情况之下，"吗"问句还是带有微弱的正面预设的。例（10.46）则是制式用法，所以也无所谓有没有预设。

至于否定与问句之间的互动，前面第 10.4 节略有提及。最重要的是否定对于"吗"问句的影响。兹重述于下，并将例（10.36）重编号为（10.47）以作说明：

（10.47）（a）你<u>不</u>喜欢看武侠小说<u>吗</u>？
　　　　（b）你<u>不是</u>喜欢看武侠小说<u>吗</u>？

（10.47a）有两种可能的意义：（一）说话者甲认为听话者乙不喜欢看武侠小说，但想证实；故该问句含有与其中命题"你不喜欢看武侠小说"相同的预设。（二）说话者甲一向认为听话者乙喜欢看武侠小说，但由于各种情况，觉得过去的想法不对（例如：甲发现乙对金庸一无所知），故拟求证实；因此，该问句在表面上看起来，好像是含有与其中命题"你不喜欢看武侠小说"相反的预设（即"你喜欢看武侠小说"）。对这两种意义，在问句单独出现，没有语境或情况时，很难作决定。不过，可以确定的是：含有与其中命题相同预设的解释，不需要很清楚的语境或情况即可获得；但含有看似与其中命题相反预设的，则必须要有很清楚而强有力的语境或情况，才能获得此种解释。通常前者没有特别的语调；而后者则带有上扬语调，"不"字重读，表示反问"你难道不……？"的意思。所以，我们可以确定地说，"吗"否定问句与"吗"肯定问句一样，基本上带有微弱的预设；"吗"否定问句与"吗"肯定问句不同的是，因为其中的命题是否定的，所以它所带的预设是反面的。至于（10.47a）第二种意义所带的正面预设"喜欢"，暂时可以这样说明：由于其本身的反面预设"不喜欢"非常微弱，因而是被当时强有力的正面语境或正面情况所强迫加上的。

　　再看（10.47b）的意义。它与（10.47a）的第二个解释相同，也带有正面的预设"你喜欢看武侠小说"。不过，这个解释却不需要语境，只要从单独的一个问句就可以获得这样的一个解释，而且是唯一的解释。这显然与其中的"是"有关。前面第 9.5 节曾提及，"不是"的否定范围，涵盖整个子句，也就是整个命题，所以（10.47b）先有一个命题"你喜欢看武侠小说"，然后再加上一个否定问句"不是……吗？"，因此，这个否定问句先有一个很强的正面预设"你喜欢看武侠小说"，然后再用"不是……吗？"来反问"难道这个预设不对吗？"。也因此，（10.47b）的另一个形式是：

（10.47b'）<u>不是</u>你喜欢看武侠小说<u>吗</u>？

　　现在再回头看（10.47a）的第二个意义。既然这个意义与（10.47b）完全一样，那么，我们也不妨假设，它其实也是（10.47b）的另一种形式。只是这个形式与另一种语法形式（即（10.47a）第一种语义的形式）完全相同，所以一定要有特殊的语境或情况，加上特别标明的句尾上扬语调与"不"字重读，才能区别出来。

　　综上所述，我们可以将"吗"否定问句的默认功能作如下的归纳：

（10.48）有微弱预设的"吗"问句：

　　　　（a）你喜欢看武侠小说吗？（预设："喜欢"）

　　　　（b）你<u>不</u>喜欢看武侠小说吗？（预设："不喜欢"）

　　　　　　　［同（10.47a）］

（10.49）有强烈预设的"吗"问句：

　　　　　基本形式：（a）你<u>不是</u>喜欢看武侠小说吗？（预设："喜欢"）

　　　　　　　　　［同（10.47b）］

变形：(b) <u>不是</u>你喜欢看武侠小说吗？（预设："喜欢"）
　　　　［同（10.47b'）］
　　　(c) 你<u>不</u>喜欢看武侠小说吗？（预设："喜欢"）
　　　　［同（10.47a）］

在这些事实的基础上，我们也可以这么说：实际上（10.49c）是将（10.49a）句中的"是"删除以后的结果。换言之，（10.49a）和（10.49c）可以合并成（10.49d），如下：

（10.49d）你不（是）喜欢看武侠小说吗？

这样的论证，似乎是合理的，而且也有一定的规则可循。此外，还有一个至今未曾提及的形式，是双否定的"吗"问句：

（10.50）你<u>不</u>是<u>不</u>喜欢看武侠小说吗？

从上面归纳出来的条理推演，（10.50）应该带有强烈的否定预设"你不喜欢看武侠小说"，而且也应该有一个变形如下：

（10.50'）<u>不是</u>你<u>不</u>喜欢看武侠小说吗？

对（10.50）的解读及其变形，虽然可能略有因人而异的情形，但基本上是不错的。至于（10.50）与（10.49c）对应的变形，则由于两个"不"字紧邻在一起，因此很难让人接受：

（10.50"）* 你<u>不不</u>喜欢看武侠小说吗？

现在再谈类似的"吧"问句。前面已经在（10.37）中提到"吧"否定问句，现并将之重行编号为（10.51）：

（10.51）(a) 你<u>不</u>喜欢看武侠小说<u>吧</u>？

（b）你不是喜欢看武侠小说吧？

上面也提到，这两个问句的形式虽然与（10.47a）和（10.47b）中那两个"吗"问句完全对应，但其解释却不完全对应。那就是，（10.51a）只能作"我想你大概不喜欢看武侠小说"解，而（10.51b）句则作"我想你喜欢看武侠小说这件事，大概不对"。这不免使人要问，为什么"吧"否定问句与"吗"否定问句之间会有这样不平衡的现象。要回答这个问题，我们必须再看看（10.43）中的那个"预设强度"表。由于"吧"问句的预设比"吗"问句的预设为强，所以它的基本预设（即（10.51a）中的"你不喜欢看武侠小说"）无法为语境掩盖，而产生与之相反的解释，即"你喜欢看武侠小说"的意义。换句话说，汉语语法尽管允许"吗"问句作像（10.49d）这样的省略，但却不允许"吧"问句作同样的省略：

（10.51c）你不（是）喜欢看武侠小说吧？

其主要原因乃是，当"是"字省略以后，其结果与（10.51a）的语法形式完全相同，即使用特别的语调或重读，甚至两者都用，也无法改变其语法形式所赋予的默认功能。至于双否定的"吧"问句，当可与双否定的"吗"问句作同样的处理。

最后，我们再加列一些语言资料，以供读者作进一步的思考。下列例句采自陈欣薇（1999）。

（10.52）肯定问句、肯定预设：

（甲看到乙正在收拾东西，因此假定乙要离开而问：）

你要走了吗？

（10.53）肯定问句、否定预设：

（甲知道乙不喝酒，有一天在宴会中看到乙拿起酒杯斟满酒，准备要喝，感到疑惑而问：)

你喝酒吗？

（10.54）否定问句、肯定预设：

（甲知道乙很怕蟑螂，有一天却看到乙自告奋勇去打蟑螂，心中感到疑惑而问：)

你不怕蟑螂吗？

（10.55）否定问句、否定预设：

（甲看到乙在关计算机里的所有程序，因此假设乙不用了，而问：)

你不用电脑了吗？

这些问句，配以所设情景，似乎都是可接受的，但却与先前所整理出来的规则不尽相符。不过，如果往更深的层面思考，也许将来还是可以得到一个合情合理的解决的。

第十一章　祈使句

　　汉语的祈使句与英语十分相似，从形式上看，肯定祈使句总是以一个行动动词起始，而且这个动词不带有任何时体标记（如"-了"或"-过"）。① 例如：

（11.1）（a）坐下。

　　　　（b）吃饭。

　　　　（c）去开门。

若在动词前加上否定词"别"（相当于英语的 Don't），即可形成否定的命令（参看第9.3节）。（11.1）中各句都可以加上"别"而变成否定命令如下：

（11.2）（a）别坐下。

　　　　（b）别吃饭。

　　　　（c）别去开门。

---

① 表面上，祈使句的动词似乎可以带有持续体标记"-着"，例如：
（i）等着我回来。
（ii）拿着，别掉了。

但是，一个带有持续体标记的动词本身，尽管表面没有明确显示，"-着"其实是用来将一个动词标记为另一个动词的从属。因此，在上面两个例子中，如果命令只包括持续体动词而没有进一步的指示，听话者可能会认为这句话没有说完，因而会对接下来究竟要发生何事而感到迷惑（参看第六章，6.1.4节）。

在所有的否定命令句中,都可以用"不要"来取代"别";不过,在现代汉语中,"不要"似乎只在南方比较常见。同时,"别"也很可能就是从"不要"缩简而来的。

虽然汉语和英语的祈使句在结构上十分类似,但两者间仍然存在着一些相异的地方。例如,当英语的祈使句在句首加上第二人称主语you时,命令的语气会显得比较严厉。但汉语的祈使句可以任意地在句首加上第二人称主语"你"或"你们",而不会产生任何语气上的变化。因此,下面(11.3)—(11.5)中的各例句和(11.1)—(11.2)中的命令句,并没有任何语义或语气上的差异:

(11.3)(a)你坐下。
　　　(b)你别坐下。
(11.4)(a)你吃饭。
　　　(b)你别吃饭。
(11.5)(a)你去开门。
　　　(b)你别去开门。

但说话时若把"你"或"你们"重读,则有将该主语特别指出,表示不是别人的意思。此时,第二人称主语的出现,依该句的内容,就可能有加强或缓和语气的差别了。

在祈使句中,若要缓和命令的语气,有几种不同的方式:(一)加入句末虚词"吧"(请参看第6.2.3节);(二)使用动词"请""麻烦"或"劳驾";(三)加入一个"V-不-V"短语(如"能不能""可(以)不可以""好不好"和"行不行"等,请参看第10.6节)。以下将就这些缓和语气的方式分别讨论。

加入句末虚词"吧"会将祈使句的命令转为类似建议的语气,例如:

（11.6）（a）打个电话给他吧。

（b）你先走吧。

由于"吧"的出现，（11.6）中的命令（或要求）听起来会比没有"吧"的时候客气得多。

"请""麻烦"和"劳驾"三个动词用于祈使句，其语义的适用范围和使用的频率各有不同："请"的语义适用范围最广，因此使用的频率也最高；"劳驾"则是三者中最少用，语义也最特殊的。此外，"麻烦"和"劳驾"，正如其字面意义所示，只能用来请求对方以实际行动配合的帮忙，但"请"可以用在任何形式的祈使句中，包括"要求""邀请""命令""警告"和"禁止"（即"否定命令"）等。因此，在下面的各例句中，"请"可以用于任何一个祈使句，但"麻烦"和"劳驾"仅适用于相当有限的情况：

（11.7）（a）请 / 麻烦 / 劳驾你出去一下。

（b）请 /? 麻烦 /? 劳驾你喝茶。

（c）请 /? 麻烦 /? 劳驾你听我说。

（d）请 /? 麻烦 /? 劳驾你别开玩笑。

（e）请 /? 麻烦 /? 劳驾你们千万要小心。

（11.7）中，（a）是一个要听话者以行动配合的请求，因此三个动词都适用。（b）由于是提出邀请，不是请求帮忙，所以只有"请"最为恰当。（c）和（d）都是命令，因此不论是肯定或否定，"麻烦"和"劳驾"都显得格格不入。最后，（e）是警告，所以"麻烦"和"劳驾"通常也不适用。这里所讲的，当然都是一般正常的用法。但是，有的时候，说话者为了达到某种目的（如为了表示"既然禁止你，你不听，那么请求你，总该听了吧？"），故意将命令、警告、禁止等当作

第十一章 祈使句

请求；那么，"麻烦"和"劳驾"也就可以适用了。例如，(11.7)的(c)—(e)中如果选取"麻烦"或"劳驾"，都可以作这样的解释。至于(b)，本来就是一个客气的邀请，所以没有理由将之扭曲为"故作请求"，除非有如下的情况：甲一向只喝咖啡，从不喝茶，但最近身体不适，医生指示不能再喝咖啡，必须用茶替代；乙非常关心甲的健康，所以特别提醒他"麻烦你喝茶（好不好）"（这句话在台湾，当然多半会以"拜托你喝茶"取代）。从上面这段讨论可以看出，许多语言现象都是受到语义制约的，而语义又常常会受到语言用户的操控而有所改变。

另一种缓和祈使句语气的方式，是在动词前或句末加上一个"V–不–V"的结构。至于应该放在哪个位置，则要视实际使用的是哪个"V–不–V"形式而定。前面我们提过的几个"V–不–V"结构，在祈使句中出现的位置，可以用下面的(11.8)来表示（打"√"表示可以在此位置出现）。

(11.8)"V–不–V"在祈使句中的位置：

	动词前	句末
能不能	√	
可（以）不可以	√	√
好不好		√
行不行		√

下面是它们在句子中的实际用法：

(11.9)(a) 你<u>能不能/可（以）不可以</u>进来坐一会儿？
　　　(b) 你进来坐一会儿，<u>可（以）不可以/好不好/行不行</u>？

(a)也可以很自然地当作问句来用，而(b)实际上就是一个附加问句

（请参看第 10.6 节）。这里，我们看到一个很有趣的现象，那就是不论在汉语还是英语中，祈使句和疑问句之间的分界线，其实是很模糊的。

汉语的祈使句还有两个否定词："不用"和"不必"。两者的语义表面上似乎并没有什么明显的差异，都比用"别"来得客气。请看下面的例句：

（11.10）（a）你们<u>不用</u> / <u>不必</u>太客气。
　　　　（b）<u>不用</u> / <u>不必</u>担心。
　　　　（c）<u>不用</u> / <u>不必</u>找这种麻烦。

然而，"不用"似乎比"不必"更客气，因为"不必"仅仅直截了当地指出"没有这个必要"，但"不用"的意思是在告诉听话者"虽然没有这个必要，但若对方坚持或者对方已经做了，也无所谓"。因此，"不用"在语气上比"不必"更为婉转，更为客气。

最后，虽然本章一开始就说，祈使句的动词都是行动动词，然而，这个规则还是有例外：

（11.11）（a）别高兴 / 客气。
　　　　（b）高兴 / 客气一点儿。
　　　　（c）* 高兴 /* 客气。

上例中的"高兴"和"客气"都不是行动动词，而是情状动词。一般而言，情状动词不能用在命令句中，但是，如果是否定命令，或者其后加了"一点儿"，就可以用在命令句中了。其实，这都与受话人是否能执行该命令有关。本来"高兴"和"客气"只是一种情状，而受话人所能控制的，只是使之增加或减少。使之增加，必须用"一点儿"来点明。而要使之减少，可以用否定命令来表示。

第十二章 "把"字句

"把"字句又称作"处置式",是一种极为独特的汉语句式,因为在其他语言中,很少有类似的语法结构用来行使与"把"字句对应的功能。在下面几节中,我们将讨论这个句式的形式、语义、语法特征和例外。

12.1 "把"字句的形式

"把"字句的基本形式,在通常的情况之下,如下式:

(12.1)主语 + 把 + 宾语 + 动词 + 补语

其中的"把"通常被视为副动词或介系词;动词必须是行动动词;其后的补语的形式,可以是一个结果补语或方向补语、同源宾语(cognate object)或完成体标记"-了"。因此,下面的例句全部都是合乎这个语法模式的"把"字句:

(12.2)(a)我们把功课都做完了。(结果补语[1])

(b)请你把椅子拿出去。(方向补语)

(c)你周末得把门修一修。(同源宾语)

(d)我不愿意把这么多钱都借给他。(目的补语)

---

[1] 有关结果补语详细的讨论,请参看第 19.1 节。

（e）<u>孩子们</u>把<u>家里</u>弄得<u>乱七八糟</u>。（结果补语）

（f）<u>大家</u>都得把<u>这课书</u>抄<u>三遍</u>。（频率补语）

（g）<u>谁</u>把<u>蛋糕</u><u>吃了</u>？（完成体标记"-了"）

在（12.2）各例句中，第一个标有底线的词为句子的主语，第二个为前置的宾语，第三个为补语。其实，"主语"和"宾语"两个名称并不能很贴切地表达出这个句式的特色，更恰当的说法应该是"施事"和"受事"，这点我们在下一小节中将有更详细的说明。不过可以确定的是，这两者皆为名词或名词组。至于补语的部分，则有许多不同的变化。例句（a）为结果补语；(b)为方向动词补语；(c)为同源宾语（将动词重复一次作宾语用，并在重复的部分之前加上一个"一"字）①；(d)为表"目的"的副动词词组；(e)为结果补语；(f)为频率词；(g)只是一个完成体标记"-了"字。由以上我们可以明显地看出，单以"补语"一词，并无法将"把"字句句末的各种形式描述得很清楚。关于这些不同的形式，在接下去的部分，我们将根据"把"字句本身及其所含动词的语义，作更进一步的探讨。

12.2 "把"字句的语义

王力（1947）将"把"字句称为"处置式"，其中"处置"一词非常贴切地描述了"把"字句的功能。他所谓的"处置"，是指经由主语所为而对前置宾语产生某种程度的影响。Thompson（1973b）则将它解释为"处置式是对'某甲对某乙做了什么？'这样一个问题的回答"。在这个答句中，甲用作"把"字句中的主语，而乙则用作其中的前置宾语。

以上这两种解释"把"字句的方式，基本上都是正确的，并且和

---

① 这个形式也有人称为尝试体。请参看第61页脚注①。

（12.2）中大部分例句都十分相符。但是，若我们暂时舍弃主语和宾语的观念，而改以施事和受事来讨论，则能更精确地显示出"把"字句的真正功能。简单地说，施事是真正有意识执行一项行动的个体，而受事则是该行动影响的人或物。换言之，"把"字句所表达的，也就是施事执行了某个行动，而受事在某种意义上受到了这个行动一定程度的影响。所有（12.2）中的句子都可以用这个观念来解释。（a）的意思是说，因为我们做完了功课，所以没有功课可做了。（b）所表达的是，由于你即将做的某个行动，椅子将被移到外面。其他的例句也都可以用相同的方式来解释，除了（f）以外。这个例外的情况，我们随后将有讨论。因此，到此为止，我们已经不难理解为何"把"字句中可以有这么多不同的形式出现在动词之后。这里的动词通常是一个行动，并且这项行动会影响到句中的受事（也就是直接宾语）。再者，由于汉语的行动动词多半都不隐含行动的结果（参看 Chu，1976），因此有必要在动词后，再附加说明它对受事所造成的影响是什么。也基于这个原因，"把"字句的基本形式必须包含动词后的补语。而任何形式，只要足以说明动词对受事造成的影响，都可以用来在这里作为补语。因此，这个补语究竟是属于哪种形式并不重要，重要的是它所表达的对受事的影响是否合理。请看下面的例句：

（12.3）（a）孩子们把家里弄得很脏。

（b）*孩子们把家里弄得很累。

上例（b）句之所以不能为人接受，是因为"家里"不能"很累"，而不是因为该句的形式不合汉语语法的规则。

最后，"把"字句的目的不仅是用来表达行动的执行和其所造成的影响，它同时也将说话时的焦点投注在受事及其所受到的影响之上。

12.3 "把"字句的语法特征

就句法上来看，一个正确的"把"字句必须符合三项要求：（一）作为前置宾语的名词必须是定指或特指（请参看第8.1节）；（二）动词必须为行动动词；（三）动词后必须有一个用来表示受事所受影响的补语。这三个条件中，（二）和（三）是根据"把"字句本身的语义而产生，因此不需多作说明，但（一）则有必要作进一步的讨论。

其实，条件（一）所要求的前置宾语名词必须是定指或特指，虽然并不是直接由"处置"这个观念的语义所产生，也可以是间接地推演而来。如果说话者在谈论某人或某物为某一行动之发生而受到影响，则这个人、物必定是说话者所知（即在说话前已存在于心中），这正好与第8.1节所界定的"特指"相吻合。如果说话者再进一步的假设，听话者也对这个人、物熟悉，那么，就与第8.1节所界定的"定指"相吻合。这就是为什么"把"字句中的前置宾语即使没有标明是否定指，一般的解释也是定指或者特指。例如：

（12.4）（a）请你把门锁上。
　　　　（b）你把钱放在哪儿了？
　　　　（c）我们把汽车卖了。
　　　　（d）他把钱看得太重。

上例（a）（b）（c）中的"门""钱""汽车"虽然都未标明是否定指，但其解释却都是定指。不过，（d）句中的"钱"却不但是不定指，而且还是泛指。其原因是，整句话是一般性的陈述，而不是过去所发生或将来会发生的特定事件，所以其中受到影响的不是一个特定的人、物，也就不可能是特指或定指了。换言之，上面所说的条件（一）固然是一般语法书所称的语法需求,其实还是由该句的语义来决定的。

下例中的前置宾语是特指而不是定指。其语义是:说话者知道其所指,但他假定听话者不知道。

(12.5)(a)我把一本书掉了。

(b)？他/你把一本书掉了。

其中(a)句没有问题,因为说话者掉了一本书,他自己当然知道那是哪一本书或者一本什么书,他也尽管可以假设听话者不知道。但是,(b)句则不一样。既然听话者或第三者掉了一本书,说话者就没有理由假定听话者不知道那是哪一本书。由于这样的语义冲突,所以(b)句的可接受度很低。这又是一个语义影响语法的例子。

12.4 "把"字句的双宾语

"把"字句有的时候会有两个宾语,一个前置,而另一个则留在动词后的位置。这两个宾语必定有某种语义上的关联。通常两者的关系可能是:(一)拥有和被拥有;(二)整体和部分。下面的例句可以说明这两种语义上的关系:

(12.6)把<u>桌子</u>放上<u>一瓶花</u>,就好看多了。

(12.7)我们要把<u>树</u>都摘下<u>果子</u>来。

(12.6)中的"桌子"和"花"代表的是拥有和被拥有的关系,至于(12.7)中的"树"和"果子"所表现的则是整体和部分。然而,类似这样的语义关系,有时很难明确地界定,因为它可能会因个人认知上的差异而有所不同。例如(12.7)对某些人来说可能是无法接受的。

12.5 结构的延伸

有些"把"字句,可能并不符合前面(12.1)中所指出的基本结构。在这些句子中,出现在"把"之前的有可能不是施事,而在动词之后的也有可能不是该动词的受事。以下就是几个这样的"把"字句:

(12.8)(a)<u>那瓶酒把他</u>喝得酩酊大醉。

(b)<u>这个笑话把我</u>笑得嘴都合不拢了。

(a)(b)两句句首的名词组"那杯酒"和"这个笑话",严格地说都不是施事,而是接下所说的事件的原因。"把"字后的"他"和"我"也绝对不是动词"喝"和"笑"的直接宾语,但就整个事件来说,"他"和"我"确实是直接受到影响的受事。所以,这样的"把"字句,似乎无法用宾语的概念来判断它是否合乎语法,而应该用语义上的受事概念来判断才较为合理。本章一开头就强调,"把"字句式中重要的不是主语和宾语,而是施事和受事,就是出于这个原因。

从上面的事实,我们可以推演出这样的一个论断:以汉语为母语的人,似乎可以将"把"字句基本的结构作语义上的延伸,也就是用事件的直接原因来取代施事,而将之置于"把"字之前,并将本来不是直接宾语,却是受到影响的人或物,作为受事看待,而将之置于"把"字之后。

再从认知上来看这个问题。一般而言,上面(12.8)中的例句,和下面(12.9)中的,应该是极为接近的:

(12.9)(a)那瓶酒,他喝得酩酊大醉。

(b)这个笑话,我笑得嘴都合不拢了。

在(12.9)中,"那瓶酒"和"这个笑话"很明显地是话题,与动词"喝"和"笑"没有直接的语法关系(此处特别指主谓关系)。这样的语法关系，应该也可以存在于上面（12.8）的两个句子里。至于有没有"把"的不同，乃在于（12.8）的说话者认定"酒"和"笑话"应该为所发生的事负责，而且"他"和"我"确实是受到了该事件的影响。相反地，（12.9）的说话者就没有这种意思。下面再举几个这一类的"把"字句和与之相对应的非"把"字句：

（12.10）（a）孩子病了，把我们哭得一夜没有睡觉。

（b）孩子病了，哭得我们一夜没有睡觉。

（12.11）（a）那场球把大家看得气死了。

（b）那场球，大家看得气死了。

上面的例句中，（a）相较于（b），多了一层附带的语义：（12.10a）指出"我们"为孩子哭闹的受害者；同样地，（12.11a）指出"大家"直接受到了球赛的影响。

上面的讨论，显示了一个有别于过去的思考方式，就是"把"字句不一定要有完整的"主—动—宾—补语"的句子与之相对应。有的"把"字句，如（12.8）以及（12.10a）和（12.11a），根本是从别的句式衍生出来的。

除了（12.8）—（12.11）这样的句子外，还有一些更难解释的"把"字句。在此我们仅举几个例子来说明：

（12.12）（a）他们把个儿子死了。

（b）怎么把个人跑了？（参看杉村博文，2002）

（a）中的"儿子"固然可以当作受事，算是受到整个事件所影响的人，但（b）中的"人"却很难作为这样的受事。同时，（a）中的"他们"也无法看作施事。不过，类似（12.12）这样的句子实际上十分少见，因此将它们当作惯用语来处理，也不至于产生太大的问题。

12.6 "把"字句的否定

"把"字句的否定,通常不是将否定词直接放在动词前,而是将它放在"把"之前:

(12.13)(a) 别把钱掉了。

(b) 我没(有)把信打开。

(c) 不把他们请来,怕他们会生气。

(12.14)(a) ?把钱别掉了。

(b) ?我把信没(有)打开。

(c) ?把他们不请来,怕他们会生气。

(12.13)中的各例句都是可以接受的否定句,并且它们符合否定范围的基本原则:否定词所否定的是在它之后的所有成分。因此,(12.13)中由于否定词出现在"把"之前,被否定的很明显是整个事件。相反地,(12.14)中的句子都是不正确的,这是由于否定词仅否定了行动动词的部分,但"把"对受事所产生的影响却在否定范围之外,这似乎和一般人的期待有所不同。例如,(12.14b)的意思会变成"我没有打开信来,而这个未曾行使的行动对这封信造成了影响"。

不过,也有少数否定的"把"字句,是将否定词直接置于行动动词前。例如:

(12.15)你怎么可以把念书不当一回事?

但在这里,"不当一回事"似乎共同形成了一个不可分割的语义单位。

12.7 小结

"把"字句的主要意义,是要用来表示施事对某人或某物(也就是受事)做了什么,因而产生了什么影响。它的基本句式为:(施事)

把+受事+动词+补语。其中的动词必须是行动动词，但是由于汉语的行动动词仅表示行动本身，而不包括行动后的结果，所以必须借助一个补语来说明行动对受事产生的影响。有时候"把"字句中可以有两个宾语，一个前置，另一个则保留在动词之后。这时候两个宾语必须具有"拥有—被拥有"或"整体—部分"的关系，但对于这种语义关系的判断可能因人而异。此外，有些"把"字句并不具有真正的施事，而且前置的名词组也并非动词的直接宾语。在这种情况下，前一个名词组必须为事件的导因，而后一个名词组必能解释为受事，亦即受影响者。

"把"字句的否定通常是将否定词置于"把"之前；但是若否定动词和补语形成一个不可分割的语义单位时，否定词则可以直接置于动词之前。

第12.5节中谈到"把"字句结构的延伸。其中有几个问题，特别值得再提出来作进一步的讨论：（一）"把"字句是否必须有行动动词？（二）"把"字的基本功能究竟是什么？

上面第12.1节在讨论"把"字句的结构时，曾规定其动词必须是行动动词，而至今所举的例句也都包括了行动动词。其实，"把"字句也可以仅含有情状动词。例如：

（12.16）（a）妈妈把儿子<u>爱</u>得太过分了。

（b）我怎么把这样重要的事也<u>会忘</u>了。

上例中的"爱"跟"忘"都不是行动动词，但是只要在配合其后的补语以后，能解释为对受事（分别为"儿子"和"这样重要的事"）所产生的影响，该句即可成立。至于"把"字的功能究竟是什么，则近来也受到语言学者的注意，认为是"增加整句的'及物性'（transitivity）"，因为使宾语受到影响,也是"及物性"中一个重要的特征。① 如果真是如此,那么,"把"字句就不能算是一种汉语独有的语法机制,因为世界上许多语言都以各种各样不同的方式来提高及物性。例如,动词的"作格"(ergative case)就是提高及物性的一种语法形式,而且很多语言有这个语法机制。

总之,现代汉语中"把"字的及物性,可以分析为两个相关而不同的动力:一是赋予或加强"把"字前 NP 的使动性,一是赋予或加强"把"字后 NP 所受到的影响。

---

① 关于"及物性"的理论,请参看 Hopper & Thompson(1980)。另外 Sun(1995)也认为"把"字句具有提高及物性的功能。

第十三章 "被"字句

"被"字句通常被认作是汉语中的被动句形式。当然,另外有一些其他的虚词也可以用来代替"被"(例如"叫""给""让"等),但"被"不但是这些虚词中最常使用于书面语的,而且也是语言学文献中讨论得最多的一个。在本章以下的几节中,我们将讨论"被"字句的形式、语义、语法特征以及使用上的各种限制。

13.1 "被"字句的形式

"被"字句的基本形式,通常如以下所示:

(13.1)受事+被(施事)+动词+补语

此处的"被"通常视为一个副动词或介系词。而动词后的补语,在形式上则有几种变化:它可能是动词的结果补语、方向补语、同源宾语、副动词组或单独一个句末虚词"-了"。至于"被"字句中的施事,如(13.1)中的括号所示,是可以省略的。从这些结构上的特征来看,除了使用不同的副动词以及施事和受事的位置互换之外,"被"字句和上一章所讨论的"把"字句十分类似(当然,这两个句式也有许多语义上的类似之处)。以下是一些符合"被"字句基本形式的例句:

(13.2)（a）<u>巧克力糖</u>都被（<u>小朋友</u>）吃<u>完</u>了。

（b）<u>那幅画</u>被（<u>人</u>）搬<u>出去</u>了。

（c）<u>那些学生</u>被（<u>老师</u>）骂了<u>一顿</u>。

（d）<u>书</u>都被（<u>他</u>）送<u>给别人</u>了。

（e）<u>家里</u>被（<u>孩子们</u>）弄得<u>乱七八糟</u>。

（f）<u>房子</u>被（<u>火</u>）烧<u>了</u>。

（13.2）中的各例句和（12.2）中的"把"字句例句，在结构上确实十分相似。每个句子中前两个加有底线的部分，分别是受事和施事。第三个加有底线的是补语，在补语部分则每个句子都不尽相同：（a）中的"完"是一个结果补语；（b）中的"出去"为方向补语；（c）中的"一顿"为同源宾语；（d）中的"给别人"是副动词词组；（e）中的"乱七八糟"为结果补语；（f）的补语则仅是单独一个句末虚词"-了"。因此，"被"字句结构中的"补语"一词，和"把"字句的相同，只是用来统称可能出现在动词之后的各种不同形式。至于"被"字句的主语，由于不是在每个句子中都出现，这点和英语的被动句是相同的，因此两者也经常被用来作比较。

13.2 "被"字句的意义

尽管"被"字句常被认作汉语被动句式，甚至经常有人将副动词"被"和英语被动句中的介系词 by 划上等号，然而"被"字句的意义，事实上与英语中常见的"be+过去分词"被动句不尽相同，反而与"get＋过去分词"被动句比较接近。因此，如果我们将（13.2）各例句翻译成英文，会发现用 get 被动句要比 be 被动句贴切得多。以下（13.2'）为（13.2）汉语被动句的英译：

（13.2'）（a）（i）All the chocolate candy has been eaten up（by the children）.

（ii）All the chocolate candy has got eaten up（by the children）.

（b）（i）That painting was moved out（by somebody）.

（ii）That painting got moved out（by somebody）.

（c）（i）Those students were scolded（by the teacher）.

（ii）Those students got scolded（by the teacher）.

（d）（i）All the books were given away（by him）.

（ii）All the books got given away（by him）.

（e）（i）The house was messed up（by the children）.

（ii）The house got messed up（by the children）.

（f）（i）The house was burned down（by a fire）.

（ii）The house got burned down（by a fire）.

近年来，语言学者习惯认为"被"字句带有"贬损"的语义，简单地说，就是"不幸"的意思。当说话者使用"被"字句时，表示他认为所指的事情对句中的受事或对说话者而言，是不幸的。甚至有时这种负面的含义，也可以是对听话者而言的。

因此，（13.2）中的各例句，都有不幸的含义。例如，（a）和（b）的不幸是对说话者而言，他不希望"巧克力糖全被吃掉"或"画被搬出去"这两件事情发生。而（c）中不幸的一方面，可以是针对句中的受事"学生"，也可以说是由于说话者同情学生们被骂，因此对他来说这件事也是不幸的。其他的例句也都可以用相同的方式来解释。

但尽管在语义上"被"字句和英语的被动句并不完全相同，两者在结构上确实有许多相似之处。例如，两种句式中，受事都出现在句首的位置，而施事则可以省略。

由于"被"字句含有不幸的意思，因此，类似下面（13.3）这样的句子，常被认为是不恰当或甚至不合语法的。

（13.3）我的书被世界出版社出版了。

然而，这样的句子，尽管并不常见，却绝对是合语法的。我们假设这样一个情况：说这句话的当时，说话者正和出版社为了版权的问题打官司，原因是出版社没有他的授权便将他的著作出版了。对说话者来说，由于有关诉讼及版权的种种问题，都是很麻烦并且是很不幸的，因此，用（13.3）来表达反而是最恰当的方式。

最后，由于"被"字句将受事置于句首，我们也可以说这是一种将受事标记为该句话题的方法。同样地，英语的被动句也是将受事放在句首，所以也有这样的功能。但是尽管英语的被动句也用受事来作为句子的话题，却不一定同时具有不幸的含义。基于这个原因，固然英语的被动句几乎都可以翻译为"受事前置"的汉语句，但是否应该加入副动词"被"来表达不幸的含义，则要视个别状况而定。有些英语动词本身就含有不幸的意思，这时候，就可以在作为话题的受事之后加入一个"被"，但是若动词没有这种负面的含义，则不需要。请看下列例句：

（13.4）The Bible was once translated into Chinese by Dr. Li.
圣经０李博士曾经翻译成中文。（不使用"被"）

（13.5）The whole city was burned down by the enemy.
整个城市都被敌人烧光了。（使用"被"）

其中动词 translate"翻译"没有"不幸"的含义，所以汉译不宜用"被"字句，但 burn down"烧光"含有"不幸"之意，故汉译用"被"字句。

13.3 "被"字句的语法特征

"被"字句有三项语法特征：（一）受事必须为定指或特指；（二）动词必须为行动动词；（三）在多数情况下，必须有某种形式的动词补语出现。这三项语法特征，正好和上一章中所介绍的"把"字句的特征是一样的。

上述"被"字句的前两项语法要求，也可以用和"把"字句相同的理由来解释。"被"字句中的受事，由于是句子的话题，理所当然必定为定指或特指。再者，既然"被"字句中通常都含有一个施事，而施事正是主动行使某个行动的个体，因此动词所表达的也必须是一个行动。至于"被"字句要求动词之后需要有一个补语，理由也和"把"字句十分类似，下面是我们的说明。

由于"被"字句中的受事，除了是动作的接受者外，还会因为该事件的发生而受到某种负面的影响，因此，除了行动本身外，句中也必须明确地指出该行动所造成的结果。如同第 12.2 节中所提到的，汉语的行动动词本身并不隐含该行动的结果，而必须借由补语来说明。因此，（13.2）中的（b）(d) 和 (e)，如果少掉了补语，就成为不合语法的句子。

至于（13.2）中的其他几个句子（a）(c) 和 (f)，即使将补语省略掉也还是合于语法，这显示出当结果可以预测时，补语必须出现的要求也就可以略为放宽。另外，可能是由于汉语逐渐受到翻译自外语的被动句所影响，在这些"被"字句中，有很多既没有不幸的含义，也不使用任何补语来表示受事所受的影响。这样的"被"字句，在一般人口中较为流行，但通常还是认为是西化的汉语语法。

13.4 结构的延伸

到目前为止，我们是以施事和受事来说明"被"字句的结构。使用这两个概念的好处之一是，它们远比主语和宾语更容易解释"被"字句的一些结构延伸。如果我们改用主语这个概念，那么，原来"被"字句中的受事，只能说是从直接宾语的位置提前到主语的位置。换句话说，此时（13.6a）的中两个名词和动词间的语义关系，必须透过（13.6b）来说明：

（13.6）（a）苹果被谁吃了？
（b）谁吃了那个苹果？

也就是说，"被"之后的名词是相对应的非"被"字句中的主语，而"被"字句中的主语，则是相对应的非"被"字句中的直接宾语。这样的解释方式，到目前为止似乎都还合理，但我们再看看下面的例句：

（13.7）我们被孩子哭得一夜没睡觉。（参看例句 12.10a）

在这个句子中，很难说"我们"是由"哭"的直接宾语转移而来的，因为事实上，像"*孩子哭我们"这样的组合，根据此处的语义根本就是不合语法的。①另一方面，例句（13.7）很明显地是由两个事件所组成的："孩子哭"和"我们一夜没睡觉"。这两个事件，前者为导因，后者为结果。因此，根据施事和受事的概念，我们可以说，只要一个名词能解释为"不幸受到某种影响的受事"，它就可以置于"被"字句的句首。至于这个名词是否可以作为"被"字句中动词的直接宾语，则无关宏旨。这点正好和"把"字句对受事的要求不谋而合。

"被"字句还有另一种结构上的延伸，那就是句中的受事并不一定

---

① "哭"在表示"为某人的死亡而哭"时，是一个及物动词。

要是动词的直接宾语，也可以是动词的间接宾语，例如：

（13.8）（a）我被警察罚了三百块钱。

（b）他开车的时候，常被人按喇叭。

（a）中的"我"和（b）中的"他"都是非"被"字句中的间接宾语，但在"被"字句中，它们却还是可以置于句首的。

因此，我们得到如下的结论：只要一个名词可以解释为受事，并且在"不幸"的语义可以成立的情况下，该名词即可置于"被"字句的句首。

上一章讨论"把"字句时曾经指出，"把"字句对其施事的要求，也是可以放宽的。那是指任何一个名词，只要能作为事件的直接导因，就可以放在"把"字句的句首，也就是施事的位置。然而，"被"字句对施事的要求似乎比较严格，因此，如果我们将（12.9）和（12.11）中的"把"字句改写为（13.9）中的"被"字句，结果将会成为不合语法的句子：

（13.9）（a）*他被那瓶酒喝得酩酊大醉。（参看例句12.9a）

（b）*我被这个笑话笑得嘴都合不拢了。（参看例句12.9b）

（c）*大家被那场球看得气死了。（参看例句12.11a）

总之，"被"字句与"把"字句在各方面都是大同小异，而有差异的地方多半都是在经过结构或语义的延伸以后才发生的。

13.5 "被"字句的否定与祈使

"被"字句的否定，和"把"字句相同，通常是在副动词"被"之前加上否定词"不"或"没有"。因此，（13.2c）（13.2e）和（13.8a）的否定形式分别如下：

（13.10）（a）那些学生没（有）被老师骂一顿。

（b）家里没（有）被孩子们弄得乱七八糟。

（c）我没（有）被警察罚三百块钱。

而当"被"之前有副词出现时，副词和否定词两者的前后位置，则由它们的范围来决定（请参看第9.1节和第9.2节）。因此：

（13.11）（a）书都没（有）被他送给别人。（参看例句13.2d）

（b）书没（有）都被他都送给别人。

（13.12）（a）他开车的时候，不常被人按喇叭。（参看例句13.8b）

（b）？他开车的时候，常不被人按喇叭。

（13.11a）和（13.11b）因为"都"和"没有"的位置互换而产生了不同的语义，但两者都是合乎语法并且有意义的句子。然而（13.12b）似乎就没有（13.12a）容易接受，但是这并不是因为语法上的瑕疵，而是因为在语义上它有比较特别的限制。这个否定句只有在"多数人在开车的时候都会被别人按喇叭"的情况下，才会显得有意义。所以，（13.12b）之不易为人接受，并不是一个语法上的问题，而是在实际生活中而且在正常的情况之下，有没有需要说这样的一句话而已。

至于直接在"被"字句的动词之前加上否定词，则是绝对不允许的。此外，"被"字句还有一项极为特别的限制，就是只有否定的"被"字句才能用来作为命令，肯定的则不能。

（13.13）（a）别被警察开了罚单。

（b）*被警察开罚单。（作叙述句时是合语法的）

（13.13）是两个祈使"被"字句。既然是祈使句，则必须隐含一个第二人称主语（即听话者），这个主语就是说话者要他积极采取行动而使该事件发生的人。但同时，这两个祈使句又是"被"字句，所以它们的主语（即听话者）又必须是遭遇不幸的受事。这样，听话者既必须是遭遇此不幸的受事，又必须积极地使别人将这不幸事件加于他自己身上。这样的矛盾，正是肯定"被"字祈使句的解读，所以无法让人接受。而否定"被"字句以祈使句的形式出现时所要表达的意思，是要听话者积极地"不要"（即"避免"）使别人将这不幸事件加于他自己身上，这也就是为何（13.13a）才易于接受的原因。

13.6 小结

"被"字句尽管常被称为汉语的被动句式，但它和英语的被动句其实是有不少差别的。它的主要功能是：（一）以受事作为话题；（二）表示该事件对受事、说话者或听话者而言是不幸的。这两种功能，第一种和英语被动句的相同，但第二种则是汉语"被"字句所特有的。因此，要将英语的被动句贴切地翻译成汉语，只需将受事置于句首就可以了。只有当英语被动句带有不幸的含义时，才需要用"被"字句的形式。

"被"字句的语法特征和"把"字句极为相似，两者的差别在于"被"字句中的补语可以省略的情形较多。此外，"被"字句中的受事，并不一定要是相对应的非"被"字句中动词的直接宾语，它可以是间接宾语或是结果句中受到负面影响的一个名词。换句话说，一个名词只要能解释为受到负面影响的受事，它就可以出现在副动词"被"之前的位置，至于它在对应的非"被"字句中是否直接宾语，倒反而是无关紧要的。

"被"字句的否定通常是在副动词"被"之前加上否定词，而极少将否定词直接置于动词之前。此外，"被"字句只能用在否定的命令句而不能用在肯定的命令句中。

另外有几个副动词例如"给""叫"和"让"可以用来代替"被"。这些副动词相较于"被",则比较口语化,而且在语言学文献中讨论得也比较少。然而它们之间似乎没有任何重大的语义差别,至于使用哪一个形式,则多半只是个人或是方言的偏好。

第十四章　双主语

　　汉语句子的句首，有时候会出现两个名词性成分（下文简称"名词"），这样的句子常被认为是一种"双主语"结构。事实上，这两个名词中，只有第二个可以作为句子的主语，而第一个实际上是无法用任何西方语法中惯用的术语来归类的。① 为了清楚解释，请看下面几个不同类型的例句：

(14.1)（a）<u>天上</u>，<u>云</u>很多。
　　　（b）<u>今天</u> <u>我们</u>没（有）出去。
　　　（c）<u>这班学生</u>，<u>我</u>每个都喜欢。
　　　（d）<u>这班学生</u>，<u>这三个</u>最用功。

上面（14.1）中，各句首名词的功能如下：（a）的"天上"为地方副词；（b）的"今天"尽管表面上像是名词，其实应该是一个时间副词；（c）的"这班学生"则可以视为动词"喜欢"的宾语；而同样是"这班学生"，在（d）中则为双主语结构中的第一个名词，也就是在这个情况下，它的功能很难用西方的传统语法概念来描述。除此之外，这种双主语结构中句首的两个名词之间，经常被认为具有"整体和部分"或"拥有与被拥有"的关系。以下就是一些这样的例句：

---

① Teng（1974）对"双主格"（double nominative）有详细的讨论。

（14.2）（a）<u>衣裳</u>，<u>新的</u>好；<u>朋友</u>，<u>旧的</u>好。

（b）<u>我们</u> <u>两个男孩</u>，<u>一个</u>八岁，<u>一个</u>十岁。

（c）<u>麻将</u>，<u>他</u> <u>十场</u> <u>九场</u>输。

上面的例子中，（a）就是典型的双主语结构，句中"新的（衣裳）"可视为"衣裳"整体的一部分，而"旧的（朋友）"可视为"朋友"整体的一部分。然而（b）和（c）却很难用相同的概念来解释，原因如下：

（一）（b）中有三个名词：我们、两个男孩、一个/（另）一个；而（c）中则有四个：麻将、他、十场、九场。

（二）在这两个句子中，前后连续出现的名词有些并不具有"拥有与被拥有"或"整体与部分"的关系。

其实要解决这些问题并不困难，只需要将这些名词当作话题而不是主语即可。

第7.3和7.4两节介绍过，在汉语语法中，话题的概念远比主语的概念要重要得多，而话题的功能之一是用来作为提供进一步信息的基础。如果我们用这样的概念，再回头仔细看看（14.1）中的句首名词，我们会发现，它们的功能正是为接下来要说的话提供背景信息。因此，我们应该可以很放心地将句中第一个名词当作话题，而不必把它当作双主语结构中的第一个主语。① 用相同的概念，我们也可以解释（14.2）的例句。也就是说，在每两个紧紧相连的名词中，前面的名词必为其后部分的话题。而当第一个名词是话题时，两个名词之间并不一定要具有整体和部分的关系。同时，由于第一个名词提供了作为增添进一步信息之用的背景基础，因此只要在当时的语境下它足以作为背景信息，那它便可以毫无疑问地成为话题。

---

① 请参看 Li & Thompson（1981：92—93）。

第十四章 双主语

　　根据上述讨论，我们将（14.2）中的三个例句，分别以下面（14.2'）中（a）（b）和（c）三个图形来表示。"述题"是指添加在话题之后的信息，而"话题–述题"结构正是一种人际沟通的基本策略。图中最外层的框线代表的是篇章中的一个信息单位。

（14.2'）（a）衣裳，新的好；朋友，旧的好。

```
┌─────────────────────────────┬─────────────────────────────┐
│          子句                │          子句                │
│  ┌──────┐   ┌──────┐         │  ┌──────┐   ┌──────┐         │
│  │ 话题 │   │ 述题 │         │  │ 话题 │   │ 述题 │         │
│  │ 衣裳 │   │新的好│         │  │ 朋友 │   │旧的好│         │
│  └──────┘   └──────┘         │  └──────┘   └──────┘         │
└─────────────────────────────┴─────────────────────────────┘
```

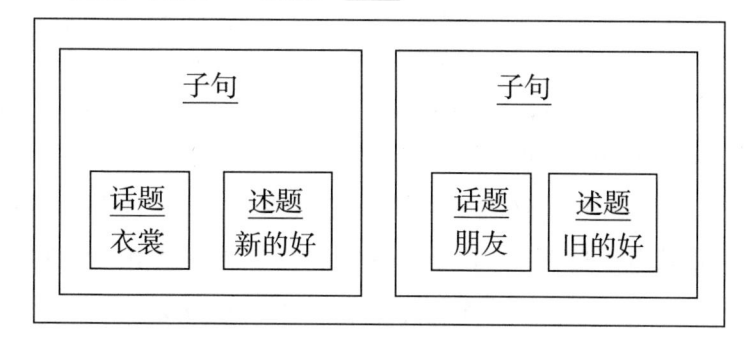

（b）我们两个男孩，一个八岁，一个十岁。

```
┌─────────┬──────────────────────────────────────────────┐
│ 话题1   │  述题1                                        │
│         │  ┌─────────┬──────────────────────────────┐  │
│         │  │ 话题2   │ 述题2                         │  │
│         │  │         │  ┌─────────┬─────────┐       │  │
│         │  │         │  │ 述题3   │ 述题4   │       │  │
│  我们   │  │两个男孩 │  │一个八岁 │一个十岁 │       │  │
│         │  │         │  └─────────┴─────────┘       │  │
│         │  └─────────┴──────────────────────────────┘  │
└─────────┴──────────────────────────────────────────────┘
```

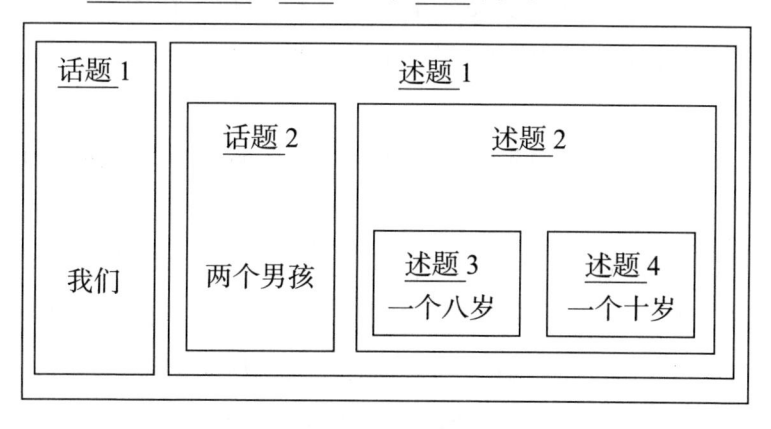

（c）麻将，他 十场 九场输。

```
┌─────────┬───────────────────────────────────────┐
│ 话题 1  │ 述题 1                                │
│         │ ┌─────────┬─────────────────────────┐ │
│         │ │ 话题 2  │ 述题 2                  │ │
│         │ │         │ ┌─────────┬───────────┐ │ │
│         │ │         │ │ 话题 3  │ 述题 3    │ │ │
│  麻将   │ │   他    │ │  十场   │  九场输   │ │ │
│         │ │         │ │         │           │ │ │
│         │ │         │ └─────────┴───────────┘ │ │
│         │ └─────────┴─────────────────────────┘ │
└─────────┴───────────────────────────────────────┘
```

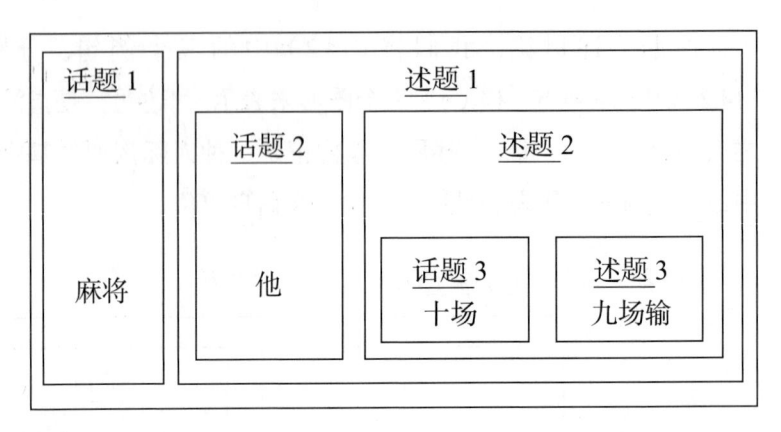

图（14.2'a）中的信息单位包括了两个并列子句，每个子句都包含了一个话题和一个述题（当然，这里的每个子句本身也都可以视为一个篇章信息单位）。图（14.2'b）中的信息单位是由一个话题和一个述题（话题1和述题1）所构成，而这个述题本身又包含了另一个话题与述题（话题2和述题2）。此外，述题2本身是一个并列结构，其中又包含两个次述题（述题3和述题4）。最后，在图（14.2'c）里，每个述题的内部都分别包含了一个话题和述题，一直到最内层的述题3为止。①

根据以上的例句与讨论，我们认为所谓的双主语结构，其实是一个话题加上一个名词。至于第二个名词的功能是什么，则要由话题之后的述题结构来决定。由于话题的功能是提供背景信息，再以之为基础，来使用述题提供进一步的信息，因此，这两个位于句首的名词，并不一定要具有"拥有与被拥有"或"整体和部分"的关系。只要第一个名词足以提供述题所需要的相关背景信息，就是合语法的句子了。

根据以上的讨论，我们的结论是，传统上习惯称为"双主语"的

---

① 事实上，这里每个句子最内层的述题，也都可以看成还包含了一个"话题–述题"的结构。但是这点并不会影响到我们此处的讨论。

两个名词，其实是一种"话题-述题"结构。也就是说，这两个名词，前面的是一个话题，后面的则是述题的一部分。述题本身，经常也可能包含另一个"话题-述题"结构，例如（14.2'b）就是这样的例子。而（14.2'c）则又比（14.2'b）更多了一层"话题-述题"结构。汉语中的这种话题与述题层层套叠的形式，确实是一种很独特的结构。这也许就是所谓"话题凸显"语言的特征吧。

第十五章　动词重复

"动词重复"（verb copying[①]）是用来指在宾语之后，将动词重复一次，以便在重复的动词后面接上一个副词词组。这个结构的基本形式如下：

（15.1）名词 + 动词 i + 宾语 + 动词 i + 副词。

动词后的 i 表示这两个动词必须是相同的。下面（15.2）中的例句都是属于这样的结构，句中加有底线的两个部分，分别是宾语和第二个动词后的副词词组。

（15.2）（a）我上课上了一整天。
　　　　（b）他们做功课做了三个钟头了。
　　　　（c）大家都跑步跑得身体很好。
　　　　（d）我教书教得有一点累了。

上面例句中的所出现的副词词组，很明显地可以分成两类：时段（a 和 b）以及结果（c 和 d）。其他的副词，例如方向和频率副词，在动词重复的结构中，则较少出现。下面是两个用方向副词词组和频率副词词组的例句：

[①] Verb copying 一词是沿用自 Li & Thompson（1981：442—450）。

（15.3）（a）这个孩子念书念到哪儿去了？
（b）他这个月理发已经理了三次了。

（a）中，"到哪儿去"是一个方向副词词组；（b）中，"三次"是一个频率副词词组。

到目前为止，在我们所看到的句子中，无论是就语义或句法来看，宾语都是很明确地指动词的直接宾语。然而，有的时候，动词尽管在语义上是一个不可分割的单位，但在句法上却可以分析成"动词-宾语"的结构。像这样的情况，仍然可以使用动词重复：

（15.4）（a）我们一年出差出很多次。
（b）我太太每天带孩子出去兜风兜很久。
（c）冬天晚上，要起来小便小好几次。

（a）中的"出差"、（b）中的"兜风"和（c）中的"小便"，在语义上都已经无法说是由动词加上宾语所构成。虽然如此，它们仍然遵照动词重复的规则，先将该动词的第一个音节重复一次以后，才接上需要的副词词组。这点和汉语动词的基本结构有关，因为现代汉语中很多双音节动词都是由动词加宾语所构成的。

15.1 不需要动词重复的结构

当宾语前置至句首时，动词就不需要重复了：

（15.5）（a）课，我上了一整天。
（b）功课，他们做了三个钟头了。
（c）书，这个孩子念到哪儿去了？

由于汉语的句首是定指或特指名词出现的位置，因此当宾语为定指或特指时，经常会从原来动词后的位置移置到句首。这也解释了为何在动词重复的结构中，宾语通常为非定指名词，而很少是定指或特指的名词。当然，这并不表示特指或定指名词就绝对不能出现在动词重复的结构中。请看下面的例子：

（15.6）我看这本书看得一点也不懂。

不过，像（15.6）这样的句子，更恰当的表达方式仍然是将直接宾语置于句首，或是放在紧接在动词前的位置，如（15.7）中（a）（b）两个例句所示：

（15.7）（a）这本书，我看得一点也不懂。
　　　　（b）我这本书看得一点也不懂。

15.2　动词重复的否定

含有动词重复的句子，有两种否定形式。一种是将否定词加在第二个动词之前，这是比较常用的形式；另一种是将否定词加在第一个动词之前。第二种形式表示一种特别的否定意义。请看下列例句：

（15.8）（a）我上课没（有）上一整天。
　　　　（b）我没（有）上课上一整天。
（15.9）（a）我们一年出差不出很多次。
　　　　（b）我们一年不出差出很多次。

上面的例子中，两个（a）句分别是（15.2a）和（15.4a）的否定形式，表示"上课是事实，但是并没有上一整天"和"一年之内要出差是事实，但是不是很多次"。至于两个（b）句，既可以跟各自的（a）句作同样解释（不过一般人不太能接受这种解释），也可以分别用来否定（15.2a）和（15.4a）全句所陈述的整个事实。换言之，两个（b）句所表示的分别是"我上课上一整天这件事根本就没有发生"和"我们一年出差出很多次根本就没有这回事"。而（b）唯一不可能的解释是：该否定词仅否定其后的动词加宾语。也就是说：（b）不能解释为"我没有上课，但是上了一整天"和"我们一年都不出差，但出很多次"。其所以不能作这样解释，固然是不合情理的缘故，但在语法结构上也是有理由的。

动词重复中的第一个动词不能否定的原因，与汉语句子结构有关。汉语倾向于将一个句子里任何先出现的语法单位视为话题；一般而言，话题代表的是已知信息，是不能否定的。如此一来，既然第一个动词是话题的一部分，而话题又必须提供和述题相容的背景信息，因此以（15.2a）为例，如果我们否定了话题"我上课"，那它和述题"上一整天"就相互矛盾了。因此，很自然地第一个动词通常是不能否定的。

15.3 时段副词的另一引介形式

以时段副词来修饰一个由动词加上宾语所表达的行动时，除了动词重复之外，也可以将时段副词置于宾语之前，并在两者之间加上一个"的"字。因此，（15.2a）和（15.2b）也可以改用下面（15.10a）和（15.10b）的形式来表达：

（15.10）（a）我上了一整天的课。
（b）他们做了三个钟头的功课。

由于这个"的"的出现，时段副词看起来会很像形容词。在这里，"一整天"和"三个钟头"虽然在表面上具有形容词的形式，但在语义上却都是十足的副词。而这种替代动词重复的形式，甚至于也可以用在前面所提过的，在语义上无法切割成动宾结构的双音节动词上。所以，（15.4）中含动词重复的句子，也可以改写为：

（15.11）（a）我们一年出<u>很多次</u>的差。

（b）我太太每天带孩子兜<u>很久</u>的风。

（c）冬天晚上，要起来小<u>好几次</u>的便。

有一次，一位住在美国的华侨，在电视上看美式足球比赛的时候，突然惊呼：

（15.12）他们又 fum-了一次 -ble.

fumble 是美式足球的术语，意思是"球拿在手上后又丢失"。这位华侨显然将英语名词 fumble 也当作"动词+宾语"来处理了。实际上，这种情形常常发生，如"幽他一默""你们明天 sho- 不 shopping？（买不买菜？）"等（后者固然限于华侨社会，但前者早于四五十年前已开始使用了）。这些用法，都是透过这样一个"动-宾"的分析程序而获致的。

第十六章　比较句

比较句并不是汉语特有的句式，因为所有的语言都有某种方式用来表达"比较"的概念。不过，汉语的比较句却有一项和其他语言很不相同的特色，那就是所比较的项目必须是句子的话题。请先看下面两个英语的比较句：

（16.1）（a）He speaks Spanish better than I do.

　　　　　他说西班牙语比我说得好。

　　（b）He speaks Spanish better than he does French.

　　　　　？他说西班牙语比法语好。

　　　　　他说的西班牙语比（他说的）法语好。

汉语中有与（a）相对应的句子，却没有与（b）相对应的句子，原因就是因为（a）中所比较的 he 和 I 是该句子的话题，而（b）中所比较的 Spanish 和 French 不是话题。

16.1　比较句的结构和意义

汉语的比较句有三种基本结构，分别如下面（16.2a）——（16.2c）所示。其中以"好"字表示句中所比较的特性：

（16.2）（a）A 比 B 好

　　（b）A 跟 B 一样好

（c）A 没（有）B（那么）好①

上面（c）中的"有"和"那么"可以省略。以下（16.3）—（16.5）分别是这三种比较结构的例句，首先（16.3）使用（16.2a）的结构：

(16.3)（a）他比我高。

（b）我弟弟比我小三岁。

（c）美国车比日本车贵得多。

（d）他比我喜欢中国菜。

（e）妈妈比谁都会做菜。

（f）我们老师弹钢琴弹得比谁都好。

（g）哥哥比我力气大。

（a）（b）和（c）都是以一个情状动词表示所比较的特性。此外，"小"和"贵"分别用了"三岁"和"得多"来修饰。（d）则是以情状动词"喜欢"加上它的宾语"中国菜"来作为比较的特性。至于其他几个例句中表特性的词组，分别是（e）中助动词加上动词及宾语的"会做菜"，以及（g）中一个完整的子句"力气大"。在这些句子中，尽管用来表示所比较的特性之词组，其结构各有不同，但是它们有一个共同点，就是它们表达的都是一种情境。这是"比较"的一种必然结果，因为只有情境可以用来比较，而事件的发生或行动都是无法拿来比较的。因此，如果我们将例句（e）中的"会"去掉，它将变成一个既不合语法又语义不通的句子，这是由于"会做菜"是一个情境，而"做菜"是一个行动：

(16.3')（e）?妈妈比谁都做菜。

---

① "没（有）"可以用"不如"来代替，但口语中多使用前者。

其次，比较句中用来互相比较的两个项目（也就是公式（16.2）中分别以 A 和 B 代表的部分），必须为名词或其他名词性的词组。特别是在例句（16.3f）中，"我们老师弹钢琴（弹得）"用来和"谁"作比较。前者是一个子句，至于子句在什么情况下可以用来作为名词使用，我们将留待第十七章及其后的几章中再作讨论，目前我们仅强调句子也可以置于比较句中 A 和 B 这两个位置。

本章到目前为止有关比较句的讨论，不仅适用于表示"比较好"的（16.2a），在表示"一样好"的（16.2b）和"没有那么好"的（16.2c）两种句式中同样也成立。下面（16.4）和（16.5）是这两种比较句式的例句，由于它们的特性和之前的讨论都相同，在此我们不再多作说明：

（16.4）（a）他跟我一样高。

（b）*我弟弟跟我一样小三岁。

（c）美国车跟日本车一样贵。

（d）他跟我一样喜欢中国菜。

（e）妈妈跟谁都一样会做菜。

（f）我们老师弹钢琴（弹得）跟谁都一样好。

（g）哥哥跟我一样力气大。

上例中（b）不合语法的原因很简单，因为"小三岁"和"（岁数）跟我一样（大）"在语义上很明显地是相互矛盾的。此外，（g）还可以用另外一种形式：

（16.4）（g'）哥哥跟我力气一样大。

这两句的主要不同，在于（g）比较"哥哥"和"我"，而（g'）则比较"哥哥力气"和"我力气"。两者所比较的项目都是双话题："哥哥"

是话题，其后跟有述题"力气大"，而"力气"本身也是一个话题，其后的"大"是它的述题。"我力气……大"也可以作同样的分析。（详见第十四章）

（16.5）（a）他没（有）我（那么）高。

（b）*我弟弟没（有）我（那么）小三岁。

（c）美国车没（有）日本车（那么）贵。

（d）他没（有）我（那么）喜欢中国菜。

（e）妈妈没（有）你（那么）会做菜。

（f）我们老师弹钢琴（弹得）没（有）她（那么）好。

（g）哥哥没（有）我（那么）力气大。

上例中（16.5b）不合语法的原因和（16.4b）一样，是因为"（岁数）没有我（那么）小"和"小三岁"两者语义互相冲突。而（16.4e）和（16.4f）中的"谁都"到了（16.5e）和（16.5f）宜用定指的名词或代名词来代替，以避免解读语义时的困难。此外，关于比较句还有一点值得注意的是，（16.4g）和（16.5g）中"力气大"这样的子句，也可以用"一样"或"那么"等副词来描述。此外，（16.5g）和（16.4g）一样，也有另外一个形式：

（16.5）（g'）我哥哥没（有）我力气那么大。

对（16.4g'）的解释也同样适用于（16.5g'）。

除了（16.2c）的否定比较句式外，（16.2a）和（16.2b）这两种结构可以用"不"来否定。请看以下例句：

（16.6）（a）他不比我高。

（b）他不跟我一样高。或
他跟我不一样高。

上例（16.6a）隐含有两种可能的解释，一种是"他和我一样高"，一种是"他比我矮"。同样地，（16.6b）的语义也有两种可能性，一是"他比我高"，一是"他比我矮"。总之，（16.6a）和（16.6b）不论哪一种解释，都不完全等于（16.5a）。

16.2 直接宾语的比较

前面我们已经提过，类似英语"He speaks Spanish better than (he does) French."这样的句子，汉语是无法以完全相同的句式来表达的。其原因在于汉语的比较句里，只有话题才可以用来作为比较的对象，但是在上面的英语句子里，Spanish 和 French 是动词的直接宾语，而不是话题。不过，这并不表示说汉语的人没有表达这类语义的方法，而仅仅表示，他们必须以另一种方式来组织他们的意念。对于一个说汉语的人来说，他必须先将直接宾语转换为话题，才能够拿来作比较。因此，"He speaks Spanish better than (he speaks) French."以汉语表达时，会变成：

（16.7）他说的西班牙语比（他说的）法语好。

以下是一些类似这样的句子：

（16.8）（a）德州人用汽油比（他们）用水还不在乎。
　　　　（b）我看过的书还没有吴老师写的（书）那么多。

当然，也有些时候，当英语比较句所比较的不是两个话题时，汉语必须以截然不同的结构来表达这样的概念。没有程度词的比较句即是如此，请看以下例句：

（16.9）（a）I like dogs better than cats.①

　　　　（b）I like to swim in the pool more than in the ocean.

例（16.9）中的两句，有人译作如下形式：

（16.10）（a）我喜欢狗比（我喜欢）猫喜欢得多。

　　　　（b）我喜欢在游泳池里游泳比（我喜欢）在海边（游泳）喜欢得多。

然而，这样的句子十分拗口，因此，大部分的人都可能会使用下面例（16.11）和（16.12）这两种形式来代替（16.10）：

（16.11）（a）我喜欢猫，可是更喜欢狗。

　　　　（b）我喜欢狗，不太喜欢猫。

（16.12）（a）我喜欢在海边游泳，可是更喜欢在游泳池里游（泳）。

　　　　（b）我喜欢在游泳池里游泳，不太喜欢在海边游（泳）。

上列（16.11）和（16.12）并不与（16.9）或（16.10）意义完全相同，而且（a）和（b）两个句子也各有不同的含义，因此，要选择哪一种表达方式，还要视说话者话中隐含的意思才能决定。此外，请特别注意在（a）中，"更"正是因为这种特别的含义而使用的，所以，如果把"更"用来翻译 more than，则往往会产生不必要的含义。

---

① 此处的例句取材自 Li & Thompson（1981：570）。但是在（16.10）的翻译中，我们作了一些修正，并且补充了括号内的部分。

第十七章　复句中的名词子句

本书到目前为止，所讨论的都是独立的汉语子句，其形式以及其内部结构，包括了各种特殊句式。从本章开始，将讨论汉语如何将子句组合而成"复句"。

17.1　复句

所谓"复句"，按西方语法的习惯，应该包括两类：第一类可以译为"复杂句"（complex sentence），第二类可以译为"复合句"（compound sentence）。两者的区别在于前者由一个主要子句（principal clause）及一个或多个从属子句（subordinate clause）组成；而后者虽然也是由两个或两个以上的子句所组成，但不含从属子句。以目前对汉语结构的知识而言，这样的分类似乎还无法分得很清楚，因为我们还不太了解"主要子句"与"从属子句"真正的分别。因此，权宜之计是先不区分复杂句与复合句，一律统称"复句"。[①]

当然，就目前所知，汉语也有某些语法结构，我们并不是完全无法确定其为从属结构。这些都是可以从语法结构上辨认出来的，例如"关系子句"就是一个可以确认的从属结构。但是，也有不少结构，我们就没有办法如此肯定地说，究竟是独立子句还是从属子句，例如在

---

① 关于复句之传统式处理，请参看邢福义（1997）第三章。

下列句子中加底线的部分：

（17.1）你不来，<u>我就不去</u>。

因为，所谓从属子句，乃是指在结构上不完整而无法独立运作的子句，或虽结构完整而仍无法独立运作的子句。其所以如此，乃是由于它必须要依附在别的子句上才能运作，因为其中某一个成分被删除（如宾语），或者加上了一个标记（如连接词）。下面（17.2）中的两句，都含有从属子句：

（17.2）（a）<u>我昨天买的</u>那本书不好看。
　　　　（b）我昨天<u>因为有事</u>，没有来。

（17.2a）中的"我昨天买的"是关系子句，形容"那本书"。以一个子句而言，"我昨天买的"只有"主语＋动词＋的"，没有宾语（"的"是关系代名词，与英语中的 which 极类似），而其中的动词"买"在通常情况之下应该有一个宾语，所以结构不够完整，只能依附在"那本书"上，而不能独立成为一句。试与（17.2'a）比较：

（17.2'）（a）<u>我昨天买了一本书</u>，不好看。

其中的"我昨天买了一本书"是一个完整的子句，可以独立运作，不是从属子句。再回头看（17.2b），其中的"我昨天因为有事"是表原因的副词子句，由于加了一个连接词"因为"，其基本结构虽完整，却不能独立运作。试与（17.2'b）比较：

（17.2'）（b）<u>我昨天有事</u>，没有来。

其中的"我昨天有事"是一个完整的句子，可以独立运作，不是从属子句。

上面所讨论的是可以确切认定的从属结构。但是还有很多情形，按照传统的看法应该是独立子句，因为它们都没有一般所认定的从属标记，但事实上却不能真正地独立运作，如前面（17.1）中的"我就不去"。还有如下面（17.3）中同时含有持续体标记"-着"和句末虚词"呢"的子句：

（17.3）我们吃着饭呢。

根据 Chu（1998）的理论，这两个例句中的副词"就"和持续体标记"-着"，都应该算是从属结构的标记。那么，（17.3）整句和（17.1）中的"我就不去"也就应该算是从属子句。不过，这种说法，还刚刚提出来，尚未为一般语法学者接受，所以我们也不另立章节讨论，仅在论及有关结构时一并处理。

本章及以下几章要讨论的，主要是几种一般语法所承认的从属结构，共计有"名词子句""关系子句""动词补语""序列动词""从属连接词"五种。本章以下各节先讨论名词子句。

17.2　名词子句

"名物化"在西方语言中是一种构词程序或句法机制，通常是将一个动词或形容词转化为一个名词。英语中就有好几种方法。例如：

（17.4）（a）To see is to believe.

　　　　　　眼见为真（眼见才能相信）。

　　　（b）Seeing is believing.

　　　　　　眼见为真（眼见才能相信）。

　　　（c）That John finished his degree in two years is incredible.

　　　　　　老张在两年之内就拿到了学位（这件事）真是令人难以置信。

上例（a）中的 to see 与 to believe 和（b）中的 seeing 与 believing，是由动词 see 与 believe 分别加上不定词标记 to 和动名词标记 -ing 而转化为名词，并作主语和宾语使用。而（c）中的主语，则是在子句 John finished his degree in two years 之前加上一个 that 转化成名词性成分而来的。当然，除了这些而外，英语还有其他方法，如直接在词汇中转换（如：动词 believe 与名词 belief 之间的互换），或在词根上加词尾（如：形容词 kind 加词尾 -ness 变成名词 kindness），等等。

现代汉语中，由于构词标记较少，这样的名物化标记也不多。一般常用的方法，就是将动词、动词组或整个子句放在主语、宾语或同位语的位置。除此而外，上面（17.4c）中译用的"这件事"也可以算是一个名物化标记，不过，这个标记并不常常使用。另外，有些"的"字结尾的子句，也可以勉强算是经过名物化而生成的结构。下面三小节将分别讨论名词子句在句中的位置，以及"的"作为名物化标记的情形。

17.2.1 主、宾位的陈述句与疑问句

汉语的陈述句，不需要经过任何形式上的改变，只要直接放在主语或宾语的位置，就可以当作主语或宾语用。换言之，这两个位置，就是汉语中子句名物化所需要的充分标记。例如：

(17.5)（a）(我们) 去也好。

（b）在街上开六十英里太快了。

（c）雨下得这么大让我们都很失望。

（d）日行一善是我们的信条。

上例中加底线的部分都是作主语用的名词子句，是从属结构；而其余的部分，则是主要子句的述语，或称主要述语，其中的动词称为主要动词。现在再看从属子句的内部结构。（a）中的"我们"可以承上或

因语境而省略，故单一动词"去"即可构成名词子句。（b）是一般性的陈述，所以没有特定的主语。（c）是一个特定的事实，故有特定的主语"雨"。（d）则是一句成语，无所谓有没有主语。由此观之，子句经名物化而作主语用的唯一条件是：只要含有一个动词，而且也不必再加任何其他的标记。当然，主要子句的述语要能接受这个经过名物化后的子句作为其主语，它的动词必须能接受抽象名词为主语。例如：

（17.6）我们去吃饭。

上例中的"我们去"不能解释为主语，就因为其后的述语动词"吃"无法接受"我们去"这件事所构成的抽象名词为其主语之故。

下面再举例说明陈述句在宾语位置的各种情形：

（17.7）（a）你可以假设他没（有）做坏事。

（b）我希望有钱买一辆新车。

（c）他宁愿留在这儿上学。

（d）他们三个都要求到美国去。

（e）今年很多人申请出国。

上例中加底线的部分都是名词子句，分别作其前动词"假设""希望""宁愿""要求""申请"的宾语。在这些作宾语的子句中，有一个值得注意的事实：除了（a）中有一个主语"他"以外，其他的都没有以文字表明主语。但是，这并不表示，（b）—（e）的宾语子句都没有主语。对此，我们作如下的说明。

（b）中说话者所希望"有钱买新车"的人，就是说话者本人，也就是说其从属子句的主语，与主要动词"希望"的主语，是完全相同的。（c）中要"留在这儿上学"的，就是主要动词"宁愿"的主语所指的"他"；（d）中要"到美国去"的，也就是主要动词"要求"的主语所指的"他们三个人";(e)中要"出国"的,也就是主要动词"申请"的主语所指的"很多人"。这也就是说:如果从属主句的主语与主要子句的主语相同,就可以省略。这个情形,就是为一般语法学者所熟悉的,英语中的所谓"相同主语删除"(same subject deletion)。不过,这条省略规则,并不适用于(a);其原因倒不是因为(a)中的两个主语不同(一个是"你",另一个是"他"),而是另有其他原因。为了说明这个事实,试将(a)中的从属主语省略如下:

(17.7)(a')你可以假设 0 没(有)做坏事。

这句话的意思是"你可以假设 X 没(有)做坏事",其中的 X 不一定是"你",而可以是语境所允许的任何人。所以,这里的从属主语之能否省略,与两个主语之是否相同无关。至此,就产生了一个问题:究竟是怎么样的一种机制,会让人作前后主语相同的解释?也就是,究竟为什么(17.7)中(b)—(e)句省略的第二个主语,大家都会认为与第一个主语相同;而在(a')中,则大家会认为不一定相同呢?其实,这与主要动词的语义有关。

如果根据语义,将表示"意见、想法"的动词归为一类,将表示"希望、计划、请求"的动词归为一类,则很明显地可以看出,如果一句话中有一个名词子句作宾语,而其主要动词是属于"希望"这一类,则上面所说的"相同主语删除"规则可以适用;但是,如果两个主语所指不相同时,当然不能省略。至于主要动词属"意见"类的,则该规则无法适用;其后若有省略的从属主语,其解释必须由当时的语境来决定。请看下列例句:

(17.8)"意见"类动词:

(a)我认为　0/我/他　不必去。

（b）他相信　0/我们/你们　一定会成功。

（17.9）"希望"类动词：

（a）老李希望　0/我们/你　能去看他母亲。

（b）很多人请求　0/你/他　离开。

（17.9）中，0代表的是与主要主语所指相同的人，而所指不同时，则必须用"我们""你""他"等来指明。同属此类的动词还有"要""喜欢""习惯"等。① 至于（17.8）中，0代表的却不一定是与主要主语所指相同的人，其解释则视其语境而定。例如，如果谈话主题是一个朋友刚刚从事一个新的行业，那么，

（17.10）我相信 0 一定会成功。

其中 0 所指就是这个朋友。但是，如果说话者本人也在从事某一新行业，那么，他必须说：

（17.11）我会不会成功，不知道；可是我相信 *0/他一定会成功。

同属此类的动词还有"主张、断言、预测"等。

上面讨论了陈述句经名物化而作主语和宾语的情形，现在再约略谈谈疑问句的名物化。疑问词问句与陈述句一样，也不需要经过任何形式上的变化，就可以直接放在主语和宾语的位置，作为名词使用。例如：

---

① 这类动词，还可以根据从属主语的出现与否作进一步的次分类。例如：
（a）我喜欢 0/* 我看书。
（b）我希望 0/ 我将来得博士。
（c）他申请 0/* 你 /* 他 /* 我们到中国去读书。
上例（a）无法将同一主语在从属子句中重复，（c）中不能有任何主语出现，这都与其主要动词有关。

（17.12）（a）<u>这件事该怎么办</u>真是个问题。
　　　　（b）没（有）人知道<u>他到哪儿去了</u>。

上例中加底线的部分，是两个疑问词问句，但是因为在主语和宾语的位置，可以认为是已经经过名物化而分别用作主语和宾语。其他形式的问句，则除了句末虚词问句和附加问句以外，也都可以作名词子句用。例如：

（17.13）（a）信上没有说明<u>他会不会说俄语</u>。
　　　　（b）<u>我们去欧洲还是去澳洲度假</u>是很难作决定的一件事。
　　　　（c）*我不知道他们走了吗／吧？
　　　　（d）*<u>这件事就这么办，好不好</u>？倒不太重要。

至于这样的从属子句中的主语，当然也可以省略如下：

（17.14）（a）<u>0 该怎么办</u>真是个问题。
　　　　（b）没（有）人知道 <u>0 到哪儿去了</u>。
（17.15）（a）信上没有说明 <u>0 会不会说俄语</u>。
　　　　（b）<u>0 去欧洲还是去澳洲度假</u>是很难作决定的一件事。

上例（17.14）和（17.15）中的四个 0，都代表省略的从属主语。不过，省略以后要确定所指，以语境为依据，而与主要动词的类别无关。另外一个问题是：一个疑问句出现在宾语位置时，如果不用标点符号标明，就无法决定这个疑问句究竟是直接引语还是间接引语。例如：

（17.16）他问我<u>你什么时候去欧洲</u>。

上例中作宾语用的疑问句，如果是直接引语，则"你"所指是说话者本人；如果是间接引语，则"你"所指是听话者。不过，标点符号可以解决部分问题。例如：

（17.16'）他问我："你什么时候去欧洲？"

（17.16'）是直接引语，所以句中的"你"一定是指说话者本人，但是（17.16）还是有歧义。

17.2.2　同位子句[①]

名词子句的另外一个用法，是附加于一个抽象名词，以说明该抽象名词的内容。这样的名词子句，与其附加于其上的名词组处于同等地位，故称为"同位子句"，其功能是作同位语。现先以英语举例说明如下：

（17.17）The theory <u>that unemployment will help economy</u> is just inconceivable.

<u>失业有助于经济的</u>这个理论，简直无法想象。

上例中加底线部分 that unemployment will help economy 是一个同位语，用来说明其前的名词组 the theory 的内容。很显然，英语的同位子句含有同位标记 that，将之连接到附加于其上的名词组。汉语也有这样的一个同位标记"的"。与英语不同的是，汉语的同位子句在附加于其上的名词组之前。例如：

（17.18）（a）<u>中国应该继续推行民主的</u>这个主张，必须受到重视。

（b）<u>要成立小组的</u>那个提议，已经通过了。

上例中加底线的部分都是同位子句，其中的"的"是用来将之连接到其后的名词组的。不过，这个"的"在一般的情况下可以省略。另外一个事实则是，同位子句后面的名词组必须是表抽象观念的。除了上

[①]　这个结构的形式与关系子句非常相似，请参看第十八章对于关系子句的描述。

例中的"主张""提议"外，还有类似的像"事实、消息、新闻、主意、意见、问题、提案、看法"等，都可以在其前附加同位子句。

17.2.3 名词与子句之间

某些子句在名词位置上使用时，必须要在其后附加个"的"字。其原因将在下章第 18.3 节讨论。下面略举数例说明：

（17.19）（a）我要买的已经卖完了。

（b）好吃的都在这儿。

（c）我把他告诉我的都记得了。

（d）叫修水管的明天再来。

上例中加底线的部分，均可看作名词子句。在（a）（b）两句中作主语，在（c）（d）两句中作宾语。然而，这些名词子句，虽然其后也有一个"的"字，但性质却与上节讨论的同位子句不一样。同位子句的后面直接跟一个名词组；而（17.19）中的则不但没有，而且在"的"之后还都可以加上一个一般性的名词，例如：（a）和（b）中可加"东西"，（c）中可加"话"，（d）中可加"人"。除此而外，这类名词子句，有的几乎可以当作复合名词处理，如（d）中的"修水管的"。这类介乎子句与复合词之间的成分，汉语中很多。例如：

（17.20）（a）唱歌的

（b）教书的

（c）做买卖的

（d）要饭的

（e）种田的

（f）打球的

（g）看门的

第十七章 复句中的名词子句

（h）念书的

……

在本质上，（17.20）中的这些成分，都是由子句转化而来的名词。这类成分往往还有与之相对应的真正的名词，如："老师"或"先生"与"教书的"对应，"乞丐"与"要饭的"对应，"球员"与"打球的"对应，"学生"与"念书的"对应。前者较为正式，故用来较为客气，如"老师"或"先生"之不同于"教书的"。有些成分，过去只用带有褒义或贬义的真正名词，如"歌星"或"歌女"相对应于"唱歌的"（当然也可以用"歌手"），但近来则有很多可以用"者"来作词尾，合成如"歌者、舞者、跑者"等中性词，与"作者、记者、编者、读者"等并驾齐驱。当然其中很多是借用古汉语的词汇。

第十八章　关系子句

关系子句是用来限定名词的句子。所谓"限定"，实际上就是：在众多同类的人、物、事中指出"哪一个/件"。下例中有底线的部分就是汉语中的一个关系子句：

（18.1）<u>《建国大纲》中要创立的</u>新政府，将会给全人类树立一个好榜样。

其所限定的是其后的名词组"新政府"，即指出是"哪一个新政府"。这个关系子句，显然与独立句"《建国大纲》中要创立新政府"相对应。其不同仅在于：前者没有宾语"新政府"，而以"的"取代。所以这个"的"，可以看作是将该句转化成关系子句的一个标记，其功能与英语中的关系代名词相同。试将（18.1）与下列（18.2）比较：

（18.2）The new government which / that the *Jianguo Dagang* was to create would be an example to all human beings.

其中的 that 或 which 与（18.1）中的"的"功能一样。所以，"的"是汉语中的关系代名词。下面再举几个例子：

（18.3）（a）<u>在图书馆借的</u>（那本）书还了吗？
　　　　（b）<u>昨天才买的</u>一瓶牛奶已经喝完了。

（c）今天晚上我要去买那件<u>你喜欢的</u>衣服。

（d）<u>我们路上吃的</u>（东西）都有了。

（e）<u>刚才打电话来的</u>（人）是谁？

（f）他找到了一个<u>他爷爷用的</u>算盘。

上例中加底线的部分都是关系子句，分别限制（或称"形容"）其后的名词（用楷体标出）。这样的名词称为"中心名词"。中心名词的前面，可以有"这/那-"以表定指，如（a），也可以有"一+量词"以表特指，如（b）。① 如果中心名词在主动词之前，则仅表定指的"那-"可以不必使用，除非这个"那-"同时还有指示功能。

18.1 关系子句的限定性

提起关系子句，往往会使人想到一个相当有争议性的问题：汉语有没有"非限定性"的关系子句？因为有人曾经认为下面这两个关系子句，由于其与"这/那本"的相对位置不同，表示的意思也不一样：

（18.4）（a）这/那本<u>我昨天买的</u>书

（b）<u>我昨天买的</u>这/那本书

他们认为，前者是"限定性关系子句"，后者是"非限定性关系子句"。至于这两种关系子句究竟有什么不同呢？我们先看英语中的情形：

（18.5）（a）The jacket <u>that / which I saw last week</u> sells for $1,500.

<u>我上星期看到的</u>那件夹克，卖一千五百元。

（b）This jacket, <u>which I bought last week</u>, cost me $1,500.

<u>我上星期买的</u>这件夹克，花了我一千五百元。

---

① 定指和特指的定义，请参看第 8.1 节。

上例两句英文的关系子句,(a)中的是限定性的,(b)中的是非限定性的。两者在形式上的不同是:前者不用逗点隔开,其中的关系代名词可以用 that 或 which;后者则必须用逗点隔开,其中关系代名词必须用 which。不过,重要的倒不是形式的不同,而是意义的不同。(a)中的限定性关系子句在"确定所指"上是必要的;换言之,如果没有它,听话者就不知道 the jacket 所指是哪一件,这就是关系子句的所谓"限定性"。而(b)中的非限定性关系子句则在确定所指上不是必要的,只是附带说明而已;换言之,该句即使没有 which I bought last week 这个关系子句,听话者也知道 this jacket 所指是哪一件,这就是关系子句的所谓"非限定性"。

现在如果用同样的确定所指标准,来检验与这两句英文相对应的汉语句子,我们会发现,有很类似的结果。(a)中的"我上星期看到的"如果删除的话,说话者认为听话者就不知道"那件夹克"所指的是哪一件,所以,这个关系子句在确定所指上是必要的;而(b)中的"我上星期买的"如果删除的话,说话者认为听话者还是知道"这件夹克"所指是哪一件,所以(b)中的关系子句在确定所指上是不必要的。不仅如此,这两个关系子句与"这件-"跟"那件-"在相对位置上也有不同的影响:假如将各关系子句与其中心名词组中的"这件-"或"那件-"互换位置,所得结果也不太一样:

(18.5')(a) 那件<u>我上星期看到的</u>夹克,卖一千五百元。

(b)？这件<u>我上星期买的</u>夹克,花了我一千五百元。①

(a)中的关系子句,夹在中心名词组之间,还是非常自然,但是(b)中的夹在其间,就觉得不很自然。因此,根据语义和形式,(a)中的

---

① 如果在"这件"后面略加停顿,该句的可接受度就会增加。

第十八章 关系子句

关系子句与其中心名词的关系似乎比（b）中的密切。据此，似乎可以得到这样的一个结论：（18.4a）用的是限制性关系子句，而（18.4b）用的是非限制性关系子句。

上面这样的推论，表面上看起来似乎合情合理，其实却很有问题。主要的原因是，它误认为汉语中这两种结构之所以不同，是源自其中的关系子句。实际上，这种不同的情形，根源于"这-"和"那-"的不同的功能。"那-"可以有两种功能，即表示定指和作指示词（demonstrative，此时相当于英语中重读的 that），而"这-"却仅能作指示词（相当于英语中重读的 this）。当（18.4）中的"这-"和"那-"解释为指示词时，由于该书就在眼前，听话者听到这个指示词时，同时也看到该书，所以已经知道"这本书"或"那本书"所指是哪一本，如果再加上一个关系子句，当然这个关系子句就无法发挥确定所指的功能，因此也只能扮演非限定的角色。反之，当"那-"解释为定指时，就有可能听话者不知道"那本书"是指哪一本，因此，加个关系子句，就可以把所指确定，这个关系子句就有了确定所指的功能。这样的推论还有两个好处。（一）由于"这-"仅能作指示词用，所以中心名词组有"这-"的关系子句，只能解释为非限制性的。（二）在（18.5'b）"? 这件我上星期买的夹克，花了我一千五百元"这句话中，如果在"这件"后面加一个停顿，变成"这件，我上星期买的夹克，花了我一千五百元"，这句话听起来就好得多了。其原因就是这样将"这件"跟其后的关系子句隔开了，关系子句的确定所指功能与"这-"的指示功能，可以分别施展，不至于在同一个词中产生重床叠架的感觉。

从上面的讨论，可以得到一个结论：汉语中的关系子句本身并没有限制性与非限制性之分。[①]而其所以有这样的两种解释，乃是由于中心名词组的"这-"或"那-"的不同功能所致。接下来的问题则是：当中心名词组的"那-"作定指解时，同时又有一个相对应于英语的非限定性关系子句，汉语应该怎样来表达呢？也就是说，与下面（18.6）中的英语关系子句，在汉语中应该怎样表达？

（18.6）The jacket, which I bought last week, cost me $1,500.

我们认为，最准确的翻译，应该是这样的：

（18.6'）那件夹克，我上星期买的，花了一千五百元。

其中的"那件"不重读。这时的"我上星期买的"仅是附带说明而已。当然这样的句子，一定要有相当的语境才能为人所接受。多半的情况之下，"那件"重读，则"那-"就起了指示词作用。

18.2 关系子句的功能

上节认定汉语的关系子句都是限定性的，也就是说，都是用来确定其中心名词组所指的。从（18.3）的例句中，就可以肯定这个说法。这些例句，与英语中的限定性关系子句没什么分别。不过，英语还有别的类型的关系子句，它们与汉语的对应结构，就不是那么直接。下面有几句这样的例句：

（18.7）（a）I found *the* book <u>that I wanted to read for a long time</u>.

（b）I found *a* book <u>that was published almost a century ago</u>.

（c）I found *a* book <u>that would be very useful for my research paper</u>.

[①] 汤廷池（1978）也有同样的看法。

第十八章　关系子句

上例三句，除（a）与前面所说的限定性关系子句相同外，其余两句，无论在形式或意义上，均有所不同。在形式上，前面所说的限定性关系子句的中心名词组都是定指，即都用定冠词 the。而（b）和（c）的中心名词组都是非定指，即都用不定冠词 a。在意义上，由于该中心名词组是非定指，根据定义，说话者本来就认为，听话者不知道该名词组所指为何，因此也无法要求对方知道该名词组所指是哪一本书。不过，既然提到"我找到了一本书"，除非是在回答对方问了"你找到了什么？"这个问题，如果就此结束，就显得没有说出原来要提到这件事的目的。所以，后面加上的这个关系子句，其实是对"一本书"的进一步的说明。也因此，这类关系子句，并没有限定其中心名词组的功能。而它们所发挥的功能，一般称为"描述功能"。

既然如此，那么与之相对应的汉语句，又如何呢？如果我们将（18.7）中的英语句很忠实地翻译成汉语的关系子句，其结果就会变得佶屈聱牙，非常生硬，如下面（18.8）—（18.10）中的（a）句。（b）和（c）句虽然与英语句的形式不完全相同，却反而较为顺口。

（18.8）（a）我昨天找到了（我）<u>一直想要看的</u>那本书。

（b）（那本）<u>我一直想要看的</u>书，（我）昨天找到了。

（c）我<u>一直想要看的</u>（那本）书，（我）昨天找到了。

（18.9）（a）我找到了一本<u>差不多是一个世纪以前出版的</u>书。

（b）我找到（了）一本书，<u>差不多是一个世纪以前出版的</u>。

（18.10）（a）我找到了一本<u>对我写论文很有用的</u>书。

（b）我找到（了）一本书，<u>对我写论文很有用</u>。

上面（18.7a）中的关系子句是限定性的，所以汉语与之对应的（18.8）各句也可以用关系子句；但（18.8a）却仍然不够顺口，其所以如此，与关系子句本身无关，而是因为其中心名词组是定指，而定指的名词组在汉语中一般是出现在主动词之前的（请参阅第 8.2 节），所以（b）和（c）就顺口得多了。至于（18.9a）与（18.10a）的不顺口，则与所用的关系子句有关。由于（18.7a）与（18.7b）中的关系子句是描述性的，而与之相对应的（18.9a）与（18.10a）用了关系子句，就无法对中心名词组作任何描述，而只能加以限定而已。再看（18.9b）与（18.10b），因为加在名词组后面的子句是在作进一步的描述，所以就顺口多了。

　　本节讨论至此，暂时可以作一个结论。英语中的关系子句有两种功能："限定"与"描述"。作限定用的，其中心名词组是定指，即带定冠词 the；而作描述用的，其中心名词组是非定指，即带不定冠词 a。至于汉语的关系子句，似乎只有限定这一种功能。汉语的描述功能，则是由后加的一个子句来担任的。下面再举几个例子，作进一步的讨论：

（18.11）（a）They have a peach tree that blossoms but doesn't bear fruit.

　　　　　（b）We planted a dozen or so roses that didn't blossom this year.

现将可以与上例相对应的汉语句列下：

（18.12）（a）他们有一棵<u>只开花不结果的</u>桃树。

　　　　　（a'）他们有一棵桃树，<u>只开花，不结果</u>。

　　　　　（b）?我们种了十几株<u>今年没开花的</u>玫瑰。

　　　　　（b'）我们种了十几株玫瑰，<u>今年没开花</u>。

如果上面的结论对的话，（18.12）中应该只有（a'）与（b'）两句合适，而（a）与（b）应该都不合适。而结果却并不完全如此，因为（a）还是合适的。因此，上面的结论必须有所修正。如果更仔细地观察，我们发现（a）与（b）之间有一点不同。（a）中的"只开花不结果"与"他们有一棵桃树"这两个情况是没有时间性的；也就是说，这两个情况是可以同时并存的。而（b）中的"我们种了十几株玫瑰"这件事发生在前，另外一件"今年没开花"发生在后；由于汉语的高度象似性，其子句次序往往用来反映时序（请参看第 1.2.3 节，以及 Chu, 1998b，第 6 章），所以（b）中两个子句的次序，也必须反映这两个事件发生的次序；因而"今年没开花"不能以关系子句的从属形式出现在"我们种了十几株玫瑰"之内，而必须跟在它后面，以反映时间上的次序。所以，（b'）较（b）为合适。如果一定要解释（b），那么，它唯一可能的意义是：我们种那些玫瑰花的时候，已经知道它们今年不会开花。这当然不是很合理的事。反观（a）与（a'），因为没有这种时间上的需求，所以（a'）也一样合适。再回头看看（18.9）与（18.10），也因为"找到一本书"发生在前，而说话者对这本书"差不多是一个世纪以前出版的"或"对我写论文很有用"的获知，则发生在后；所以，后发生的这两件事不能用在前句中当作关系子句。

至此，我们已经可以确定，汉语中的关系子句，如果其中心名词组是定指，则具有限定功能，这也是它最主要的功能。不过，汉语的关系子句其实也可以有描述功能；但要发挥描述功能时，其中心名词组必须是非定指，而且主要子句与关系子句所代表的两个情况必须能解释为同时存在，若代表的是两个事件，则必须能解释为同时发生。如果是先后发生的，那么其中后发生的就不能用关系子句，而必须用后加的描述句来表达。

现在再以这个原则来看（18.9）和（18.10）中的各句。其中的（a）虽然与（18.7）中相对应的英语句在语义上可能并不完全相同，但本身也并不是完全不能解释的。（18.9a）所说，严格而言，应该是："我"找到了一本书（说话者假设对方不知道这是哪一本书，所以用非定指"一本-"），而这本书差不多是一个世纪以前出版的这个事实，并不是在"我"找它到以后才发现的，而是事前就知道的。（也可能是说话者并不想说明，他找到了那本书以后才发现它的出版日期。）同理，（18.10a）句所说的是："我"找到了一本书（说话者假设对方不知道这是哪一本书，所以用非定指"一本-"），但是，"我"在找到这本书的以前，就知道它对"我"写论文很有用。（18.10a）所说的情形似乎比（18.9a）的情形较为可能，也因此，前者说起来比较后者顺口。

本节的讨论，显示了一个语言事实，那就是语法结构、语义解释与现实生活，其实是密不可分的。首先，汉语语法规定：（一）如果中心名词组是定指，则其关系子句解释为具有限定的功能，如（18.8）中的（b）和（c）；（二）如果中心名词组是非定指，则其关系子句解释为具有描述的功能，如（18.10a）和（18.12a）。但是，因为汉语有高度的象似性，语言形式常常反映实际生活，所以第二种情况也受到实际生活中事件发生前后的限制：只有与主句述语所表述的事件/情状同时发生的事件或同时存在的情状，才能用关系子句来作描述，如（18.10a）和（18.12a）；否则，必须在主句后，用另一独立句来表达，如（18.12b'）。有时候，由于实际生活上发生可能性的大小，而用以表达的语言形式接受度，也随之变得高低不定，如（18.9a）之没有（18.10a）容易接受，就是因为在实际生活上，前者发生的可能性较小的关系。

18.3 关系子句的语法特征

汉语的关系子句有两个语法特征：一个是中心名词组的省略，另一个是关系子句中，有时会有一个与中心名词组同指的"空位词"（trace）出现。现分述如下。

第十七章的（17.19）与（17.20），将某些形式当作衍生自动词的

名词处理。现再将这些形式分列于下,并分别重行编号为(18.13)和(18.14):

(18.13)(a)<u>我要买的</u>已经卖完了。

(b)<u>好吃的</u>都在这儿。

(c)我把<u>他告诉我的</u>都记得了。

(d)叫<u>修水管的</u>明天再来。

(18.14)(a)唱歌的

(b)教书的

(c)做买卖的

(d)要饭的

(e)种田的

(f)打球的

(g)看门的

(h)念书的

上例中各形式有一个共同点,就是在"的"后面都可以加上一个一般性的名词,如"人、东西、事(情)、话"等。这类名词,不但数量有限,而且其意义都包含在其前的动词语义之中。因此,我们有充分的理由来假设,这些名词是由于在语义上是多余的,因而省略了。如果真是如此,则(18.13)和(18.14)中所有的形式,虽然都作名词用,其实都是一个0形的名词加上的它的关系子句;其中的"的",其实并不是一个名物化标记,而是一个关系代名词。例如:(18.14a)可以用"唱歌的(人)或唱歌的0"来表示它的真正的结构。这样的关系子句,在一般语言学中也有一个惯用的名称,叫作"无头关系子句"(headless relative clause);因为听来不雅,我们将称之为"无中心语的关系子句"。

关系子句中心名词组的省略，应该是一种语法过程，例如：

（18.15）我昨天晚上看的那场电影真好。比<u>上次看的</u> 0 好多了。

上例中"上次看的"后面的 0，本来应该是"电影"，由于与前句的主语名词相同而省略。这种省略，虽然与（18.13）和（18.14）中的条件不同，但其原因是一致的。

至于与中心名词组同指的空位词，则可以用下列的例句来说明：

（18.16）（a）<u>我叫了（他）很久才听见的</u>那个学生是不是在你班上？

（b）<u>你要把钱给他的</u>那个顾客刚才来了。

（c）<u>前天你把他骂了一顿的</u>那个人今天又打电话来了。

（d）<u>（他们）本来十一月要到这儿来开会的</u>那些人都决定不来了。

（e）<u>你说你不买（它）会死不瞑目的</u>那个钻戒已经卖掉了。

（f）<u>上礼拜你把它丢掉的</u>那把破椅子被人捡走了。

上例中加底线的部分都是关系子句，其中楷体的代名词都与各关系子句的中心名词组同指，即它们所指的人、物、事，与中心名词组所指完全相同。例如：（a）中楷体的"他"，与后面的"那个学生"所指是同一个人；（e）中楷体的"它"，与后面的"那个钻戒"所指的是同一件物品。在先前讨论过的关系子句例句中，都没有这样的一个代名词出现，如：

（18.5）（a）<u>我上星期看到的</u>那件夹克，卖一千五百元。

而不是："?我上星期看到它的那件夹克，卖一千五百元。"这样的代名词，通常都是出现在较长的关系子句中，其功能是用来填补一个语法空位，如（18.16）：（a）中的"他"填补"叫了"后的宾语空位，

（b）中的"他"填补动词"给"后面的宾语空位，（d）中"他们"填补该句中的主语空位，等等。由于这种功能，所以我们称之为"空位词"。另外有一个值得注意的现象是：空位词多半是可有可无的，如（a）（d）（e）中的"他""他们""它"；但是，如果空位在副动词之后，则这个用来填补的空位词是必要的，如（c）（f）中的"他""它"都在副动词"把"之后，所以是必要的。不过，（b）中的"他"在动词（不是副动词）"给"之后，却也是必要的，这是因为该句有两个宾语"钱"和"他"，而"他"是一般所谓的"间接宾语"。例如：

（18.17）<u>我们昨天想买他一个电脑的</u>老板，今天打电话来说不卖了。

上例中的"他"是"买"的间接宾语，所以跟（18.16b）中的"他"一样，不能不用。

18.4 关系子句与同位子句的区别

第十七章第17.2.2节曾提及，同位子句与关系子句在形式上非常相近，两者都是以"的"结尾。但是它们还是有区别的。下面举例说明：

（18.18）同位子句：

（a）<u>他跟赵小姐结婚（的）</u>这件事情，大家都不知道。

（b）<u>我们今天不上课（的）</u>这个主意真不错。

（18.19）关系子句：

（a）<u>你告诉我的</u>那件事情我不太相信。

（b）<u>他想出来的</u>这个主意不太好。

（18.18）中的两句都含有名词子句，（18.19）中的两句都含有关系子句。这两种结构在语法形式上的不同有两点：（一）同位子句将"的"

删除后，还是一个完整的子句，如"他跟赵小姐结婚""我们今天不上课"；而关系子句将"的"删除后，所剩余的不是一个完整的子句，如"你告诉我……""他想出来……"。（二）同位子句中的"的"字可有可无，不影响其结构；但关系子句的"的"字是其结构的重要部分，不可省略。至于功能方面的区别，则关系子句用来限定其中心名词组所代表的意义，例如：（18.19a）中如果没有"你告诉我的"这个关系子句，那么，听话者就会不知道"那件事情"究竟指的是哪一件。而同位子句的功能则是用来表示其后名词组的内容的，例如（18.18a）中的同位子句"他跟赵小姐结婚"是用来表示"这件事情"的内容的，否则，听话者就不知道这件事情究竟是什么事情。总之，关系子句是用来指明"哪一个人、哪一件事、哪一样东西"，而同位子句仅仅是用来说明抽象的"什么事"，包括"想法、观念、消息、问题"等。

第十九章 "得"字补语

汉语中的动词补语,如第三章所述,有好几种不同的形式。本章所讨论的,是其中的一种,一般称为"动词补语"(verb complement)。这个名称虽然非常通行,但无法与其他形式分别,故本书以"得-"字补语名之(此后为输入方便,作"得"字补语)。至于"动词补语"一词,则仅用来指没有"得"字的补语(见第三章第3.3节,该节中曾用"动-补"和"动-得-补"来分辨,但本章不拟讨论所涉动词,故改称"得"字补语)。此一新名称固然听来略为累赘,但却较为准确,不致与类似的结构混淆。

所谓"得"字补语,顾名思义,就是在动词后面紧跟着的一个由"得"字引介的词组或子句。("得"字是正字,但亦有人写作"的",几乎已经不算是别字。)例如:

(19.1)抗战时期大家都生活<u>得非常辛苦</u>。

其中的"得非常辛苦"就是一个"得"字补语。

在语义上,"得"字补语常解释为情状或结果,故"得"字补语实际上可分为情状"得"字补语和结果"得"字补语两种。然而,它们在形式上并没有严格的区别,虽然情状"得"字补语一般都不能以子句的形式出现。因此,本章将讨论的,不是这两类补语的分别或用法,而是下面的四个问题:(一)"得"字补语的语法结构,(二)"得"字补语的语义，（三）"得"字补语与情状副词的区别，（四）结果"得"字补语与结果补语（参看第三章第 3.3 节）的异同。

19.1 "得"字补语的语法结构

"得"字补语的语法结构，连同其前的动词，可以用下列公式来表示：

（19.2）动词$_i$（宾语＋动词$_i$）得＋词组/子句

其中斜线前后之"词组"和"子句"，表示补语的形式是两选其一；括号内之"宾语＋动词"表示可有可无，但如有宾语时，其后还必须有一个动词；下标的 i 表示"前后出现的两个动词必须相同"。下面的例句进一步说明这个公式：

（19.3）（a）这种事，他会<u>做得很快</u>。
　　　　（b）他<u>做事做得很快</u>。
　　　　（c）大家都<u>跑得很累</u>。
　　　　（d）我们<u>跑步跑得很累</u>。
　　　　（e）今天的天气<u>热得我气都透不过来</u>。
　　　　（f）小王每天都<u>赶功课赶得气都透不过来</u>。

上例（a）—（d）中的补语都是词组，（e）和（f）中的是子句。（a）（c）（e）中紧靠在"得"字前的就是一个动词，而（b）（d）（f）中的动词都有一个直接宾语，分别为"做事""跑步""赶功课"，所以在"得"字前的是"动词$_i$＋宾语＋动词$_i$"，分别为"做事做得……""跑步跑得……""赶功课赶得……"。而各个补语究竟是情状补语还是结果补语则视其本身的语义与动词的配合而定。（a）（b）中的"很快"似乎应该是表情状，但是（c）（d）中的"很累"和（d）（f）中的"（我）

气都透不过来"则应该是表结果。

上面（19.3）中的（b）（d）（f）句，都还有另外一种形式，就是将其中的动词和宾语移到句首：

（19.3）（b'）做事，他做得很快。

（d'）跑步，我们跑得很累。

（f'）赶功课，小王每天都赶得气都透不过来。

这样前移的动词组，事实上很可以算作各句的话题，其理由是：不但其后可以有一个短暂的停顿，而且前移部分中的动词不能带有体标记。再进一步地推演，连所有后面接有"得"字补语的"主-动-（宾）"结构，也都可以当作话题处理，因为这些动词也都不能带有体标记。当然，后者的话题性没有前者那么强，所以它是否话题，还是一个争论不休的问题。（有关话题性的强弱，请参看第 7.2 和 7.3 节。）

带有"得"字补语的句子，由于其结构较为复杂，所以它的否定形式也不像"主-动-宾"的陈述句那样简单。通常，带有"得"字补语句的否定形式，其否定词可以在补语之内，也可以在主要述语的动词之前。例如：

（19.4）（a）这种事，他做得不很好 / 很不好。

（b）他做事做得不很好 / 很不好。

（c）大家跑得不累。

（d）我们跑步跑得不累。

（e）昨天夜里楼上吵得我们一夜没有睡觉。

上例的否定词"不"和"没有"都在补语之内。但是，当否定词放置在主要述语动词之前时，似乎会有某些限制。首先，如将（19.4）中的否定词前移，可得下列各种形式：

（19.5）（a）? 这种事，他不做得很好。

（b）这种事，他没有做得很好。

（c）这种事，他不会做得很好。

（19.6）（a）* 他不做事做得很好。

（b）他没有做事做得很好。

（c）他不会做事做得很好。

（19.7）（a）? 他做事不做得很好。

（b）他做事没有做得很好。

（c）他做事不会做得很好。

（19.8）（a）? 大家不跑得很累。

（b）大家没有跑得很累。

（c）大家不会跑得很累。

（19.9）（a）* 我们不跑步跑得很累。

（b）我们没有跑步跑得很累。

（c）我们不会跑步跑得很累。

（19.10）（a）? 我们跑步不跑得很累。

（b）我们跑步没有跑得很累。

（c）我们跑步不会跑得很累。

（19.11）（a）* 昨天夜里楼上不吵得我们一夜没有睡觉。

（b）昨天夜里楼上没有吵得我们一夜没有睡觉。

（c）* 昨天夜里楼上不会吵得我们一夜没有睡觉。

除了（19.11）以外，上列其他例句，均显示一个事实，主要述语中的否定词，"没有"与"不"之间有一种相当有规则的差异。其实这种差异，是可以用语义上的不同来解释的："没有"是用来否定一个事件之发生，而"不"却只能用来否定一种情状或习惯之存在。因此，在上例所有的（b）句中，"没有"所否定的是该事件之发生，而除了（19.11c）以外，在所有的（c）句中，"不"所否定的是将来的可能，故是一种状态。至于各（a）句，则可以作为条件解释，也就是一种特殊的情状。不过既然是条件，没有结果与之搭配，就好像不够完全；所以如果像（19.6a）这样本来有问题的例句后加上一个结果，就变成可接受的句子了：

（19.6'a）他<u>不</u>做事做得好，我们老板怎么会雇用他？

由此观之，主要述语中"没有"与"不"的选择，并不是语法上的限制，而是由整句的语义来支配的。至于"得"字补语句的整句语义，我们当在下面第 19.2.2 节中作详细讨论。

19.2 "得"字补语的功能和语义

本章一开始就遇到一个问题，就是我们要讨论的语法结构究竟应该用什么名称。我们虽然决定称之为"得"字补语，其实也并不是十分恰当，因为这样的补语，无论在语法形式上或在语义上，都不能算是从属于前面的动词的。这一点，我们已经在讨论它的语法形式时约略的提到（见上节中例（19.3）底下的讨论）。在语义上，"得"字补语更显得是一句话的中心。"得"字补语的语义问题，可以分成三个部分，本节将以三小节来讨论：（一）主要述语动词在形式上的限制，（二）否定的范围，（三）补语在问答中的功能。

19.2.1 动词形式的限制

紧靠在"得"字补语之前的动词，无论是行动动词还是情状动词，都不能带有体标记。例如，在下例中动词"经营"前后加上任何一个体标记，结果都会使该句变成不合语法。

（19.12）他的店（*在-）经营（*-着/*-了/*-过/*-起来）得很成功。

反之，如果补语内有一个行动动词，则此动词与任何作为述语用的动词一样，可以带有体标记，例如：

（19.13）昨天夜里，楼上吵得我们一夜只睡了一个钟头的觉。

这样的限制，初看起来好像非常没有道理。但是，如果我们承认"得"字补语是该句的主要述语，而其前的动词是从属结构的一部分，则这种限制就可以得到一个合理的解释。因为，通常一个句子的主要结构，其动词可以带有的动词特征是全面的（汉语中最重要的，则是各种体的变化）；而从属结构的动词，则往往只能带有部分的动词特征，在英语和许多其他语言中表现出来的现象是，缺乏"时式"（tense）和"语态"（mood）等的变化。既然如此，那么，汉语动词在某种情况下缺乏体的变化，也很可能是一种反映从属结构的现象。[①] 当然，仅凭这样一个单一事实，并不能作任何确切的断言，还必须有其他方面的事实来支持，方能确定。下面两小节将讨论两个相关的问题，以求进一步的证实。

19.2.2 "得"字补语的否定范围

先谈整个句式的语义。（19.4）中否定词在"得"字补语之内，因此所否定的仅是补语所表达的情状或事件，其否定范围非常明显，不再赘述。然而，在（19.5）—（19.11）中的各种形式，虽然其否定词是在所谓"主要述语"动词之前，其实它所否定的，并不是这个与之紧邻的动词，反而是与（19.4）一样，它否定的还是后面的"得"字补语所表达的情状或事件；要不然，它就是否定整句所表达的整个事

[①] 关于这方面的理论，请参看 Hopper & Thompson（1980）。

件。下面再举几个类似的例子：

（19.14）（a）他的店经营得不很成功。

（b）他的店不经营得很成功，就不会赚到这么多的钱。

（c）他的店没有经营得很成功。

（19.15）（a）那场球看得我（倒）不很累，可是肚子很饿。

（b）那场球不看得我很累，我就不会在回家的路上就睡着了。

（c）那场球倒没有看得我很累，可是肚子很饿。

（19.16）（a）孩子们常常看电视看得不想睡觉。

（b）孩子们不常常看电视看得不想睡觉。

（c）孩子们没有常常看电视看得不想睡觉。

上例（19.14）—（19.16）中的各（a）句，其中的否定词"不"因为都在"得"字补语之内，所以仅仅否定补语部分。但各（b）和（c）句中的否定词"不"和"没有"，虽然在所谓"主要述语"的动词之前，却不是用来否定这个动词的，其否定范围反而是：如果不是"得"字补语，就是该子句的整个语义。例如，（19.14c）并不是说"他的店没有经营，结果很成功"；而是说"他的店经营了，但结果并不成功"，所以其中的"没有"是用来否定其后的"得"字补语的。同样地，（19.15c）也不是说"那场球没有看，结果我很累……"，而是说"那场球（我）看了，结果我倒不累，可是肚子很饿"。（19.16c）也不是说"孩子不常常看电视，结果想睡觉"，而是说"孩子常常看电视，但结果并没有不想睡觉"。至于（19.14）—（19.16）中的各（b）句，则其解释又略有不同。其中的"不"，似乎倾向于否定整个子句，也就是同时否定该事件之发生以及该"得"字补语所代表的结果。例如，（19.14b）中的"不"所否定的是"他的店经营得成功"（不过，在该句中，这一段所表示的是一个条件，所以应该解释为"如果他的店经营得成功这件事没有发生"）。同样地，（19.15b）和（19.16b）分别解释为"那场球看得我很累这件事没有发生"和"孩子们常常看电视看得不想睡觉这件事不（或没有）发生"（或者"孩子们看电视看得不想睡觉这件事不常常发生"）。①

以上对含有"得"字补语句子的否定所作的讨论，在在都指向同一个事实，那就是其中的所谓"主要述语"，是不能单独否定的。即使是紧接在其前的否定词所否定的，如果不是其后的补语，也就是整个句子所代表的事件之发生。根据一般的了解，一个从属结构通常是不能为述语否定词所否定的。虽然"反之亦然"的说法在逻辑上并不一定准确，但也是一个可能，如果再加上其他的证据，如上节所提及，这个所谓"主要述语"中的动词无法带有体标记，则这样的述语，恐怕就只能算是一个从属结构了。换言之，依其语义、语法两方面的限制来看，先前（19.2）的结构，应该改作：

（19.2'）[动词$_i$（宾语＋动词$_i$）得] 词组/子句

方括弧内的就是这个从属结构，而其后的"词组/子句"则反而代表该句的主要述语了。下节所讨论的问题也同样支持对此结构作这样的分析。

19.2.3 "得"字补语在问答中的功能

在一般的问答句中，"得"字补语的功能与任何主要述语相同，而"得"字前的动词，却没有这样的功能。例如：

---

① 这样的否定范围，用"不"来表示，可以看作是"不是"的省略。同样的用法，也在第 10.7.2 节中讨论过。至于"不是"的否定范围，则请参看第 9.5 节。

（19.17）问：昨天你到哪儿去了？

答：（我）到台南去了。

（19.18）问：他念书念得怎么样？

答：（念得）很好。

（19.19）问：你的网球怎么样？

答：（打得）不太好。

（19.17）中的问答显示，问句中的述语必须在回答中重复使用。（19.18）显示，当问句中同时有"得"字补语及其前的动词时，需要重复的是"得"字补语中的补语部分，而不是其前的动词。（19.19）则进一步显示，即使"动词+得"用在回答中并不是重复问句中的形式，也可以省略。除此而外，与如下的陈述句对应的"V-不-V"问句，其"V-不-V"形式通常是在补语部分，如（19.20b），而不是在其前的动词部分，如（19.20c）和（19.20d）。

（19.20）（a）电影看得很高兴。

（b）电影看得高兴不高兴？

（c）*电影看不看得很高兴？

（d）?电影有没有看得很高兴？

这几种情形，也表明"得"字补语在句中的主要地位。

19.2.4 "得"字补语与情状副词的不同

第 19.2.1—19.2.3 三个小节中所作的讨论显示，从语法结构、语义解释、语用功能上看，"得"字补语在句中所占的，都是主要地位，而其余部分才是从属结构。因此，我们可以这样说："得"字补语是用来传递该句中最重要的信息的，而其余部分所传递的信息，则是次要的。接受这样的分析，不但能解释上面三小节所讨论的现象，而且还可以对下列问题作一解答。

（19.21）（a）他跑得很慢。
　　　　（b）他在慢慢地跑。

上例（a）中的"得"字补语"得很慢"与（b）中的情状副词"慢慢地"所表示的，都是"（他跑的）速度不快"，而且两者在过去都被认为是作为状语用的副词。假如真是如此的话，这两种表现方式似乎就没有方法分辨了。而事实上，它们是不同的。因为，上例中的这两句，用来回答下列问题时，就有显著的不同：

（19.22）（a）他跑得怎么样？[①]
　　　　（b）他在做什么？

（19.21）中的（a）只能用来回答（19.22）中的问句（a），但不能用来回答问句（b）；而（19.21）的（b）则正好相反，只能用来回答（19.22）中的问句（b），不能用来回答问句（a）。这就显示了两者不同的功能。"得"字补语句的确是用来作主要述语用的，而情状副词则是一个从属结构，虽然两者所描述的可能完全相同。

19.3　"得"字补语与结果补语有无明显的界限

先前在第 3.3 节中，曾经介绍过一些动词的结果补语，现在重行列举几个如下：

（19.23）（a）看见
　　　　（b）买到
　　　　（c）卖掉

[①] 此处所采用的问答例句，均出自 Li & Thompson（1981：625—626）。

（d）回答<u>清楚</u>

（e）问<u>明白</u>

（f）唱<u>累</u>

加底线部分都是表示结果的补语，其前是行动动词。这种形式在表面上看来，与"得"字补语仅差一个"得"字，但是在语义上则同样表示一个行动的结果。那么，究竟哪些"行动-结果"的意念应该用结果补语，哪些应该用"得"字补语呢？现在试在上列诸形式中各加上一个"得"字，其结果却不完全相同：

（19.24）

	"得"字补语	潜能补语
（a）看得<u>见</u>	×	√
（b）买得<u>到</u>	×	√
（c）卖得<u>掉</u>	×	√
（d）回答得<u>清楚</u>	√	√
（e）问得<u>明白</u>	√	√
（f）唱得<u>累</u>	√	√

上表中"√"表示可以作此解释，"×"则表示不可以。表中（a）—（c）三项仅能作潜能补语，不能作"得"字补语，而（d）—（f）三项则既可作潜能补语，亦可作"得"字补语。至于要检验是否能作"得"字补语的方法之一是：在"得"字后加一个程度副词"很"字，则整个结构就变成"得"字补语了。如：

（19.25）（a）*看得很<u>见</u>

（b）*买得很<u>到</u>

（c）*卖得很<u>掉</u>

（d）回答得很<u>清楚</u>

（e）问得很<u>明白</u>

（f）唱得很<u>累</u>

以上三组形式，其中是否能作潜能补语的事实，与目前所讨论的问题无直接关联，可以完全撇开不谈。单看可以作为结果补语和"得"字补语的形式，则可以发现，有些"行动－结果"意念仅能用结果补语来表达，如（19.23）的（a）—（c）；而有的则既能用结果补语，也能用"得"字补语的形式来表达，如（19.23）的（d）—（f）和（19.25）的（d）—（f）。事实上，还有第三种情形，那就是有些意念，只能用"得"字补语来表达。例如：

（19.26）（a）吃得高兴

（b）*吃高兴

由此观之，动词的结果补语和"得"字补语，形式上固然有所区别，但语义上与之对应的区别，则相当模糊。同样的"行动－结果"意念，有的只能用没有"得"字的结果补语，这类意念暂时称之为"第一类"；有的只能用"得"字补语，这类暂时称之为"第三类"；但也有的介乎两者之间，既可以用没有"得"字的结果补语，也可以用"得"字补语，这类称之为"第二类"。这三类在意念上虽然都表示"行动－结果"，但行动与结果之间关系的疏密，却并不完全相同。例如：

（19.27）（a）看见 /* 看得很见

（b）听见 /* 听得很见

（c）睡着 /* 睡得很着

（d）摔倒 /* 摔得很倒

（e）打破 /? 打得很破

第十九章 "得"字补语

上例中加一个"很",以保证其为"得"字补语,而不是潜能补语。以下的例句亦同。

(19.28)(a)吃饱/吃得很饱

(b)看懂/看得很懂

(c)长高/长得很高

(d)?走稳/走得很稳

(e)?考好/考得很好

(f)?玩高兴/玩得很高兴

(19.29)(a)?开快/开得很快

(b)?吃痛快/吃得很痛快

(c)*笑开心/笑得很开心

(d)*活辛苦/活得很辛苦

(e)*笑站不起来/笑得站不起来

(f)*讲大家都不懂/讲得大家都不懂

上列(19.27)—(19.29)中的各种形式,大概可以分别代表第一、二、三各类的意念。不过,其中的分割并不十分清楚。第一、二类之间的分别,似乎是由行动与结果之间的疏密来决定。越是通常的结果,越不需要"得"字来引进,如(19.27)的(a)—(e);但如果其结果并不是在一般情况之下所预期的,则需要由"得"来引进,如(19.28)的(d)—(f)。至于第二、三类之间的分别,则除了行动与结果之间关系的疏密而外,似乎补语形式的长短也是一个决定因素。补语越长的,越需要用"得"来引进,如(19.29)的(e)和(f)。然而,这种分别都不是绝对的,有的时候还会因人而异,因为个人的认知常会因过去的经验而不同。所以,这些形式(也就是单纯的动词结果补语与"得"字补语之间的语义区别)其实是一个连续统,很难从中切断而作明显的分割，只有接近这个连续统两端的意念，才能毫无疑问地与形式相对应。

现在再看结果补语的语法结构。一般均认为，这个补语是附属在其前的动词上的。其实，这个补语也应该算是该结构的主要部分。如果与"得"字补语一样，用否定和问答来测试，则所得结果与"得"字补语完全相同。例如：

（19.30）那本书我看了，可是没有看懂。

（19.31）问：那件事问清楚了没有？

答：（问）清楚了。

（19.30）中的"没有"否定的不是紧接其后的动词"看"，而是结果补语"懂"。（19.31）的回答中，可省略的也是动词"问"，而不是结果补语"清楚"。

19.4　小结

本章最主要的论点是："得"字补语的补语部分，虽然一般都认为是附属在其前述语动词的一个从属结构，其实应该算是该句的主要述语，而其前的动词组，反而是附属于这个述语的一个从属结构。这个论点，可以获得语法、语义、语用三方面的支持。

从语法上看，"得"字补语中的动词可以带有体标记，而其前的动词却不能带有体标记；不能带体标记的动词，不是句中主要动词。从语义上看，任何否定形式都只能否定补语或整句，而无法单独否定"得"字补语前的动词；一般的情形下，句中无法否定的成分，很可能是一个从属结构。至于在语用方面，在问答中的答句，其他部分都可以省略，而唯一不可省略的，也是这个补语；这与一般答句中必须重复问句主要述语的动词这个规则完全吻合。所以从上述三方面看，"得"字补语都

第十九章 "得"字补语

应该看作主要述语。

此外,"得"字补语虽然与没有"得"字的"动词补语"在形式上分得非常清楚,但它们所代表的意念,并不能作与形式相对应的区别。同样是"行动–结果"这样一个意念,有的只能用"得"字补语表达,有的只能用没有"得"字的"动词补语"表达,但也有的两者均可用来表达。这三类意念没有明确的分界,虽然用"行动与结果之间关系的疏密"与"补语形式的长短"可以作大致的判断,但这仅仅能对连续统的两端作出正确的判定,中间模糊地带常常会因人因时而异,这就要看个人的经验与认知方式来决定了。

第二十章　连动式 [1]

所谓"连动式",乃是几个动词前后出现,无论其间有无其他词组相隔的一种结构。不过,有些结构虽然也合乎这样的条件,但却不能算是连动式,例如名词子句、关系子句和动词补语,因为这些结构中的动词,都可以认定为具有主从关系。换言之,连动式中的动词,其间必须无法认定有主从关系。本章将讨论三种连动式结构:(一)兼语式,(二)描叙式,(三)并列式。兹分述于以下各节。

20.1　兼语式

"兼语式"乃指两个动词中间夹有一个名词组,而这个名词组既是前面一个动词的宾语,又是后面一个动词的主语。这两个动词之间只有语义关联,而没有任何语法标记显示其间的关系。例如:

(20.1)(a)我请<u>他</u>帮忙。

(b)我们可以叫<u>他</u>去。

(c)大家都在等<u>你</u>来。

(d)大会选举了<u>老赵</u>当主席。

(e)孙中山先生领导<u>中国</u>起来革命。

(f)我们恭喜<u>你</u>得奖。

---

[1] 本章参考 Li & Thompson(1981)处甚多,特此申明,并致谢。

上例中加底线的部分，就是夹在两个动词之间的名词组。（a）句中的"他"既是其前动词"请"的宾语，又是其后动词"帮忙"的主语。（b）句中的"他们"既是其前动词"叫"的宾语，又是其后动词"去"的主语。其他的类推。由于这样的名词组同时兼作宾语和主语，故称为"兼语"，而其所组成的语法结构，也称为"兼语式"。

兼语式的第一个动词必须是及物动词，是很显然的，而且也只有少数几个及物动词可以作此用途。下面这句话虽然表面很像兼语式，其实不是：

（20.2）他们都说我不对。

其中的"我"虽然在形式上是夹在两个动词"说"与"不对"之间，而且还是"不对"的主语，但是它无法满足第三个条件，因为它不是"说"的宾语。"说"的宾语应该是"我不对"这个子句。

另外还有一个问题是：像（20.3）这样的句子是不是兼语式？

（20.3）我要买一件礼物送人。

赵元任先生（Chao, 1968）指出，其中的"一件礼物"虽然在两个动词之间，但不是"送"的主语，所以该句不是兼语式。同时，因为两个动词"买"跟"送"的主语都是"我"，所以这个句子赵先生也叫它"连动式"（verbal expressions in series）。不过，他的"连动式"与本章的用法不一样。他的连动式并不包括所有这类形式，而仅包括他无法归入特定类别的这类形式。

20.2 描叙式

第18.2节中讨论到汉语关系子句的两种功能，一种是限制，另一种是描述。描述性的关系子句在语义上受到相当程度的限制，那就是：

他所描述的事件或情况,在时间上不能晚于主述语所表述的。例如:

(20.4)?我们种了十几株今年没开花的玫瑰。[=(18.12b)]

显然,主述语"我们种了十几株玫瑰"所表达的这件事,早于关系子句"今年没开花"所表达的这件事。因此,这样的关系子句的可接受度非常低。合乎汉语习惯的说法,应该是如下面(20.5)中的形式。

(20.5)我们种了十几株玫瑰,今年没开花。[=(18.12b')]

这就是我们称之为"描叙式"的结构。下面再举几个例子:

(20.6)(a)我从图书馆借来<u>几本书</u>,都不好看。

(b)他开车撞了<u>一个人</u>,没有受伤。

(c)我们昨天来了<u>三个客人</u>,都是我的学生。

(d)我出版了<u>一本书</u>,没有人要买。

这种结构与兼语式相同之点,是两者都是前后两个动词合用一个名词组。

但是,也有不同之处。在形式上,描叙式的两个动词之间,可以只有一个名词组,如(a)(b)(c);但是也可以有两个不同的名词组,如(d)。除此而外,还有其他的不同:(一)名词组不一定是其后动词的主语,(二)名词组后可以有一个停顿(例句中以逗点表示)。因此,这个句式,在结构上比兼语式要松散得多。

其实,描叙式应该说是包含了两个子句,第一句的宾语所指,也是第二句的主语或宾语所指,但是在第二句中则是以零形回指出现。这样的看法,可以用另一种方法说明。如果将(20.6)改作(20.7)如下,并在第二句中填入一个0,以表示该处应该有一个与前面名词组相同的名词组(下标 i 代表两者同指):

（20.7）（a）我从图书馆借来几本书$_i$，0_i 都不好看。

（b）他开车撞了一个人$_i$，0_i 没有受伤。

（c）我们昨天来了三个客人$_i$，0_i 都是我的学生。

（d）我出版了一本书$_i$，没有人要买 0_i。

那么，（a）中的 0_i 就表示"不好看"的主语与前面的"几本书$_i$"所指完全相同。（b）和（c）也可以作同样的解释。至于（d）中的 0_i，则表示"要买"的宾语与前面的"一本书$_i$"所指完全相同。（这些 0_i 与前面的名词组所指完全相同，就是所谓"零形回指"。）

上例中所有的 0_i，其实也都可以用一个代名词或者实质名词组来替代，如"那几本书""他""他们""那本书"可以分别填入（a）—（d）的空位中。不过，用了这些名词组或代名词，两个子句间的联系似乎就没有原来那样紧凑。这就不仅是语法问题，而且还牵涉到篇章的连贯了。因此，这样的描叙式也可以说是介乎句法与篇章之间的一种结构。

从这样的观点出发，我们也应该修正一开始对描叙式结构的说明。用动词这个概念来说明其结构，似乎不够准确。所以描叙式应该界定为两个述语合用一个名词组的语法形式较为合适。

20.3 并列式

本节将讨论另一种句式，也是两个述语合用一个名词组。不过，这个名词组同时作为这两个述语的主语；同时，因为述语也可以作述题用，所以这个名词组也可能是话题。由于这样的名词组必须是第一个述语的主语或者第一个述题的话题，所以必须出现在句首，而不在两个述语之间。例如：

(20.8)（a）银行九点<u>开门</u>，<u>开始营业</u>。

（b）我每天就是<u>上班</u> <u>回家</u>。

（c）那个懒家伙一天到晚就是<u>吃饭</u> <u>睡觉</u>。

（d）很多人<u>到美国去</u> <u>念书</u>。

（e）这个小孩<u>说话</u> <u>口齿不清楚</u>。

上例（a）—（d）中加底线的部分是两个述语。楷体字是共享的主语。（e）略有不同，"这个小孩"可以算是"说话"的主语，但只能算是"口齿不清楚"的话题。

　　这个句式的名称虽然是"并列式"，其中的两个述语排列的前后次序，却并不是任意的，而是强烈地反映出汉语中的象似性。（a）中的两个述语"开门"和"开始营业"的前后次序甚为明显，无法互换。不过，这个次序既可以认为是时间的先后，也可以认为是表示"先行动、后目的"。（d）也可以认为是兼作时序与目的。（e）则表示两种"情况"之间的关系，即在"小孩说话"的情况之下，发生另一情况，"口齿不清楚"。即使像（b）和（c）这样，一般都可以说是习惯的说法，因而次序固定，但事实上也反映了每天日程的始末。当然，这样的次序还可能有其他的解释，如下列例句所反映的"结果"："这辆车子卖给你"是原因，"我们不赚钱"是结果。

(20.9)我们这辆车子卖给你，不赚钱。

　　至于结构的分析，如果用前节的方法，则（20.8）也可以改写成（20.10），如下：

(20.10)（a）银行$_i$九点<u>开门</u>，0_i<u>开始营业</u>。

（b）我$_i$每天就是<u>上班</u> 0_i<u>回家</u>。

（c）那个懒家伙$_i$一天到晚就是<u>吃饭</u> 0_i<u>睡觉</u>。

（d）很多人ᵢ到美国去 0ᵢ念书。

（e）这个小孩ᵢ说话 0ᵢ口齿不清楚。

其中的 0ᵢ 也代表与前面的名词组所指相同。不过，在这一点上，这个句式又与上面的描叙式略有不同：这个加上的零形回指根本不能以代名词或名词组取代；加进一个名词组或代名词，就会显得多余。例如：

（20.11）（a）？银行九点开门，银行开始营业。

（b）？我每天就是上班我回家。

（c）？那个懒家伙一天到晚就是吃饭他睡觉。

（d）？很多人到美国去他们念书。

（e）？这个小孩说话他口齿不清楚。

就这一点来看，则并列式的两个述语之间的结构关系，似乎比兼语式两个动词的结构关系较为松散，但却比描叙式的两个述语之间的结构关系较为密切。

20.4 其他

除了上述的三种句式以外，当然还有其他类似的结构，无法一一详列。

下面仅举一个例子来说明，就是先前所谈到的（20.3）：

（20.3）我要买一件礼物送人。

其实，这句话不仅宾语名词组"一件礼物"为两个动词合用，而且主语"我"也同样由这两个动词合用。因为"送人"这件事必须有一个人来做，也必须要有所送的东西；因此，"送人"这个述语，不但要有施事，而且还需要一个直接宾语作当事。而在这句话中，"送人"的施事就是"我"，被送的当事就是"一件礼物"。所以，这样的结构，与前三节所讨论的形式，有相同之处，也有相异之处。虽然赵元任先生称之为"连动式"，但这个名称太笼统，无法将之与其他形式区别开来。当然事实上是否有区别的必要，也还是可以讨论的。

还有一个很有趣的事实，也是赵先生提出来的。下面这句话有好几种意思：

（20.12）我要找一个人谈话。

可以解释为：

（20.13）（a）我要找一个人（跟我）谈话。
　　　　（b）我要找一个人$_i$（跟他$_i$）谈话。
　　　　（c）我要找一个人$_i$（跟他$_j$）谈话。

（a）是说"我要找一个人来跟我谈话"，这是兼语式。（b）是说"我要找一个人来，我跟他谈话"，这是赵先生的"连动式"。（c）是说"我要找一个人，让他跟另外一个人谈话"，这也是兼语式。这个例子显示，语言结构与语义实在是无法分家的。

第二十一章 子句间的连接

上面自第十七章至第二十章讨论了子句怎样经由子句内部的语法机制而合成为复句。这些语法机制包括：子句名物化、关系子句、"得"字补语以及连动式。前三项是在子句中以某种语法形式来表示其中一个子句为从属结构；第四项连动式是运用省略的方式来表示子句与子句之间的联系。本章要讨论的则是另外两种以子句本身以外的形式来连接子句而成复句的方式：（一）以连接词表示子句之间的关系，可称为"连接词复句"；（二）不用任何语法标记，仅以前后次序表示子句之间的关系，可称为"无标复句"。

21.1 连接词复句

汉语的连接词，很多源自副词，已在第四章之第 4.2.2 和 4.2.3 节中详加讨论，如"就、又、才、还、也、都"等。另外还有双音节的，如"可是、不过"等，也都可以说是从副词转化而来的。其他有关联性的连接词，如"虽然……但是、不但……而且、除非……才"等也曾在该两节中略为介绍。本节拟借由子句与子句之间关系的性质，来介绍几种连接词或词组，并略加讨论。

首先介绍一种连接词组，例如：

（21.1）（a）（要是 / 假使 / 假如 / 如果）他来<u>的话</u>，我们就一块儿去。

（b）你看见老刘<u>的时候</u>，请代我问他好。

上例中的"的话"和"的时候",很显然是由名词"话"和"时候"前加上"的"而形成的,所以是词组;同时它们有连接两个子句的功能,所以是连接词组。"的话"表示条件,可以单独使用,也可以与"要是、假使、假如、如果"等表示条件的连接词一起使用。"的时候"则表示时间。汉语里像这样的连接词组非常少,虽然也有人将"不但不、否则的话"等认作连接词组,但其实,它们都可以进一步分析为是由两个功能不同的词合成的:不但不=不但(连接词)+不(否定词);否则的话=否则(连接词)+的话(连接词)。

连接词的讨论,常常是按子句间的关系来分类。通常分成下列三大类:因果,并列和转折。①

21.1.1 因果关系

因果关系可分为一般性的和特定的因果关系两种。可以用下列诸连接词来表达:

(21.2)一般性的因果关系:

  (a)因为……所以　　　　　　　　(因果)

  (b)由于……因此/以致　　　　　　(因果)

(21.3)特定的因果关系:

  (a)既然……就　　　　　　　　　(已然的因果)

  (b)如果/假如/假使/要是……就　　(假设)

  (c)只有……才　　　　　　　　　(必要条件)

  (d)只要……就　　　　　　　　　(充分条件)

  (e)免得/以免/省得/以防　　　　　(目的)

上列各连接词,除(21.3e)以外,都是成对使用。每对的两个成员分

---

① 本节内容参考邢福义(1997)第三章甚多,特此致谢。

别出现于第一个和第二个子句中。其在句中的位置，则遵照第四章中副词位置的原则，单音节的只能在主述语之间；双音节的则既可以出现在主述语之间，也可以出现在主语之前。至于在两个位置之间的选择，则不是语法的问题，而是篇章范围内的一个课题。下列例句表示这些连接词在句中使用的情形：

（21.4）一般性因果的例句：
    （a）他（因为）生病，（所以）昨天没有来上课。
    （b）（由于）天气太潮湿，（因此）我的腰又痛起来了。

（21.5）特定因果的例句：
    （a）你既然没有钱，今年就不要再去欧洲度假了。
    （b）如果维修这台旧电脑太贵，就买一台新的好了。
    （c）（只有）你出面，这件事才解决得了。
    （d）（只要）你出面，这件事就解决得了。
    （e）我们还是早点走的好，免得又赶不上飞机。

上例中的括弧表示，其中的连接词可以省略，而且省略以后不会影响两个子句间的连接关系。这个情形显示，（21.4）中的一般性因果关系，即使在没有连接词的情况下，用子句的前后次序已经可以表达；但加上"因为……所以"或者"由于……因此／以致"等类的连接词以后，则这种关系得到了双重的表达，因而较为明白清楚。特定的因果关系，则必须靠特定的连接词来表达；所以，如果要维持原有的特定因果关系，（21.5a）中的"既然"，（21.5b）中的"如果"和（21.5e）中的"免得"，都不能省略。但是，（21.5a）和（21.5b）中的"就"，倒都可以省略，只是省略以后稍有不顺而已。这显示，在这两句中一般性的连接功能是由第二个子句中的"就"担任的，而第一个子句中的"既然"和"如果"的任务，则是分别表示已然和假设两种语义。

至于（21.5c）和（21.5d）两句的情形，则刚好跟（21.5a）和（21.5b）两句相反：（21.5c）和（21.5d）中第一个子句的"只有"和"只要"反而可以省略，而不妨碍原来的必要条件和充分条件这两种关系；但是，第二个子句中的"才"和"就"如果省略了，就会失去这两种关系。这显示这两种连接关系其实是由"才"和"就"担任的（请参看第四章第4.3.2.2节）；至于为什么"只有"和"只要"不能互换，这就牵涉到"有"和"要"的语义，此处不拟作进一步的讨论。

21.1.2 并列关系

此处的所谓"并列连接"与前一章所讨论的并列式中的"并列"，既有相同之点，也有相异之处。相同之点是两者都是将两个子句前后并排放置，相异之处是：并列式的两个子句之间的关系，是用一个共享的主语或话题来显示；而此处的并列连接关系，是用连接词来表示的。并列连接关系，也可以分一般性的和特定的两类。现分列如下：

（21.6）一般性的并列连接词：

  （a）（也）……也

  （b）（又）……又

  （c）一边……一边

  （d）一面……一面

（21.7）特定并列连接词：

  （a）不是……而是　　　　　（"然否"对照）

  （b）接着/然后/于是/便　　（前后连贯）

  （c）（既）……也/又　　　　（递进）

  （d）（不但/不仅）……而且　（递进）

  （e）（不仅/不但）……反而　（反递进）

  （f）不是……就是　　　　　（选择）

（g）(或者)……或者　　　　　　（选择）

（h）要么……要么　　　　　　　（选择）

（i）((还)是)……还是　　　　　（疑问选择）

下面举例并说明各连接词的用法：

(21.8) 一般性并列连接词用法举例：

（a）现在的年轻人(也)会赚钱，也会花钱。

（b）这个孩子又聪明，又能干。

（c）别老是一边/一面吃东西，一边/一面说话。

(21.9) 特定并列连接词用法举例：

（a）他不是喜欢工作，而是没办法不工作。

（b）我们的孩子差不多三点钟放学回家，然后运动的运动，做功课的做功课。

（c）这本书，写得(既)有深度，读来又平易近人，实在是难得一见的好书。

（d）这本书，写得(不但/不仅)有深度，而且读来平易近人，实在是难得一见的好书。

（e）有些人做错了事，(不但/不仅)不承认，反而理直气壮地强辩。

（f）我这个朋友，星期天不是打麻将，就是打高尔夫。

（g）他们度蜜月，(或者)去夏威夷，或者去欧洲，还没有一定。

（h）你要么找个工作，要么继续念书。这样整天混下去怎么得了。

（i）今天晚上，我们((还)是)吃面条，还是吃饺子？

（21.8）显示，一般性的并列连接词，除了"也……也"以外，其余的每对都必须两个连接词并用，这样也非常合乎"并列"的语义。而（a）如果不用第一个"也"，其后的"也会花钱"这个意念，似乎是在说完了"会赚钱"以后才想到，而后加上去的。因此，整句的"并列"语气也就比有两个"也"的时候弱得多了。实际上（b）中的第一个"又"也是可以省略的，省略后的语气跟（a）省略后一样，"并列"的语气较弱。不过，这两个例句比较，则（a）中的第一个"也"较常省略，而（b）中的第一个"又"通常不省略。

（21.9）中也有省略的现象。（c）（d）（e）（g）的第一个连接词都是可用可不用的；而且不用以后也并不改变原来的连接关系，只是这关系没有原来那么明显而已。此外，（i）中的这对连接词，还有其他的变化，因为已经在第四章第4.2.4.1节中详细列出，此处不再重复。

21.1.3 转折关系

转折关系，很难作一般和特定的分别，虽然在修辞书籍中常常细分成"突转""让步""忍让"等。但是这种种分别，不是由于连接词的不同，而是来自语句本身的语义，所以本节不拟作这样的分别。所谓"转折"，就是表示第二句所传递的信息，与第一句传递的信息所引起的预期不合。这种预期，可以是根据一般常识所推得，也可以是根据逻辑推理获得。下面是常用的几组"转折连接词"及例句：

（21.10）（a）（虽然）……但是

（b）即使 / 就算 / 纵然……也

（c）尽管……还是

（d）无论 / 不管……都

（21.11）（a）他（虽然）没有博士学位，但是学识渊博，绝非一般博士可比。

(b）即使自己吃不饱，他也要让儿女个个能受到良好的教育。

(c）尽管时间已晚，大家还是不肯把搜寻的工作停下来。

(d）无论成败，我们都要按原定计划进行。

上列四例，第二个子句的内容都与一般的预期不合，故所用的连接词，都表示转折关系。这几组连接词，除了"虽然……但是"较为固定以外，其他的几乎可以任意搭配，例如"即使……还是、无论……也"等，都是可能的组合。通常"虽然……但是"中的"虽然"可以省略，但是其他几个在习惯上都不省略。

21.2 无标复句

"无标复句"是仅以前后次序，而不用任何语法标记来表示其子句间关系的复句。这里的语法标记，乃指前几章中所讨论的从属结构、共享词组，也包括了本章上一节所指出的连接词。所以，无标复句的联系，其实是完全依靠子句本身的语义来决定的。例如：

（21.12）(a）你不来，我不去。

(b）事情发生得很突然，我们不知道该怎么办。

上例（a）之所以被认为构成一个复句，而不是两个独立的单句，是因为语义与形式上的对比。（b）之所以被认为是一个复句，完全是这两个子句的语义之间的联系。下例虽然也含有两个短句，但因为没有语义上的关联，所以无法成为一句复句。

（21.13）？事情发生得很突然，我们都是学生。

事实上，即使算是两句单句，也无法像这样一前一后的出现在一篇文章内或一个人的口中，因为句与句之间的连贯，还是语言使用中的一个基本要求。不过,这个要求的讨论,通常不算是在语法范围之内的问题,而是属于所谓"篇章研究"或"话语分析"的。

本书第四篇"章法"将进一步讨论子句(或称小句)与子句之间的连接机制。其中所讨论之内容,甚多已经在前面章节中涉及,难免显得重复。但如果不将各种机制集中讨论,则无法显示其整体的一个体系。唯有如此,才能让读者对汉语的篇章结构获得一个较为全面的认识。

第四篇：章法

小引：汉语篇章语法

"集词成句，集句成章"是语言研究的最终目的之一。此前各章节中，对"从词到句"已经详作阐述，并最后涉及传统语法中之复句形式。本篇将继续讨论汉语中其他各种"连句成章"的机制。其内容虽然多系初步尝试，但仍不失为句法与篇章之间的一座桥梁。其主要目的在于汇集先前各章所讨论的多种有关形式与功能，并辅以新增的各种概念，如"话题链""前后景"等，为小句[①]与小句之间的联系，建立一个较为全面的系统。在此过程之中，难免会将先前已经提到过的题材不厌其烦地重新讨论，必致有重复累赘之嫌。不过，如能前后相互印证，定能收到温故而知新的效果。

"篇章语法"这个概念，虽然由来已久，但此一名称却不为一般人所习于使用。英语有"篇章"之概念，如 text 和 discourse，均可中译为"话语""语篇"或"篇章"，但通常与 analysis 或 linguistics 合用，如 text linguistics、discourse analysis 等，却少见有与 grammar 连用者。故无论汉语之"篇章语法"或英语之 discourse grammar，均甚罕见。[②]国内最早在现代语言学研究中使用"篇章"一词，也许可以说，是始于廖秋

[①] 本篇之"小句"，即前三篇之"子句"。

[②] Grammar 与 discourse 共现的情形，也不是绝对没有，如：van Dijk 之 *Some Aspects of Discourse Grammars*（1972），Robert Longacre 之 *The Grammar of Discourse*（1983）。

忠在1980—1990年代所发表论文之中。其后，徐赳赳（2003）、许余龙（2004）等相继将"篇章"融入书名或篇名之中。国外则有Chauncey C. Chu（屈承熹）在1998年所著 *A Discourse Grammar of Mandarin Chinese* 封面上，用汉字标示该书汉语书名为《汉语篇章语法》。依此看来，"篇章语法"似已渐为汉语语言学界所接受。然而，对此一名词之理解却仍不甚一致，乃有略作解释之必要。

"篇章语法"可以宏观地解释为：一个以结构为依据的系统，其功用是描写并解释小句与小句之间的各种联系；这种联系，是组成大于小句的语言单位的机制。"汉语篇章语法"的目的之一，就是要确立一个大于小句而能独立的语言单位的定义。这个单位，可以称为"汉语篇章句"，以别于一般的语法书中始终未能确切定义的所谓"句子"。[①] 本篇将以Chu（1998b，引语出自中译本）为基础，简介汉语篇章语法，并随机补充1998年以后的多种较为重要之发展。[②]

[①] 一般对"句子"的定义，或以语调、语义为准，或以标点符号为依据。但不是循环论证，就是主观判断，均无法满足语言学研究中客观的要求。

[②] 本篇偶尔使用"语篇"替代"篇章"，以便同时包含口头语与书面语。

第二十二章　体标记的篇章功能

汉语中的体标记，主要包括完成体标记"-了"、持续体标记"-着"、经验体标记"-过"、进行体标记"在-"、起始体"-起来"，共五个。① 作为动词词缀，其基本功能是突出事件之某一部分。② 如：完成体突出事件之整体性，持续体突出事件之持续性，经验体突出事件之过去状态，进行体突出事件之进行状态，起始体突出事件之起始点。各个体标记由其基本功能，可以依据动词本身之特征，或句式之功能，或语境之需要，而衍生出各种各样的语法、语篇和语用功能。例如："-着"基本上表示持续，如"别吃着东西说话"。但如果动词在本质上不能持续，则"-着"可以衍生出"情状化"的功能，即把事件/动作转换为情状的功能，如"门开着"，此处"开着"已经不是表示事件的持续，而是表示状态的存在。其他如："-着"能将整个小句转化为情状状语，"在-"能将整个小句转化为时间状语等，均属此类衍生而得之功能。其中最为复杂，但却非常重要的，就是"-了"所衍生出来的各种功能，包括其篇章衔接功能。下面对此略作阐述。

---

① 当然还有其他形式也可以纳入体标记系统，如"-下去"（继续体）、动词重叠（尝试体）等。由于其语法化的程度较低，一般不作虚词处理，且限于篇幅，故不加讨论。

② 英语 aspect 即为此义。汉语语言学沿用"体"来翻译 aspect，其实并不确当。龚千炎（1995）采用"相"，与英语原义更为接近。

完成体标记"-了",由其基本功能"发生/完成"所衍生出来的各种语法、语用功能所构成的网络,可以用下列图解表示:[①]

(22.1) 完成体标记"-了"的衍生功能网络:

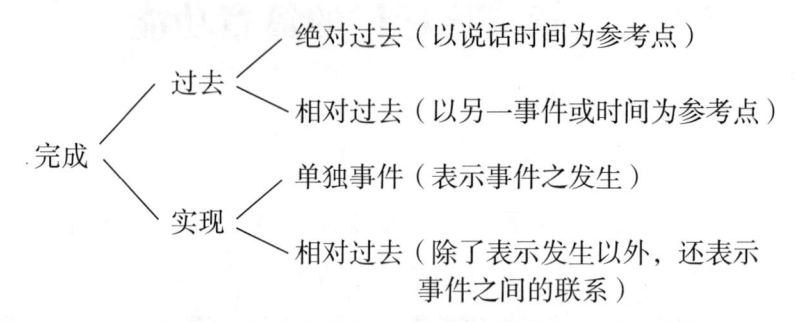

```
            ┌ 过去 ┬ 绝对过去(以说话时间为参考点)
            │      └ 相对过去(以另一事件或时间为参考点)
    完成 ┤
            └ 实现 ┬ 单独事件(表示事件之发生)
                   └ 相对过去(除了表示发生以外,还表示
                              事件之间的联系)
```

其中"相对过去"和"整体事件"与篇章组织有关。例如:

(22.2)(a) 我吃了饭(以后,马上)就来。

(b) 他在那儿住了两个月才走的。(Chu, 1998b: 58)

(22.2)中的两个完成体"-了",除了发挥其基本功能表示"发生"以外,还都标示"相对过去",即"吃饭"先于"来","住"先于"走"。这个衍生出来的功能,可称为标示"先行性"功能。再看下例:

(22.3) 就这样,我来到棕榈泉地带的大沙漠中,在不同的三个小镇上住了三年,又恢复了我的写作生涯。

---

① 虚词"了"基本功能的解释网络,也可以用如下的图解来表示:

```
            ┌ 了₂:"情状改变"                  ┌ 瞬间动词:"实现"
   了"变化" ┤                    ┌ 动作动词 ┤
            └ 了₁:"事件发生" ┤              └ 非瞬间动词:
                              │                "完整、完成"
                              └ 过程动词:
                                "达成"
```

其中"实现""完整"等概念,请参看戴耀晶(2003)。

（22.3）中有三个小句，各代表一个过去发生的事件。如果是三个独立句，那么，每个小句都应该用一个"-了"来标示各自事件的发生。然而，这里只用两个"-了"：第一个"住了"，固然标示事件的发生，但是这不是它在这里的主要功能；它主要是标示该事件发生后的结果（试比较"墙上挂了一幅画"中的"-了"）。另外，它还标示先行性。至于第二个"恢复了"，则具有一个篇章组织的功能。这个"-了"，其重要性在于反映出一个事实：前面两个小句中没有使用表示"发生"的"-了"。应该用"-了"而不用，并不是表示该事件没有发生，而是表示：在这一组小句中，其重要性不如带有"-了"的小句。换言之，应该用而不用"-了"，这样的安排从篇章组织上来说，是有意将这两个小句的地位降低，而使之从属于最后一个有"-了"的小句。最后这个"-了"的功能，张武昌称之为"顶峰标记"（见 Chu，1998b：55—58），本书则认为，称之为"整体事件标记"较为恰当。综上所述，这三个小句，可以认为是组成了一个语言结构单位，相当于一般所谓的复句。那么，这样的分析，究竟与传统语法分析有什么不同的含义呢？

用传统的语法分析，（22.3）中小句之间的关系有两种：一是意义的联系，二是主语承前省略。意义的联系较难作实质上的掌握；因此，这个复句，实际上仅依赖主语承前省略这一项隐性的标记来界定的。篇章语法则利用较易掌握的结构形式——完成体标记的省略——来进一步确认，这一组小句的确有具体的理由构成一个大于小句的语法单位。这个语法单位，本书称之为"汉语（篇章）句"（参看第二十八章）。

除此而外，由于各个体标记相对于下列几种基本性质的不同，而产生了前后景程度的差异，如下表（22.4）所示（Chu，1998b：63）：

（22.4）现代汉语体标记的前后景程度：

	动作性	完成性	时点性	独立性
-了	+	+	+	+
-起来	+	−	+	+
-过	−	−	+	+
在-	−	−	−	+
-着	−	−	−	−

根据 Hopper & Thompson（1980）的研究，动作性（kinesis）、完成性（telicity）、时点性（punctuality）都是构成语篇"前景"（foreground）的因素。因此，现代汉语的体标记似乎在前后景的安排中，形成一个序列如下：

（22.5）体标记充当前后景的序列：

   -了 -起来 -过 在- -着

 前景 ←——————————————→ 后景

上图显示，完成体标记"-了"，可以用来标记事件的主体性。相对地，持续体标记"-着"，可以用来标记事件的从属性（请参看第 6.1.4 节）。其他三个标记，则介于两者之间。这些功能对将小句组成篇章，都是有积极的贡献的。关于前后景的说明，请参看第二十五章。

第二十三章　情态：副词与句末虚词

现代汉语的情态，有几种主要的表达方式：助动词、副词、句末虚词。本章仅择要讨论副词和句末虚词两种。

23.1　副词

副词之有篇章连接功能，一向都认为，只有当副词出现在句首的时候才有。其实，这要看副词的性质而定。表示情态的，如肯定副词、评价副词、判断副词，多半都有连接的功能。下面以"又、还、再"这组语义相似的评价副词为例，说明它们的语篇连接功能（参看 Chu, 1998b：71—93）。

（23.1）（a）他渐渐老了，又是孤苦伶仃的一个人，再老下去又怎么办呢？

（b）顾太太告诉我，陆先生竟在布置房间了，还添了一床大红丝棉的被窝。

（c）不吃饭也可以，时间还早，再坐一会儿。

上列三例中加底线的"又、还、再"，除了表达"本小句的事件/情状是前面小句中事件/情状的进展"这一个意义而外，还各有其他的含义。这个含义就决定了与其前小句之间的联系合适与否。试以此三者互代，如下：

（23.1'）（a）他渐渐老了，?再/?还是孤苦伶仃的一个人，再老下去又怎么办呢？

（b）顾太太告诉我，陆先生竟在布置房间了，又/?再添了一床大红丝绵的被窝。

（c）不吃饭也可以，时间还早，*又/*还坐一会儿。

替代以后，就本小句而言，似乎并无合适与否的问题。但如果就前后两个小句之间的联系来看，其结果便各有不同：有的前后关系不符，更有的无法解释；只有一个情况——（23.1'b）中的"又"虽然无害其通顺，但其前后小句之间的关系，却已经完全不同。

此三者之间不同的语篇联系功能，可以表示如下：

（23.2）（a）如果前后连接的是同一事件或情景，则：

"再"和"又"都表示"重复"，而"还"则表示"持续"。

（b）如果前后连接的不是同一事件或情景，则：

"再"强调先后顺序；"还"表示后者是对前者的详尽描述；"又"表示两者是同一整体的不同成员。

（c）"还"与"又"重读时，所表示的情态是：该事件是不合意的。

Chu（1998b: Chap. 3）还讨论了"就、才"和"并、也、倒"两组副词的篇章功能。另外还有评价副词，如"其实、居然、本来、果然"等，都具有很强的篇章连接功能。

23.2　句末虚词

虚词如"啊/呀、吧、呢、嘛"等，在语篇连接上，都有不同程度的功能（参看第四章）。依其情态与连接上的差异，分别称之为"个人参与"（personal involvement）、"说话者的迟疑"（speaker's uncertainty）、"前后关联"（relevance）、"显著/执着"（obviousness/insistence）虚词。第四章中的论述一反传统研究方法之细分缕列个别虚词的各种意义、解释或用法，而采取另一途径：寻求每个虚词的基本功能，然后配合句义和语境，以衍生出多种多样的解释。在这样的过程中，往往能发现前所未见的语篇功能。此一转向，应该可说是为现代汉语研究开辟了一个新途径。但限于篇幅及材料，研究也不够细致，所以还有不少问题尚待解决。下面介绍三篇近期的论文，以作补充。这三篇论文，都是汇集先前学者的研究成果，透过当时理论，而后作出的系统化的解释。

23.2.1 Chu（2002）对"啊/呀"的分析

这个研究认为，"啊/呀"的基本功能虽然确实是个人参与，但其语调之高低，也影响其最终之解释。高语调表示该语句为对听话者而发，故其解释倾向于"给予或寻求信息""挑衅""警告"等；低语调表示该语句为对说话者自身而发，故其解释倾向于"同意""惊叹""回声问句"等。不过，几乎所有的"啊/呀"都具有一个基本的语篇功能：增强该语句与其语境之关联性。下面是一个极为关键的例证：

（23.3）A：现在几点了？
　　　　　What time is it now?
　　　B：你自己有表啊！
　　　　　But, you have a watch!

其中的"啊"不但表示个人参与，而且还增强了A与B之间对话的关联性。若删去"啊"，则B不但显得漠不关心，而且"你自己有表"无法担任确当回答其前问题的任务。所以,"啊"在这个语境中,其功能与英语对应句中的 but 完全相吻合。①

23.2.2　屈承熹、李彬(2004)对"吧"的分析

这个研究认为,句末虚词"吧"除了表示说话者的迟疑以外,还有一个语篇功能,那就是增强该句内容与其语境之间的关联性,尤其是与其非语言语境之间的关联。例如:

(23.4)［母亲在儿子出去看球赛的时候,已经告诉他要带一件厚一点的夹克,儿子不听,结果回家时又咳嗽又打喷嚏］

母亲:感冒了吧!

这个"吧",表示说话者并不确知儿子是否一定感冒了,同时也将该语句联系到先前的有关语境。如果删去这个"吧",则不但说话者没有迟疑,而且也没有要听话者联想起以前发生的有关事件。下面再举几个例句,以作进一步说明。

(23.5)(a) A:他求了你半天了,你就给他一点儿钱吧$_1$!(建议)

B:好吧$_2$,那我就给他两百块吧$_3$。(勉强同意)

(b)［友人赠以礼物,几经推让,最后终于接受］

好吧$_4$,那就谢谢了。(客气或礼貌)

(23.5)中的四个"吧",按照传统的分析,一般可以认定是分别用来表示"建议"("吧$_1$")、"勉强同意"(吧$_2$、吧$_3$)和"客气或礼貌"(吧$_4$)。但是,为什么同一个"吧"会有这样不同的解释呢?如果采取屈承熹、李彬(2004)的说法,则所有的"吧"都具有一个基本功能,表示发话

---

① 此处的 but 作为增加关联性的一个语篇标记,已为一般学者接受。(参看 Jucker, 1998)

者对其所说内容没有把握。如此,"吧$_1$"表示对"你给他一点儿钱"这个"命令"无甚把握,而解释为"建议"或"请求";"吧$_2$、吧$_3$"表示对"好"及"那我就给他两百块"无甚把握,而显得"勉强同意";"吧$_4$"表示对"是否应该接受礼物"无甚把握而显得"客气"(试比较英语的"Thank you, but you don't have to.")。

以上(23.4)(23.5)两例,分别显示句末虚词"吧"与语境的连接功能,以及如何从其基本功能,透过语境,衍生出各种不同的解释。

23.2.3 Chu(2006)对"呢"的分析

这个研究认为,句末虚词"呢"具有两个基本功能:[1]与上文对比,[2]要求继续对话。由此出发,可以根据该句命题内容及所处语境,推演出所有的各种解释。其推演网络,可以下列图解表示:

(23.6)"呢"的语篇、语用网络:

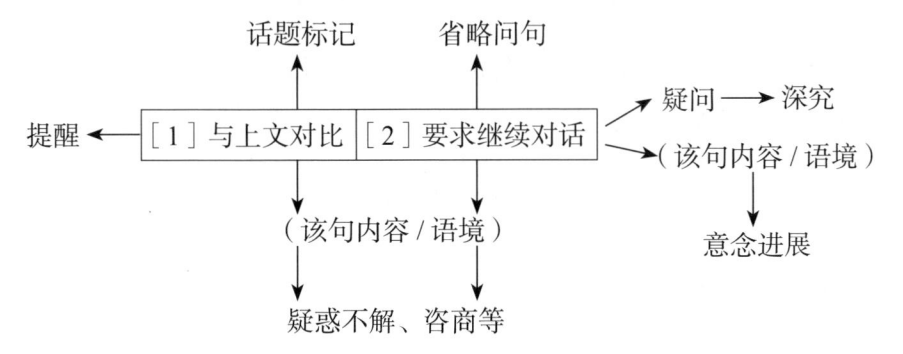

```
                话题标记      省略问句
                   ↑            ↑                    → 疑问 → 深究
提醒 ← [1]与上文对比  [2]要求继续对话
                                                     → (该句内容/语境)
                   ↓            ↓
                (该句内容/语境)                         意念进展
                   ↓            ↓
                疑惑不解、咨商等
```

上图中连接在一起的两个方框,代表两个基本功能;箭头表示推演来源及方向,单一箭头表示仅源自一种功能,双箭头则表示同时源自两种功能;圆括弧表示箭头后的用法/意义是经过"该句内容/语境"的过滤而获得的。下列例句说明如何从基本功能推演衍生出各种不同的解释。①

（23.7a）**疑问**：他明天会不会来呢?

此句中疑问显然是来自"会不会"，"呢"与疑问无关。试将"呢"删去，疑问仍在。其与原句不同之处，乃在是否必须有上文与之相对比，故与［1］有关。至于其加强之疑问义，则可归之于［2］之"要求继续对话"而来。

（23.7b）**提醒**：他们还不用电脑，还不如我呢!

此处之"提醒"用法，其实衍生自［1］"与上文对比"。如果译成英文，可以用 so 来表示"呢"的意思：They still don't use a computer. So, they are not as (up to the times as) I am.

（23.7c）**话题标记**：那本书呢，你看完了没有?

此"呢"表示［2］"要求继续对话"。不过，未及对方接话，发话人已经自行接续，乃使"那本书"顿时变成了一个话题。

（23.7d）**省略问句**：张三要去日本，李四要去韩国，你呢?

发话者本拟说"你呢，要去那儿?"，现在省略了谓语，原来的话题顿时变成一个省略问句。

（23.7e）**深究**：你撒手! 你是搀我，还是揪我呢?

所谓"深究"，仅是"疑问"的更进一步。如果本来就是疑问句，再加上一个"呢"，表示［2］"要求继续对话"，那就是更进一步地要

---

① 下列（23.7a）—（23.7h）各例均摘自 Chu（2006），但略有更动，以应所需。

求答复，也就是深究了。

（23.7f）**意念进展**：A：我很喜欢看星星。

B：看星星，那你会不会看星象呢？

A：我不大会看。

所谓"意念进展"，其实也就是，语境中必须有与之对比的上文，也必须有后续的下文。所以无异于说是由［1］［2］转化而来。其"进展"意念，则直接来自［2］。

（23.7g）**疑惑不解**：

女儿：迪迪可以不做。以前爸爸在家的时候，还有人帮我主持公道，现在爸爸出国去了，我就成了你的出气筒啦！

母亲：你，……唉，怎么会这样呢？

这里的"疑惑"其实是该句本身的语义，但疑惑的对象，则在上文可寻，故与［1］有关。而其"不解"则来自提出这个问题，而且在要求继续对话之后，并没有任何接续。所以，这个"不解"或"无解"也可以说是来自［2］。

（23.7h）**咨商**：……咱们攒足劲，找个机会施展一下咱们的本领，什么夜袭队！非得让他们变成野鸡队，揍得他们野鸡不生蛋。你说呢？贾政。

很显然地，"咨商"是由整个语段的内容而推演出来的。"呢"的功能，在于凸显"你说"与其语境中的对比：在"我说"了这样的一个意见以后，现在要听"你说"的了。同时，也要求对方继续对话，"你说呢"就变成了一个问句。如果说话者不用"呢"，"你说"就是一个命令句，而不能解作问句，与前一段话语的关系，就显得疏松得多了。

综上观之，"呢"具有很强的语篇功能；几乎可以说，它能起到承前启后的作用。难怪Chu（1998b：127）有如下的一段说明：

> 当话语内容与话题框架没有明显的联系时，关联助词"呢"的使用要比有明显的联系时更有必要。说话者之所以要特意使用这个助词，就是为了在他/她的话语表面上看来与话题框架没有关联时，努力使他/她的话语与之发生关联。

并举下例为证：

（23.7i）［谈论新到美国的一个中国老移民］
　　A：他这么大年纪，到美国来怎么过啊！
　　B：你难道以为他不会说英语吗？他的英语说得比你还好呢！

Chu（1998b：128）认为，"B所说的第二句话很显然和受话者的期盼相矛盾。由于……偏离话题框架"甚远，所以"需要使用'呢'来标记它和谈话内容的关联性"。

第二十四章　信息结构：信息来源与信息处理

对信息（information）的讨论，一般都作新旧之分。Chafe（1976：30）认为，新、旧信息可以分别作如下之认定：[①]

（24.1）（a）旧信息：如果发话者认为，某项"知识"（knowledge）在说话时已经存在于受话者的意识之中，则该知识就是旧信息。

（b）新信息：如果说话者认为，受话者由于听其所言而在意识中增加了知识，则所增加之知识即为新信息。

虽然1976年至今，有不少有关的研究和著作，但是这个说法，目前还是一般人用来确认新旧信息的基本准则。至于分类方面，则一般都依据Prince（1981：234—235）如下的说法：

[①] 该两项认定之原文如下："Given (or old) information is the knowledge which the speaker assumes to be in the consciousness of the addressee at the time of the utterance. So-called new information is what the speaker assumes he is introducing into the addressee's consciousness by what he says." 此处的knowledge暂译为"知识"，乃指说话者与听话者对某一事物的所知。

（24.2）Prince 的新、旧信息分类：

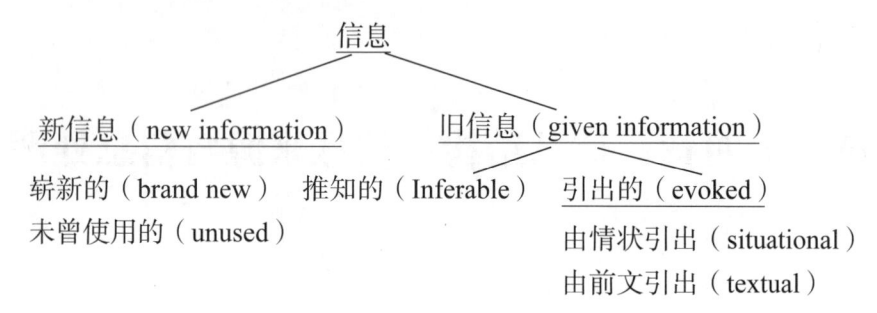

```
                          信息
            ┌──────────────┴──────────────┐
      新信息（new information）      旧信息（given information）
    崭新的（brand new）   推知的（Inferable）   引出的（evoked）
    未曾使用的（unused）                      由情状引出（situational）
                                            由前文引出（textual）
```

"推知的"和"引出的"都属旧信息。在应用上，语言学者往往将旧信息与定指挂钩，进而将之与话题及句中动词前的语序位置联系在一起；新信息则与不定指挂钩，进而被认为可以与焦点及动词后的语序位置联系在一起。例如 Li & Thompson（1975：170—185）认为，现代汉语中有一种倾向，可以表述为：动词前的名词往往是定指（即旧信息），动词后的名词往往是不定指（即新信息）。当然，这种倾向，还必须加以有无标记等情况的限制，此处无法详述。无论如何，这样的处理，往往会引起不少无法解决的问题。例如：

（24.3）（a）Your **fáther** did it.

（b）有一匹农家的马，站在河里，水齐着膝，懒洋洋地在那里摇动湿淋淋的尾巴。

（a）中的 your fáther，根据 Chafe 和 Prince 的定义及归类，应该带有旧信息。但是在这句话里，却是唯一可以传递新信息的语言单位。当然可以用一种类似辩证的方法来自圆其说：这是旧信息新用。但这种说法毫无解释力可言。（b）中的"膝"和"尾巴"，根据 Prince 的分类，是推知的，都属旧信息，应该解释为定指。这就与 Li & Thompson 所说的倾向不符。

为了解决此类问题，Chu（1998b：150—154）提出一个方案，将

第二十四章　信息结构：信息来源与信息处理

信息结构分成两个层面："信息来源"（source of information）与"信息处理"（information management）。信息来源决定信息之新旧与名词组之定指与否；而信息处理决定词序和其他语法结构，也就是将名词组以何种语法结构放置在小句中的哪个位置。换言之，前者是名词组层面的考量，而后者则是小句结构层面的考量。信息处理的目的，在于标明词语所带之信息在该语句中的重要程度，也就是发话者认为应该让受话者所知道的"消息"（message）。[1] 在现代汉语中，如果没有特殊的标记，愈是重要的消息，愈是倾向于放置在小句的后段。[2] 由于重要消息通常是新信息，而新信息通常是用不定指形式出现，因此，就有了 Li & Thompson（1975）所说的那个倾向。这个倾向当然是合情合理的，但是却只是一个倾向，如果有不合乎这个倾向的事实，那么也就应该有一个同样合情合理的解释。

Chu（1998b）所提出的信息的双层结构，就提供了这样的一个解释。（24.3b）中的"膝"和"尾巴"，固然是光杆名词，没有定指标记，但所带的却是旧信息，如果要译成英语，两者都必须带所有格代词 its 或定冠词 the。按照 Li & Thompson 的说法，这两个名词组应该出现在动词之前。但两者分别出现在动词"齐"和"摇动"之后，其原因乃是：这两个名词其实分别包含在两个新消息中。如果没有特别的标记，新消息应该是谓语的一部分；因此，这两个名词组，虽然带有旧信息，却出现在动词之后。简而言之，这两个带有旧信息的名词，所传递的却是新消息。同样地，（24.3a）中的 your fáther，也是一个带有旧信息的名词组，由于其特别重音，而且该句中其他词语都没有语义内容，无法传递消息，所以它就是唯一能传递新消息的一个词

---

[1] 其实，这倒与上面（24.1）中 Chafe 所说 knowledge 的意思非常吻合。
[2] 这一说法，与布拉格学派的 theme-rheme 理论近似。

语。也因此,"旧信息新用"其实就是一个带有旧信息的词语,经过语音或语法的安排,使它传递新消息。如果将(24.3a)译成汉语,应该是:"是你父亲干的"。此处的"是……的"结构①,相当于英语的特别重音。这两种机制,也是属于信息处理范围之内的。

下面这个例句,可以更进一步地阐明这个"信息"与"消息"两分法的优点。②

(24.4) I just talked to *the boss* about *your performance*.(Chu,1998b:150)

我刚跟老板谈了你(在工作上)的表现。

句中的 the boss、your performance 和"老板""你(在工作上)的表现",都带有旧信息。除了"老板",因为跟在一个介词后形成一个状语,必须出现在动词之前而外,其余的都为受话者提供新消息,因而出现在动词之后。

本章将信息结构分成两个层面:信息来源在名词组层面运作,信息处理在小句层面运作。前者与信息之新旧有关,即一般所谓之旧信息与新信息,在形式上体现于定指与不定指之别;后者与"消息"之重要与否有关,在形式上体现于语法结构之选用、词序之安排、话题与焦点形式之采用、特别重音之使用等。这样的分层负责,对于汉语中词序功能的解释,特别有效。但是,由于现代汉语缺乏区别定指与不定指的固定形式,在认定上比较困难。不过,词序与"消息"之重要与否,这两者之间的关系倒较之西方语言(如英语)更为固定。

---

① "是……的"结构,通常将之比作英语的分裂句"It is...that..."。参看第6.3节。

② 方梅(2008)以"背景信息"vs."前景信息"来标示此处所说的"消息"。

第二十五章　主从关系与前后景的配置

上节提到"消息"之重要与否，在现代汉语中可以用词序来表达。这是在一个小句范围之内的安排。在小句范围以上与之相对应的，则是"前后景"的配置。"后景"（background），又称"背景"，是陈述任何事件或情状的起点，故多为发话者与受话者双方所熟悉的人、物、事，即一般所谓的旧信息。"前景"（foreground）是在后景的基础上所作陈述的新消息或新知识，故多为受话者所未知之事；但所包含的并不一定完全都是新信息。所以，后景与旧信息汇于一体，只是一种较常发生的可能，而不是一种绝对的必然关系。两者之间的确存在一种相关关系，但这种关系不是必然的。同样地，前景与新信息汇于一体，也只是一种较常发生的可能，而不是一种必然关系。在澄清了这些概念之间的相关关系以后，现在我们可以问：前后景是怎样配置的呢？

配置前后景，在语法上大致有两种机制。一是小句的前后排序：前句作为后景，后句作为前景。这可以认为是无标记的前后景配置。另一是句法中的从属小句结构：从属小句表示后景，主要结构表示前景。另外，前景还可以用重音标记，但本章不拟讨论。

25.1　句序

任何两个小句，若要组织成章，就必须有先后的次序。这样的次序，称为"句序"。前面说过，前句为后景，后句为前景，这是一个非常自然的结果,而且是无法避免的。因此,句序作为前后景配置的一个机制,可以看作是无标记的。但是,如果有多于两个小句前后出现,则前后景的关系,呈逐步前进式的替换状态。Givón(1987:176)对此有如下的陈述:

> 一个命题,在篇章的 n 点上,经陈述而成为前景,如果受话者没有质疑,则在"n+1"点位置上,会变为预设(后景)。故在实际的篇章中,一个命题究竟是前景抑或后景,乃相对于该篇章中的某一位置(即某一框架)而言。而篇章框架是不断变化、重组、重构的。①

下面举一个简短的例子来说明:

(25.1)(a)你买了这个电脑,(b)放着不用,(c)干什么?

(25.1)共有(a)(b)(c)三个小句,仅靠句序表示其间前后景关系:②当发话人说(a)时,"你买了这个电脑"本身就是前景;当他接着说(b)时,"放着不用"是前景,而"你买了这个电脑"已经随之变为其后景;最后,当他说(c)时,"干什么"是前景,而"放着不用"亦已随之变为其后景。如将该三分句的句序颠倒,如下:

(25.1')?(c)干什么?(b)放着不用,(a)你买了这个电脑。

(25.1')就显得有点语无伦次,主要因为前后景间的语义关系无法配

---

① 原文为:A proposition that is asserted ('foreground') at point *n* in the discourse becomes—in the absence of challenge from the hearer—a shared presupposition at point *n* plus 1. The determination of what is foreground and what is background in actual discourse must then be relative to a particular point in the discourse, the particular frame. And the frame in discourse tends to shift, to be reassembled, to be reframed.

② 其实,此处还牵涉到零形回指,留待下章讨论。

合:"干什么"不能作"放着不用"的后景,"放着不用"也无法作"你买了这个电脑"的后景。所以(25.1')最多也只能算是一个倒置的结构而已。

25.2 从属结构

语法上的从属结构,种类繁多,但一般语法都以复句为准。因之,从属连词如"虽然""因为"等从属标记,颇受重视。其他从属结构,如关系小句和名词小句,亦占相当地位。然而,一般语法均未能将之纳入前后景配置机制之内。故汉语篇章语法必须校正此类偏差,给予适当处理。[①] 除此而外,尚有一种机制,在一般语法从属结构之讨论中,从未获得其应有之地位,那就是体标记的从属功能。

体标记能标示从属结构,如此看法,在汉语中或有标新立异之嫌。其实,时体与从属结构之间的关系,早已为语言学界所熟知,如英语 finite clause 与 non-finite clause 所具有的不同语法地位,便是一例。兹将现代汉语体标记之从属功能,举例说明于下(Chu,1998b: 183):

(25.2)今天下午,我们在看电视(的时候),忽然停电了。
(25.3)(a)党有几十万党员,
　　　(b)他们在领导人民,
　　　(c)向着敌人
　　　(d)作艰苦卓绝的斗争。

开始讨论之前,我们必须先回顾一下第二十二章中(22.5)的图解:

[①] 方梅(2008)讨论了两种背景化的语法机制:小句主语零形反指和关系从句化。前者我们将在下章介绍。

（22.5）体标记充当前后景的序列：

-了　　-起来　　-过　　在-　　-着

前景　◀━━━━━━━━━━━━━▶　后景

这些体标记所具有的标记后景的语用功能，与他们标记从属小句的语法功能，实际上是一物的两面。从这个序列看，除了"-了"以外，其他四个都可以用来标记从属。不过，它们所标记的从属有程度上的不同；也就是说，相对而言，带"-着"的谓语可以从属于带"在-"的谓语，带"在-"的谓语可以从属于带"-过"的谓语，依此类推。

现在再看上面两例。（25.2）中有两个小句："我们在看电视"和"忽然停电了"。前者的动词带"在-"，作为后景；后者的动词带"-了"，作为前景。同时，这两个小句的先后句序，也支持这样的前后景配置。如果删去"在-"，两者之间的联系就较为松散，因为仅有句序作无标记的前后景结构；而这个结构中的动词如果都表事件的话，通常是表示两个事件的连续发生。不过，如果在其后加上"的时候"，成为"我们看电视的时候"，则又联系紧密了。其原因是，"我们看电视（的）"已经变成了一个关系小句而从属于"时候"，而整个"我们看电视的时候"是用作表示时间的后景结构了。（25.3）中的小句（a），其实是一个比较独立的篇章单位，与其后的三个小句仅有回指关系，即"几十万党员"是"他们"的先行语，而没有其他语法关系，所以可以用句号与其后小句分开。而（b）—（d）之间，却存在着从属关系。这个从属关系同时用两种形式表示：句序和体标记。由于这三个事件有先后发生的次序，所以句序不能颠倒，但体标记则可以删去，而无害于其中的从属关系。① 下面再举一例，说明体标记与句序分别在各自的

---

① 句（c）中的"向着敌人"删去"-着"以后，"向"将变成介词，故不但不增加其前景性，反而增加其后景性；但如将之改为"面向"，遂成为彻头彻尾的动词，则前景性立即加强。

领域中作前后景的配置：

(25.4) 他坐在一个小桌旁边，桌上铺<u>着</u>深绿色的绒毯，放<u>着</u>一个很古雅的花瓶，瓶中插<u>着</u>一支秋花。

(25.4) 中共有四个小句，谓语中分别用单音节动词"坐""铺""放""插"。第一个小句为主句，表前景；其余三个为从属句，表后景，因为后者的动词都带有持续体标记"-着"。但是，依句序而言，则第一句的"小桌"是第二句的后景，第二句的"绒毯"是第三句的后景，而第三句的"花瓶"是第四句的后景。

至此，我们分别讨论了两种前后景的关系，其性质显然是不同的。句序所代表的，在描写体中是视点的扩展（在记叙体中是事件进展的线索）；体标记所代表的，则是事件或情状在篇章组织中的权重。当然，有时这两种关系会混合出现、交叉作用，其中一个可能强于另一个而胜出，情况会变得非常复杂。这样的研究尚待继续努力。

第二十六章 回　指

"回指"（anaphora）研究可以广义地包括任何一个语言形式与其先行语之间相互呼应的情形。但本章仅拟讨论名词性的回指，所涉及的有名词性回指语（nominal anaphor，简写作 NA）、代词性回指语（pronominal anaphor，简写作 PA）、零形回指语（zero anaphor，简写作 ZA 或 Ø）的分布、限制及解释。

现代汉语篇章回指，近二三十年来研究著作甚多。本章仅拟择要讨论下列几部专著，挂一漏万，在所难免：李樱（Cherry I. Li, 1985）、陈平（Ping Chen, 1986）、许余龙（Yulong Xu, 1995）、徐赳赳（2003）、许余龙（2004）。前三者均为博士论文，分别从结构特点、回指使用和回指理解三个不同的角度分析，为早期研究之代表作。徐赳赳（2003）创议使用几个与回指有关的基本概念，因而分析更为细致；许余龙（2004）乃由 Xu（1995）改写而成，但仍颇有新意。

26.1　篇章结构与回指[①]

Li（1985）认为，回指语之出现，一般都或多或少受到句法和语义限制，但其使用则由于篇章之需要。语法、语义限制为一般语法学者所熟知，故不赘述。篇章需要，则可归纳如下：ZA 在话题链（参看

---

① 第 26.1—26.3 各节内容，均摘自 Chu（1998b: 220—245）。

第二十七章）内部充当话题，PA 标示话题链的界限，NA 导入新的指称对象或标示自然段的界限。例如：

（26.1）（a）<u>刘乡长</u>没有很高的学历，
　　　　（b）∅ 学识也不渊博。
　　　　（c）<u>他</u>在当选乡长以前，
　　　　（d）∅ 是一个笃实的农夫，
　　　　（e）∅ 在乡里是一个名不见经传的人物。
　　　　（f）大概是<u>他</u>做人太过于忠厚老实，
　　　　（g）所以 ∅ 竞选期间，
　　　　（h）∅ 不必花费金钱，
　　　　（i）∅ 终能高票当选。

上例中共有一个 NA，"刘乡长"；两个 PA，"他"；六个 ZA，∅。其中"刘乡长"导入一个新的指称对象；"他"标示话题链的开端；∅ 则以话题的身份，来连接各小句而组成一个话题链。当然还有很多细节，此处无法详细说明。

26.2　回指与指称对象的追踪

Chen（1986）提出"连续性""可忽略性""篇章显著""主要停顿""次要停顿""值得注意度""识别难度"等概念。这些概念都与回指语的选择有关。ZA 标示"高连续性"或"高可忽略性"；PA 标示"次要停顿"或"高可注意度"；NA 标示"主要停顿"或"指称对象难以识别"。由于无法以单一例句说明，故此从略。

26.3　回指与可及性

Xu（1995）和许余龙（2004）从指称对象"可及性"（accessibility）

角度来研究回指。回指语 ZA、PA、NA 所标示的可及性由高而低。因此，ZA 用来标示包括当前话题、预期话题、显著预期副话题在内之高度可及性。PA 可标示与 ZA 相同之可及性，或以下三种中度可及性：（一）最近取代的话题，（二）预期话题堆叠的第一个成分，或（三）预期副话题。NA 用来避免误解，或用来标示：（一）前已取代的话题，（二）话题、场景、活动之转换。下列例句可用来说明回指语与可及性之间的关系：

（26.2）（a）从前有个勤劳的铁匠，
　　　　（b）他有个儿子，［预期话题］
　　　　（c）Ø 快满二十岁了，［当前话题］
　　　　（d）Ø 人倒生得又高又大，［当前话题］
　　　　（e）Ø 就是好吃懒做。［当前话题］
　　　　（f）铁匠常为这件事烦恼。［前已取代的话题］

研究发现，"以表层语言提示为基础的篇章回指确认原则，可以满意地解释语料中出现的绝大多数指称词语表达的回指关系。而且，在加上语义和语用的相容性核查之后，除了一例零形代词之外，所有指称词语的篇章回指都可以获得正确的确认"（许余龙，2004：347）。

26.4　篇章回指的新发展

徐赳赳（2003）提出下列诸新概念：篇章小句、篇章回指链、代词单位、节点等。这些概念，为篇章回指研究提供了不少较为精确的分析途径。此研究以代词"他"（PA）为中心，进而扩展至 ZA 和 NA，并分从话题之延续性及篇章中之制约因素两方面阐述。依话题延续性而言，从 ZA 至 NA 延续性自高到低，与先前各种研究并无二致。依篇章中制约因素而言，则 PA 不但有线性结构，而且有层次结构，因此受人物、情节、时间、连词和结构等制约。如此分析，超出前人之研究范围不少，显得颇有新意。此外，多动词句子中的零形回指对象分析，以及利用"例示概念知识结构"而发展的用于分析名词回指的概念系统，亦为篇章回指研究之进一步发展建立了很好的基础。

26.5 小结

纵观上述五项论著，现代汉语篇章回指研究，近年获致之成就实属难能可贵。其所采取视角相当全面，分析渐趋细致，语法、语用理论之运用亦愈发成熟，前景实未可限量。

第二十七章　话题与话题链

前章数度提及话题，但始终未能对之作确切深入之探讨。本章将对话题及话题链作一简略介绍。

话题对现代汉语之重要性，自不待言。汉语话题之研究，数十年来可谓汗牛充栋。然而，却一直众说纷纭，始终没有一个定论。一般语言学、语用学对 topic 之研究，亦复如此。在不致前后矛盾之前提下，本章将采取众家学说，分别介绍话题之界定、形式和功能，以及话题链之运作。

27.1　话题的界定

徐烈炯、刘丹青（1998：28—32）分别从语义、句法、话语功能三方面，总结了话题定义所涉及的因素如下：

（27.1）（a）语义方面：(i) 与述题具有"关于"（aboutness）特征；(ii) 与句中主要 VP 或其他 VP 可以没有直接的论元关系或嵌入关系。

（b）语法方面：(i) 位于句首；(ii) 前置于述题之前；(iii) 可省略；(iv) 其后可停顿；(v) 可带话题标记；(vi) 由句子成分提升而来，可以在句中的原位出现复指成分；(vii) 不能是自然重音的所在处；(viii) 可以为若干句子，甚至整个段落所共有。

（c）话语功能方面：(i)带"有定成分"（definiteness）；(ii)带已知信息；(iii)带听说双方互享的信息（shared information）；(iv)带已被启动的信息（activated information）；(v)是说话人有意引导听话方注意的中心；(vi)与焦点相对，因此不能是焦点。（转引自屈承熹，2003：4—5）

如此界定，虽然并非滴水不漏，如话语功能方面之带"有定成分"和已知信息，并非必然；其覆盖却颇为全面。至于"不能是焦点"这一点，徐烈炯、刘丹青（1998：97）还有补述。本节亦即将提及。

27.2 话题的形式和功能

屈承熹（2006）提出话题的两种形式：有标与无标。但是，有标与无标并不是一刀两断的两分法，而是形成一个连续统，如下：

（27.2）有标话题与无标话题的连续统：

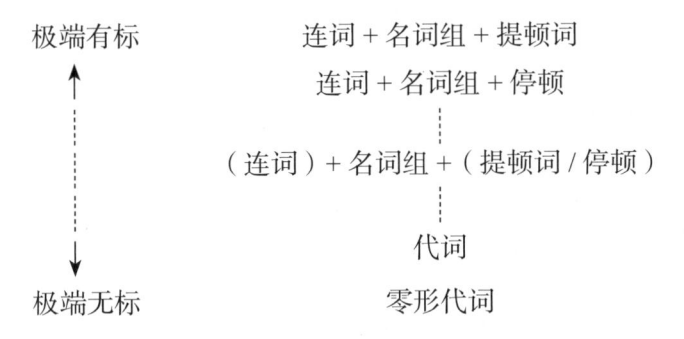

```
极端有标          连词 + 名词组 + 提顿词
  ↑               连词 + 名词组 + 停顿
  ┆
  ┆              （连词）+ 名词组 +（提顿词/停顿）
  ┆
  ↓                     代词
极端无标               零形代词
```

（虚线"┈┈"表示"省略"；虚线箭头"◀┈┈▶"表示"连续统"）

他同时也提出话题的两个基本功能：标示（一）与述题具有"关于"关系，（二）小句间的连接关系。话题的有标与否，与其所执行功能之间的互动，也可以用下面的标尺来表示。

(27.3) 话题的标记性及其所执行功能之间的对应关系：

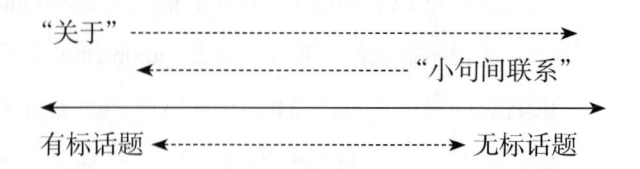

```
           "关于"─────────────────▶
                  ◀─────────────── "小句间联系"
           ◀──────────────────────▶
    有标话题 ◀─────────────────────▶ 无标话题
```

（实线双向箭头"◀─▶"代表基准标尺；虚线双向箭头"◀---▶"表示连续统；单向箭头"◀---""--▶"表示各功能所涵盖的范围）

此外，屈承熹（2003）对有标话题的语用功能作了进一步的分析，发现上述的"关于"无法完全用语义来界定，而语用的"关于"也必须考虑在内。至于话题标记的形式，也会影响到话题的语用功能，这包括了停顿、提顿词和（对比）重音。研究发现，话题后停顿之是否需要，跟话题与述题之间的语法、语义关系成反比：两者间的关系越松，越需要停顿，如果两者之间本来毫无语法、语义关系，则必须用停顿来显示其间此一语用关系的存在。出现在话题后的提顿词"啊/呀、吧、嘛、呢"各有不同的篇章功能。"啊/呀"是个单纯的停顿语调标记；"吧"标示"事件承前"；"嘛"标示"指称对象承前"；"呢"则不但标示"指称对象承前"，而且还标示"与之并立或对比"，该话题乃成为并立或对比话题。

以上27.1、27.2两节显示，近年对话题之研究，特别重视其篇章连接功能。此种功能尤其体现于话题链之形成。下节将简略介绍最近出版之一本话题链研究专著。

27.3 话题链

"话题链"乃指一组连接成章之小句，其间联系并非由一般连接词充当，而是由小句间之名词指称语与零形回指语共指所产生之关系来承担（参看 Li, 2005: 205; 方梅, 2008）。"话题链"之提出，可以远溯至 1970 年代；然而此一领域之专书却不多见。Li（2005）可以说是唯一的专著。兹特介绍于下。

Li（2005）之重要贡献之一，是确定话题链的十个基本类型。下面列举各个类型，并举例说明（类型公式及例句中加底线处，为与 Ø 互相照应之词语）：

（27.4）话题链基本类型（摘自 Li, 2005：87—121，唯形式略有变更）

类型 1—典型话题链：[<u>施事/当事</u>……]，[Ø（施事/当事）……]

　　　　[<u>傅家杰</u>见来了这么多人]，[Ø 忙站起来]。

　　　　[<u>他</u>猛地坐起来]，[Ø 摸住酒瓶]，[Ø 吞了一大口]。

类型 2—前指（cataphoric）话题链：[Ø（施事）……]，[<u>施事</u>……]

　　　　[Ø 见了先生]，[<u>你</u>就说，侦探逮住了我]。

类型 3—受事-当事话题链：[……<u>受事</u>]，[Ø（当事）……]

　　　　[我真怕<u>她</u>]，[Ø 麻雀似的，Ø 整天喊喊喳喳地说个不完]。

类型 4—受事-受事话题链：[……<u>受事</u>]，[……Ø（受事）]

　　　　[妈妈是很爱<u>花</u>的]，[虽然买不起 Ø]，[可是有人送她一朵 Ø]，[她就顶喜欢地戴 Ø 在头上]。

类型 5—当事-受事话题链：[<u>当事</u>]，[……Ø（受事）]

　　　　[在早年间，<u>皮货</u>很贵]，[而且不能乱穿 Ø]。

类型 6—受事前置话题链：[<u>受事</u>……]，[……Ø（受事）]

　　　　[<u>这种材料</u>，开科学大会的时候就学过]，[交上去 Ø 不就完了]。

类型 7—呈现式话题链：[（地点/时间）<u>NP</u>]，[Ø……]

　　　　[从这里又上了<u>许多外国旅客</u>]，[Ø 大半是避暑归来的，Ø 都带着孩子]。

类型 8—"顶针"式话题链[①]：[……NP]，[∅……]

[北墙中间是壁炉]，[∅ 左右两边上段是短窗，窗下是一溜儿矮书桌子]，[∅ 上面整齐地排着精装的小本外国诗文集]。

类型 9—"显性双话题"话题链：[NP NP……]，[∅ NP……]

[陆大夫临床经验很丰富]，[∅ 手术做得很漂亮]。

[大家有的坐着没动]，[∅ 有的跟了出来]。

类型 10—"隐性双话题"话题链：[NP……]，[∅ NP……]

[她站起身来]，[∅ 腿僵了]，[∅ 腰硬了]，[∅ 迈不开步了]。

上列十类，并非毫无问题，至少在命名上可以加以改进，如：类型 9 与 10 实在无法从其名称上来辨别。当然，也还有遗漏之处，如：

（27.5）……他$_i$ 知道只有这样才足以减少村人的怀疑。∅$_i$ 坐了一会儿，院中出来个老者$_j$，∅$_j$ 蓝布小褂敞着怀，∅$_j$ 脸上很亮……（Li，2005：207）

上例中显然有两个话题链，一个以"他"为话题，另一个以"老者"为话题。但这两个话题链如何划分，颇成问题，尚待解决。不过，其中的 ∅$_i$ 似乎与方梅（2008）所说的句首"零形反指"作为从属手段有关。也就是说，其中"∅$_i$ 坐了一会儿"中的 ∅$_i$，显然是用来回指前句中的"他"，但是同时却又标示该小句是后句中的一个从属结构。因此，这个结构既可认为是与前句形成一个话题链，同时又与其后小句

[①] "顶针"为修辞学术语（见王希杰，2005：269—272），此处借译原文 montage。

构成一个复句,所以无法在此作话题链的分割。其实,Chu(1998b:255—258)认为这样的话题链是一种特殊的形式,称之为"套接链"(telescopic chain),意思是,两个话题链,以一个小句为"兼环"(pivot)将之连在一起。上例中的"Ø$_i$坐了一会儿,院中出来个老者$_j$"就可以视为兼环,将该两话题链连在一起。

至于话题链的形成,Chu(1998b:203—211)提出三个阶段:导入(introduction)、选取(pick-up)、接续(continuation)。下列两例可以大致显示这三个阶段:

(27.6)(a)洛阳有个名歌女$_i$,

(b)Ø$_i$叫杨苎罗,

(c)Ø$_i$聪慧过人,

(d)Ø$_i$以语言尖巧冠于一时。

(27.7)(a)洛阳$_i$有个名歌女,

(b)Ø$_i$还有个舞女$_j$,

(c)Ø$_j$才貌惊人,

(d)Ø$_j$也一样有名。

(27.6a)是存现句,引入了两个名词组"洛阳"和"名歌女",都可能变成话题,但后者更有可能为后续句所选取。因此,(27.6b)句以Ø形式,选取"名歌女"作为话题,是一个较为自然的过程。然后,(27.6c)(27.6d)句各以Ø回指"名歌女",以为接续,将(27.6a)—(27.6d)组成一个话题链。例(27.7a)以同样的句式,引入这两个名词组,但(27.7b)选取"洛阳"作为话题,然而(27.7c)再以Ø选取"舞女"为话题,(27.7d)则以Ø回指"舞女",以为接续,将

（27.7b）—（27.7d）组成一个话题链。例（27.6b）和（27.7b）虽然用相同的Ø形式回指语，但由于其谓语动词语义框架之不同，而必须选择不同之先行语。因此，（27.6b）与（27.7b）所选取之话题有所不同，（c）（d）之Ø也相应得到不同的指称解释。

当然，话题的引入，还有其他的形式。但无论以何种形式引入，其后的选取及接续，却是大同小异的。

第二十八章　汉语（篇章）句

Chu（1998b）认为，汉语篇章语法之最终目的，在于为现代汉语小句以上之最小语言单位，作结构上之定位。此一语言单位，目前尚无适当名称，姑名之为"汉语篇章句"，简称"汉语句"。以上六章所讨论的，就是可以用来作此定位的结构形式。本章将举例说明，如何结合该等形式标记之功能，为"汉语句"作一结构上的定义。

（28.1）（a）我们$_g$中国人老早就认识康乃馨牛奶水$_i$，[1]

（b）好像一般人$_h$称之$_i$为三花$_j$牌奶水$_i$，

（c）因为罐头标签上画着三朵花$_j$，

（d）而那种花$_j$的名字不是

（e）我们$_g$一般人$_h$所习知的。

（f）因此我$_k$到了这家牛奶公司去参观，

（g）Ø$_k$倍觉亲切，

（h）好像是

（i）Ø$_k$无意中走到了一个熟朋友的老家。

（j）一个公司行号$_m$非万不得已

（k）Ø$_m$不会挂出"谢绝参观"的牌子，

---

[1] 原文出自梁实秋《雅舍小品》，转引自Chu（1998b：273—274）。原文之标点符号完全保留，分句标号、底线、下标和Ø，则均为本书作者所加。

(1) Ø_m 更不会毫不客气的告白"闲人免进",

(m) Ø_m 招待参观

(n) 正是极高明的广告手段。

(o) 康乃馨公司门口就竖起牌示_n,

(p) Ø_n 指点参观人应采取的路线……

原文共用四个句点,分别在小句(e)(i)(n)(p)之句末,显示原作者将该段分作四个句子处理。此处分别称之为汉语句A、B、C、D。Chu(1998b:285)曾对本族语使用者作调查,结果基本上也符合这四个汉语句的分法。那么,是什么使原作者与受调查者有这样一致的语感的呢?下面将促成这种语感的因素,逐一说明。

28.1 话题链

依据上节对话题链的讨论,很容易确定,(f)—(i)、(j)—(n)、(o)—(p)这三组小句,各自组成一个话题链。第一组以小句(f)中的"我_k"为话题,小句(g)(i)中的Ø_k分别选取及接续该话题而组成一个链。第二组以(j)中的"一个公司行号_m"为话题,(k)中的Ø_m选取该话题,从而(l)(m)中的两个Ø_m接续,组成另一个话题链。最后,第三组以(o)中的"牌示_n"为话题,(p)中的Ø_n选取该话题,但无接续,故该话题链仅有两个小句。

28.2 回指

除了28.1节中的零形回指语担任回指的任务以外,例(28.1)中还有其他的回指现象,都出现在小句(a)—(e)这一组中。(一)代词回指表现在(b)中的"之_i",回指(a)中的"康乃馨牛奶水_i"。另外,(e)中的"我们_g"也回指(a)中的"我们_g",不过这是第一人称代词，不为一般回指研究者所采纳。（二）名词回指则出现甚多：（b）中的"一般人$_h$"为（e）的"一般人$_h$"所回指；（a）中的"（康乃馨）牛奶水$_i$"为（b）中的"（三花牌）牛奶水$_i$"所回指；而（b）中的"三花$_j$"又为（c）中的"三朵花$_j$"和（d）中的"那种花$_i$"所回指。由于这些错综复杂的回指关系，（a）—（e）这一组小句也就紧密地联系在一起，自成一个结构单位。

根据上面第 28.1—28.2 节的讨论，我们认定，将（28.1）划分成四个结构单位，确实是有所依据的。因此，我们在下面的讨论中，将分别称之为汉语句 A、B、C、D。

28.3 体标记

全文出现三个体标记：（c）中的持续体"-着"、（f）和（i）中的完成体"-了"。这个持续体"-着"在 A 句中的功能，显然不是标示持续，而是担任两种由持续衍生出来的任务：（一）将动词"画"由动态变成静态，这个功能非常明显，无需赘述。（二）将小句（c）在前后景配置中的权重降低；因为 A 句中所有其他动词都是情状动词，唯有"画"是动作动词，两者相较，动作动词的前景性高得多，如果不将之降低，小句（c）会显得非常突出，不适合于 A 句的描写体。

两个"-了"的功能，看似简单，实则未必。小句（i）中的那个"-了"固然标示现代汉语中完成之基本意义"实现、发生"，然而小句（f）中的"-了"，则除了"实现、发生"而外，还标示该事件之"先时性"，即该事件之发生先于其后之事件或情状。这个"-了"就起了非常重要的联系作用：将该事件与其后的事件或情状整合在同一个框架之中。这就是所谓"事件整合"的手段之一。

28.4 连接副词

本例仅有一个副词具有连接功能,就是(1)中的"更"。"更"除了具有本身的语义"进一步"以外,还有将该小句联系到其前小句的功能。所以,C句的篇章组织机制,不完全依靠话题链,还靠这个连接副词来加强其各个小句之间的联系。

28.5 前后景配置

最基本的前后景配置机制是句序;然而有时因为其他需要,无法按"后景—前景"的句序安排时,那么,这样的逆反句序必须明确地标明。上例A句中就有这样的情形。小句(c)—(e)是原因,是后景,(b)是结果,是前景;如果没有特别标记,而依句序安排,(c)—(e)应该在前,(b)应该在后。现在"后景—前景"的句序颠倒成"前景—后景",所以必须有一个标记来指明,何者为何。(c)中的"因为",就有标记该小句为后景的从属功能。也因此,一般语法均认为"因为"是一个从属连接词。

28.6 其他

除了上述的几种机制以外,当然还有其他结构形式,也有助于汉语句的认定,例如:连接词与文体。

上节已提及,连接词"因为"可以标示后景。例(28.1)中还有两个连接词,发挥不同的篇章功能:(d)中的"而"和(f)中的"因此"。在这个特例中,前者连接同一汉语句A中的两个正常句序的小句;后者在汉语句B开头,所连接的并不是同一个汉语句中的小句,而是连接两个汉语句。所以它的功能不是汉语句内的联系成分,而是标示两个可能是汉语句间的界限。

就文体而言，句 A 是描写句，句 B 基本上是叙事句，句 C 是议论句，句 D 是描写句。就动词形式来看，句 A、C、D 都用情状动词，因为没有时间性，所以都是光杆动词，不带时体标记。其中有两个行动动词：(c) 中的"画"和 (p) 中的"采取"。前者已为持续体标记"-着"所情状化，后者出现在从属关系小句中，两者均已后景化。从 A、C、D 这三个汉语句的内部结构看，完全合乎描写体和议论体的要求，确实可以分别定位为描写句和议论句。至于句 B，基本上用行动动词，且带有完成体标记"-了"，合乎叙事体的要求。但其中有两个带有非行动动词的谓语：(g) 中的"倍觉亲切"和 (h) 中的"好像是"。前者是插入的评语；后者虽出现在主要谓语的位置，其实是"情状+焦点"这样一个结构的标记。所以，这两者的出现，并无碍于句 B 之为叙述句。以此观之，文体对鉴定汉语句的界限，似乎也是有一定帮助的。

28.7 小结

现代汉语语法中对"句子"的界定，一向根据三个标准：语义的完整、标点符号的使用、语调的终结。前者完全主观，无法以科学实证的方法来确证，后两者则完全是循环论证。因之，对现代汉语句子特征的描述，有所谓"流水句"的说法，也有所谓"意尽为界"的主张。这样的处理，都以主观认定为主，不无"可以意会，不可以言传"之玄。本章以先前讨论之各种结构形式为基础，分析汉语句之篇章结构，发现所涉因素广及语法、语义、语用各方面。但除零形回指语（即 Ø）以外，其他各种机制均为有形的符号，因而无论分析研究或学习，均极易掌握。虽然本章所述殊为片面，但举一反三，不难窥得全豹。当然，如此处理，遗漏在所难免，与完满无缺相去甚远，但尚不失为汉语句研究中向前迈进的一大步。

第二十九章　汉语篇章语法应用一例：语法与修辞①

　　汉语篇章语法之应用于语言学以外之相关学科，近年渐见端倪。如在电脑的文本处理，已为一般人所熟悉（参看冯志伟，2006）。但与其他学科接轨，似乎尚未多见。本节简略介绍，如何将汉语篇章语法应用于修辞研究之中。

　　修辞学中，有一个领域称为"同义修辞"，是专门研究同义异形之间的差异或优劣（见李维琦、黎千驹，2004：312）。例如：（下面所引各例中，底线均为本书作者所加）

> (29.1)（a）这鼓一声，钟一声，磬一声，木鱼一声，佛号一声……乐音在大殿里，迂缓的，曼长的回荡着，无数冲突的波流谐合了，无数相反的色彩净化了，无数现世的高低消灭了……
>
> （b）这一声佛号，一声钟，一声鼓，一声木鱼，一声磬，谐音盘礴在宇宙间——解开一小颗时间的埃尘，收束了无量数世纪的因果。

---

① 本章取材自屈承熹（2007a、2007b）。

第二十九章　汉语篇章语法应用一例：语法与修辞

上例引自王希杰（2004：228），他认为，上例中"两种词序的交错运用，既使诗歌丰富多彩，也表现了两种境界：'这鼓一声，钟一声，磬一声，木鱼一声，佛号一声'是一个现实世界，是动态的，正在进行时……使读者如身历其境"；"'这一声佛号，一声钟，一声鼓，一声木鱼，一声磬'是静态的事物，它们已经进入了诗人的心灵的世界，是思维的对象，是无限情思的出发点"。对此，屈承熹（2007a）有进一步的解释如下："这样的说明，对文中的诗情画意，当然极有阐发作用。然而，如果要寻根问底，追问究竟为什么词序的颠倒会产生如此的效果，则在这个语言形式和其效果中间，似乎缺少了一点联系。"他从篇章与功能的观点，提供了一个解释——就语言结构而言，（29.1a）中的"鼓一声，钟一声，磬一声，木鱼一声，佛号一声"和（29.1b）中的"一声佛号，一声钟，一声鼓，一声木鱼，一声磬"之间唯一的不同是：前者是具有主谓结构的小句，而后者是具有定中结构的名词组。一个小句所表达的，不是对某件事物的描述，就是叙述一个事件的发生；而一个名词组所表达的，仅是一件事物的存在。因此，上面（29.1a）中的小句，都是表示事件的发生，因而是动态的，读者之所以可能有身历其境的感觉，就是由这动态的叙事所引起的。（29.1b）中的这些名词组，所表达的当然是"静态的事物"。而其所以"已经进入了诗人的心灵世界"，乃是由其前限定词这所带"已知的旧信息"所赋予的。至于是否成为"无限情思的出发点"，则还得依靠其后的话语来决定了。

另以状语后置为例，同样说明状语与谓语之间信息量的多寡：

（29.2）（a）如果我能够，我要写下我的悔恨和悲哀，为子君，为自己。（鲁迅《伤逝》）

（b）然而现在呢，只有寂寞和空虚依旧，子君决不再来了，而且永远永远地！（同上）

387

李维琦、黎千驹（2004：91）对（29.2a）之解析为："'为子君，为自己'移到述宾短语……之后，意在强调写的目的和动机，同时也决定了下文所要叙写的主要对象：子君和我。"而对（29.2b）之解析，则是："状语'永远永远地'置于句末，充分表现出了'我'的沉郁和悲哀的感情。"但是，为什么同样是状语后置，会产生两种不同的效果呢？屈承熹（2007a）解释说："如果仔细观察，则不难发现，所谓'强调目的和动机''充分表现作者的沉郁与悲哀的感情'，虽然与状语后置有关，但并没有直接的因果关系，而是透过某种共同的机制，配合各句的语境，间接地引申出来的。那么，这种共同的机制究竟是什么呢？……这个机制，就是状语后置所产生的语言结构。所谓状语后置，其实并不仅仅是单纯地从句中或句首移到句末，而是该状语移到句末以后，又自行构成了一个新的结构。"这个结构是一个小句，在形式上是从属于其前主句的一个分句。再以（29.2a）为例来说明：

（29.2）（a）如果我能够，[我要写下我的悔恨和悲哀]$_i$，Ø$_i$ 为子君，Ø$_i$ 为自己。

其中"为子君，为自己"自成小句。这两个小句，就结构而言，只有谓语而没有明显的主语，但是它们都有一个隐性的主语，就是前面的"我要写下我的悔恨和悲哀"这个意念，所以是以 Ø 出现。再者，这两个小句在形式上固然是从属句，所带信息的重要性，却高于其前的主句；因为它们是按照"后景—前景"的句序排列的。因此，这样的状语，在经过后置之后，既然已经变成了一个独立的谓语，它所带的信息，就比原来深藏在一个小句内部的状语，要显得重要，也容易受到读者、听者的注意。这也就是一般将之认为是"强调"的原因。

至于上面李维琦、黎千驹所说的"意在强调写的目的与动机""决定了下文所要叙写的主要对象"，实际上与后置也没有直接关联，因

第二十九章　汉语篇章语法应用一例：语法与修辞

为无论后置与否，这两个状语所表达的还是"目的与动机"，不会因而改变的。而究竟是否"决定了下文所要叙写的主要对象"，当然在没有下文的情况之下，是无法妄加臆测的。不过，有一点倒是非常确定的，那就是：谓语中的中心语较之其中的状语，更易于在下文中接续下去。那么，在一个状语后置，成为另一个小句的谓语以后，当然就更容易成为"下文所要叙写的主要对象"了。其他如定语后置，也可以用相同的方法来解释。至于一般将状语前置也解作强调，其强调之由来，却与后置迥然不同，详细说明请参看屈承熹（2007）。

最后，以主动句与被动句之间的选择为例，说明话题连贯在修辞学上的应用：

（29.3）（a）特别诱人的是牧场的黄昏，周围的雪峰被落日映红，像云霞那么灿烂。（碧野《天山景物记》，见《现代游记选》）

（b）特别诱人的是牧场的黄昏，落日映红周围的雪峰，像云霞那么灿烂。

上例（a）为原文，（b）为高中课本中之改文。李维琦、黎千驹（2004：113）解析说："讲牧场的黄昏，自当以'周围的雪峰'为陈述对象。改者另有思路，他们以为带'被'的被动句，与现代汉语绝大多数的句子不一样，如果可能，还是用主动句为好。"李、黎认为两者第二分句的陈述对象不同，确实不错。但其分别并不在于"带'被'的被动句与现代汉语绝大多数的句子不一样"，而在于小句间联系之是否畅通，即话题之是否延续。第一分句引进"牧场的黄昏"，最自然的方式是将之选取为话题，在第二小句中继续描述。（a）中的"周围的雪峰"是指牧场的周围，故与第一小句的联系非常自然，而且第三个小句仍以"周围的雪峰"为话题而接续。（b）中的"落日"是一个新话题，而第三个小句又转换到一个新话题："周围的雪峰"。两相比较，在话题连贯上，当然（a）较（b）为优。两者形式上之不同，在被动句与主动句之间；但功能上真正差别，却是话题连贯与否之选择。

以上略举数例，以说明如何应用篇章语法之各种功能原则，为修辞学中的"同义异形"研究，作进一步的解释与支持。

第三十章 结　语

　　篇章语法，顾名思义，是篇章与语法的结合。汉语之篇章语法，虽然在原则上应该无异于其他语言，但在细节上却颇有不同。现代汉语小句之结合，往往影响小句内部结构而使之发生变化，如：体标记之使用与否，可能由篇章结构来决定；适当副词之选择，取决于前后小句之语义关系。因之，篇章与句法似乎无法分隔而自成一个体系。在如此一个指导原则下，本章对汉语篇章语法作了一个概括性的描述。其范围涵盖：体标记、情状副词、句末虚词、信息来源、信息处理、主从关系、前后景配置、回指、话题形式、话题功能、话题链、汉语篇章句。其中体标记之篇章功能、句末虚词之句间联系、信息处理与信息来源之区分、话题形式与其功能间之对应关系、话题链之功能等，均非一般语法通常所涉及的领域。最后，本章将所讨论之各种机制，汇集疏理，用来为"汉语（篇章）句"作一初步界定。当然，"汉语（篇章）句"之确立，并非篇章语法之完成，实乃起步而已。但愿以此篇与国内外语言学界共勉。

　　最后，作者亟拟推荐一本汉语语言学界最近出版的前沿之作，由沈阳、冯胜利主编，北京商务印书馆2008年出版的《当代语言学理论和汉语研究》。该书虽然没有直接触及篇章语法的文章，但讨论认知和功能语法的则不在少数。而且在汉语语言学的其他领域，结合国内外研究有成者，讨论许多"洋为中用""推陈出新"的问题。故无论仅对汉语语法或对其他领域亦有进一步深究兴趣的读者，都能在该书中发现几篇令人深入思考并豁然开朗的文章。

参考文献

《世界汉语教学》《语言教学与研究》编辑部（1991）《80年代与90年代中国现代汉语语法研究》，北京：北京语言学院出版社。

陈欣薇（1999）《中文的是非问句：谈功能与形式的对应》，台北：政治大学语言学研究所期末报告。

戴耀晶（2004）汉语的时体系统和完成体"了"的语义分析，见《汉语时体系统国际研讨会论文集》，竟成主编，29—53页，上海：百家出版社。

方梅（2008）由背景化触发的两种句法结构——主语零形反指和描写性关系从句，《中国语文》，第4期，291—303页。

冯志伟（2006）所指判定与文本连贯的电脑处理，见《语言学问题论丛》（第一辑），戴昭铭、陆镜光主编，100—144页，北京：生活·读书·新知三联书店。

龚千炎（1995）《汉语的时相、时制、时态》，北京：商务印书馆。

胡壮麟（1990）《语言系统与功能》，北京：北京大学出版社。

李维琦、黎千驹（2004）《现代汉语实践修辞学》，长沙：湖南师范大学出版社。

廖秋忠（1992）《廖秋忠文集》，北京：北京语言学院出版社。

吕叔湘（1956）《中国文法要略》，北京：商务印书馆。

吕叔湘（1980）《现代汉语八百词》，北京：商务印书馆。

吕文华（1994）《对外汉语教学语法探索》，北京：语文出版社。

屈承熹（1984）汉语的词序及其变迁，《语言研究》，第6期，36—50页。

屈承熹（1991）汉语副词的篇章功能，《语言教学与研究》，第2期，64—78页。

屈承熹（1996）现代汉语中"句子"的定义及其地位，《世界汉语教学》第4期，28—42页。

屈承熹（1998）汉语功能语法刍议，《世界汉语教学》，第4期，28—42页。

屈承熹（1999）从汉语的焦点与话题看英语中的Y-Movement及其他倒装句，《外语学刊》，第4期，1—13页。

屈承熹（2003）话题的表达形式与语用关系，见《话题与焦点新论》，徐烈炯、刘丹青主编，1—29页，上海：上海教育出版社。（原载《现代中国语研究》2000年第1期）

屈承熹（2006）汉语篇章语法：理论与方法，《俄语言文学研究》（电子期刊）第3期，1—15页。

屈承熹（2007a）语法与修辞之间（上）——"同义异性"的篇章语法学意义，《修辞学习》，第3期，1—14页。

屈承熹（2007b）语法与修辞之间（下）——"同义异性"的篇章语法学意义，《修辞学习》，第4期，1—6页。

屈承熹、李彬（2004）论现代汉语句末情态虚词及其英译——以"吧"的语篇功能为例，《外语学刊》，第6期，1—10页。

杉村博文（2002）论现代汉语"把"字句"把"的宾语带量词"个"，《世界汉语教学》，第1期，18—27页。

沈阳、冯胜利（2008）《当代语言学理论和汉语研究》，北京：商务印书馆。

汤廷池（1996）汉语的正反问句：北京话与闽南语的比较分析，见《第五届中国境内语言暨语言学国际研讨会论文集》，2—27页，台北："中研院"历史语言研究所。

王惠（1992）《从及物性系统看现代汉语的句式》，硕士论文，北京大学。

王力（1954a）《中国现代语法》，北京：中华书局。

王力（1954b）《中国语法理论》，北京：中华书局。

王希杰（2004）《汉语修辞学（修订本）》，北京：商务印书馆。

邢福义（1996）《汉语语法学》，长春：东北师范大学出版社。

徐晶凝（2008）《现代汉语话语情态研究》，北京：昆仑出版社。

徐赳赳（2003）《现代汉语篇章回指研究》，北京：中国社会科学出版社。

徐烈炯、刘丹青（1998）《话题的结构与功能》，上海：上海教育出版社。

徐烈炯、刘丹青（2003）《话题与焦点新论》，上海：上海教育出版社。

许余龙（2004）《篇章回指的功能语用探索———项基于汉语民间故事和报刊语料的研究》，上海：上海外语教育出版社。

张伯江、方梅（1996）《汉语功能语法研究》，南昌：江西教育出版社。

张敏（1998）《认知语言学与汉语名词短语》，北京：中国社会科学出版社。

朱德熙（1980）《现代汉语语法研究》，北京：商务印书馆。

朱德熙（1982）《语法讲义》，北京：商务印书馆。

朱德熙（1985）《汉语语法答问》，北京：商务印书馆。

Alleton, Vivian (1981) Final Particles and Expression of Modality in Modern Chinese. *Journal of Chinese Linguistics* 9/1: 91-115.

Bach, Emmon & Robert Harms (1968) *Universals in Linguistic Theory.* New York: Holt, Rinehart & Winston.

Biq, Yong-O (1987) *The Semantics of Cai and Jiu in Mandarin Chinese.* Bloomington, IN: IU Linguistics Club.

Biq, Yong-O (1988) From Focus in Proposition to Focus in Speech Situation: Cai & Jiu in Mandarin Chinese. *Journal of Chinese Linguistics* 16/1: 72-108.

Biq, Yong-O (1989) Ye as manifested on three discourse planes: polysemy and abstraction. In James Tai & Frank F. S. Hsueh (eds.)(1989) , 1-18.

Biq, Yong-O, James Tai & Sandra A. Thompson (1996) Recent developments in functional approaches to Chinese. In Huang, C.-T. James & Y.-H. Audrey Li (eds.) *New Horizons in Chinese Linguistics,* 97-140. Dorcrecht: Kluwer Academic Publishers.

Chafe, Wallace (1976) Givenness, contrastiveness, definiteness, subject, topic and point of view. In Li, Charles N. (ed.) *Subject and Topic.* New York: Academic Press.

Chafe, Wallace (1994) *Discourse, Consciousness and Time.* Chicago: University of Chicago Press.

Chan, Majroie (1980) Temporal reference in Mandarin Chinese: an analytical semantic approach to the study of the morphemes *le, zai, zhe* and *ne*. *Journal of the Chinese Language Teachers Association* 15: 33-79.

Chang, Claire Hsun-huei (1991) Verb copying: toward a balance between formalism and functionalism. *Journal of the Chinese Language Teachers Association* 26/1: 1-32.

Chang, Rolan Chiang-Jen (1977) *Coverbs in Spoken Chinese.* Gainesville.

Ph.D. dissertation, University of Florida.

Chang, Vincent（1982）*Le as a Discourse-Final Particle*. M. A. thesis, University of Florida.

Chang, Vincent（1986）*The Particle LE in Chinese Narrative Discourse*. Ph.D. dissertation, University of Florida.

Chao, Yuen Ren（1968）*A Grammar of Spoken Chinese*. Berkeley and Los Angeles: University of California Press.

Chappell, Hilary（1986）Formal and colloquial adversity passives in Standard Chinese. *Linguistics* 24/6: 1025-1052.

Chappell, Hilary（1993）*Analytic Syntax in Standard Mandarin: A Semantic Study of Passive, Causative and Benefactive Constructions*. Berlin: The Mouton.

Chen, Chung-yu（1986）Constraints on the 'V1-zhe ...V2' Structures. *Journal of the Chinese Language Teachers Association* 21: 1-20. 9.

Chen, Mei-ling（1993）*'Ye', 'You' and 'Hai' as Connectives in Chinese Narrative Discourse*. M. A. thesis, National Chengchi University.

Chen, Ping（1986）*Referent Introducing and Tracking in Chinese Narratives*. Ph.D. dissertation, UCLA.

Cheng, Chin-chuan（1974）*A Synchronic Phonology of Mandarin Chinese*. Berlin: The Mouton.

Cheng, Robert L.（1984）Chinese question forms and their meanings. *Journal of Chinese Linguistics* 12/1: 86-147.

Cheng, Robert L., Ying-che Li & Ting-chi Tang（1979）*Proceedings of Symposium on Chinese Linguistics*. Taipei: Student Book Co.

Cheung, Yat-shing（1974）Negative questions in Chinese. *Journal of Chinese Linguistics* 2/3: 325-339.

Chu, Chauncey C. (1970) *The Structures of Shr and You in Mandarin Chinese.* Ph.D. dissertation, the University of Texas at Austin.

Chu, Chauncey C. (1976) Some semantic aspects of action verbs. *Lingua* 40/1: 43-54.

Chu, Chauncey C. (1979) *Linguistics: Theory, Application and Chinese Syntax.* Taipei: The Crane Publishing Co.

Chu, Chauncey C. (1983) *A Reference Grammar of Mandarin Chinese for English Speakers.* New York and Berne: Peter Lang.

Chu, Chauncey C. (1985) How would you like your *ne* cooked? *Journal of the Chinese Language Teachers Association* 20: 71-78.

Chu, Chuancey C. (1987a) The semantics, syntax and pragmatics of the verbal suffix *-zhe*. *Journal of the Chinese Language Teachers Association* 22: 1-41.

Chu, Chauncey C. (1987b) *Historical Syntax: Theory and Application to Chinese.* Taipei: The Crane Publishing Co.

Chu, Chauncey C. (1993) The prototypicality of topic in Mandarin Chinese. *Journal of the Chinese Language Teachers Association* 28/1: 25-48.

Chu, Chauncey C. (1998a) Transitivity: Its Increase and Decrease in Mandarin Chinese Syntax. Paper presented at IACL-7/NAC-CL-10, Stanford, CA.

Chu, Chauncey C. (1998b) *A Discourse Grammar of Mandarin Chinese.* New York and Berne: Peter Lang Publishing. 中译本:《汉语篇章语法》,潘文国等译,2006,北京:北京语言大学出版社。

Chu, Chauncey C. (2002) Relevance theory, discourse marker and the Mandarin utterance-final particle a/ya. *Journal of the Chinese Language Teachers Association* 37/1: 1-42.

Chu, Chauncey C. (2006) A contrastive approach to discourse particles—a case study of the Mandarin UFP *Ne* 呢. *Journal of Foreign Languages* 3: 7-29.

Cole, Peter (ed.) (1981) *Radical Pragmatics*. New York: Academic Press.

DeFrancis, John (1964) *Intermediate Chinese*. New Haven, CT: Yale University Press.

Eid, Mushira & Gregory Iverson (1993) *Principles and Predictions: The Analysis of Natural Language*. Amsterdam and Philadelphia: John Benjamins.

Fenn, Henry & Tewksbury M. Gardner (1967) *Speak Mandarin*. New Haven: Yale University Press.

Fillmore, Charles (1968) The case for case. In Bach, Emmon & Robert Harms (eds.) *Universals in Linguistic Theory*, 1-88. New York: Holt, Rinehart & Winston.

Givón, Talmy (1987) Beyond foreground and background. In Tomlin, Russel S. (eds.) *Coherence and Grounding in Discourse,* 175-188. New York and Amsterdam: John Benjamins.

Givón, Talmy (1993) *English Grammar.* Amsterdam and Philadelphia: John Benjamins.

Givón, Talmy (1995) *Functionalism and Grammar.* Amsterdam and Philadelphia: John Benjamins.

Goldberg, Adele E. (1996) *Conceptual Structure, Discourse and Language*. Stanford, CA: Stanford University Center for Study of Language and Information.

Halliday, M. A. K. (1967a) Notes on transitivity and theme in English: part 1. *Journal of Linguistics* 3/1: 37-81.

Halliday, M. A. K. (1967b) Notes on transitivity and theme in English: part 2. *Journal of Linguistics* 3/2: 199-244.

Halliday, M. A. K. (1968) Notes on transitivity and theme in English: part 3. *Journal of Linguistics* 4/2: 179-215.

Halliday, M. A. K. (1984) *An Introduction to Functional Grammar.* Baltimore: University Park Press.

Halliday, M. A. K. & Ruqaiya Hasan (1976) *Cohesion in English.* London: Longman.

He, Baozhang (1992) Situation Types and Aspectual Classes of Verbs in Mandarin Chinese. Ph.D. dissertation, The Ohio State University.

Hopper, Paul & Sandra A. Thompson (1980) Transitivity in grammar and discourse. *Language* 56/2: 251-299.

Huang, Chu-Ren & Shen-Ming Chang (1996) Metaphor, metaphorical extension, and grammaticalization: a study of Mandarin Chinese – *qilai*. In Goldberg, Adele E. (ed.) *Conceptual Structure, Discourse and Language.* 201-216. Stanford, CA: Stanford University Center for Study of Language and Information.

Huang, C.-T. James & Audrey Y.-H. Li (1996) *New Horizons in Chinese Linguistics.* Dorcrecht: Kluwer Academic Publishers.

Huang, Lillian M.-J. (1980) *The Resultative Complement in Mandarin Chinese.* M. A. thesis, University of Florida.

Huang, Lillian M.-J. (1988) *Aspect: A General System and Its Manifestation in Mandarin Chinese.* Taipei: Student Book Co.

Huang, Shuan-fan (1982) *Papers in Syntax.* Taipei: The Crane Publishing Co.

Huang, Shuan-fan (1987) Two studies on prototype semantics: xiao 'filial piety' and mei mianzi 'loss of face'. *Journal of Chinese Linguistics* 15/1: 55-90.

King, Brian (1986) Ne-: a discourse approach. *Journal of the Chinese Language Teachers Association* 21: 21-46.

Jucker, Andreas H. (1998) Discourse Markers: Introduction. In Jucker, Andreas H. & Yael Ziv (eds.) *Discourse Markers: Descriptions and Theory*, 1-12. Philadelphia and Amsterdam: John Benjamins.

Jucker, Andreas H. & Yael Ziv (1998) *Discourse Markers: Descriptions and Theory.* Philadelphia and Amsterdam: John Benjamins.

Lambrecht, Kund (1994) *Information Structure and Sentence Form.* Cambridge, New York and Melbourne, Australia: Cambridge University Press.

Langacker, Ronald (1987 & 1991) *Foundations of Cognitive Grammar*, Vols I & II. Stanford, CA: Stanford University Press.

LaPolla, Randy J. (1990) *Grammatical Relations in Chinese: Synchronic and Diachronic Considerations.* Ph.D. dissertation, University of California, Berkeley.

Leach, Geoffrey (1983) *Principles of Pragmatics.* London: Longman.

Li, Charles N. (1975) *Word Order and Word Order Change.* Austin, TX: University of Texas Press.

Li, Charles N. (1976) *Subject and Topic.* New York: Academic Press.

Li, Charles N. & Sandra A. Thompson (1975) The semantic function of word order: a case study in Mandarin. In Li, Charles N. (ed.) *Word Order and Word Order Change,* 163-195. Austin, TX: University of Texas Press.

Li, Charles N. & Sandra A. Thompson (1981) *Mandarin Chinese—A*

Functional Reference Grammar. Berkeley and Los Angeles: University of California Press.

Li, Cherry Ing (1985) *Participant Anaphora in Mandarin Chinese.* Ph.D. dissertation, University of Florida.

Li, Cherry Ing (1999) *Utterance-Final Particles in Taiwanese.* Taipei: The Crane Publishing Co.

Li, Wendan (2005) *Topic Chains in Chinese.* Muenchen: LINCOM.

Li, Ying-che (1971) *An Investigation of Case in Chinese Grammar.* South Orange, NJ: Seton Hall University Press.

Li, Ying-che (1972) Sentences with *be, exist* and *have* in Chinese. *Language* 48/3: 573-583.

Li, Ying-che, Robert Cheng, L. Foster, S. H. Ho, J. Y. Hou & M. Yip (1993 & 1989) *Mandarin Chinese: A Practical Reference Grammar for Students and Teachers.* Taipei: The Crane Publishing Co.

Lin, Helen T. (1981) *Essential Grammar for Mandarin Chinese.* Boston, MA: Cheng & Tsui, Co., Inc.

Liu, Lening (1996) *The Grammaticalization of Chinese Conjunctive Adverbs.* Ph.D. dissertation, University of Florida.

Lu. John H.-T. (1973) The verb-verb construction with a directional complement in Mandarin. *Journal of Chinese Linguistics* 1/2: 239-255.

Lu, John H.-T. (1977) Resultative verb compounds vs. directional verbs compounds. *Journal of Chinese Linguistics* 5/2: 276-313.

Ma, Jing-heng (1985) A Study of the Mandarin Suffix *Zhe.* Taipei: The Crane Publishing Co.

Mangione, Louis (1987) A note on some-*zhe* sentences. *Journal of the Chinese Language Teachers Association* 22: 69-86.

McGinnis, Scott (1990) *A Pragmatic Analysis of Mandarin Interrogatives: Data from Modern Taiwan Drama.* Ph.D. dissertation, The Ohio State University.

Miracle, Charles (1989) Hao: a Chinese discourse marker. *Chicago Linguistic Circle* 25: 213-227.

Miracle, Charles (1990) *Discourse Markers in Mandarin Chinese.* Ph.D. dissertation, The Ohio State University.

Paris, Marie Claude (1985) The semantics of *jiu* and *cai* in Mandarin Chinese. *Computational Analysis of Asian and African Languages* 24: 181-196.

Prince, Ellen F. (1981) Toward a taxonomy of given new information. In Cole, Peter (ed.) *Radical Pragmatics.* New York: Academic Press.

Rosch, Eleanor (1978) Principles of categorization. In Rosch & Lloyd (eds.) *Cognition and Categorization,* 27-48. Hillsdale, NJ: Lawrence Erlbaum Associates.

Rosch, Eleanor & B. B. Lloyd (1978) *Cognition and Categorization.* Hillsdale, NJ: Lawrence Erlbaum Associates.

Ross, Claudia (1983) On the functions of Mandarin *de. Journal of Chinese Linguistics* 11/2: 214-246.

Ross, Claudia (1990) Review of Tai and Hsueh, functionalism and Chinese grammar. *Journal of the Chinese Language Teachers Association* 25: 115-119.

Sanders, Robert M. (1991) Variation in Pekinese disposal: a case of 'Give' and 'Take'. *Journal of the Chinese Language Teachers Association* 26: 55-68.

Shen, Jiaxuan (1987) Subject function and double subject construction in Mandarin Chinese. *Cashier de Linguistique-Asie Orientale* 16/2: 213-236.

Smith, Carlota (1997) The Parameter of Aspect. Dordrecht: Kluwer Academic Publishers.

Su, Richard Hong-jen (1973) *Mandarin Aspect Markers.* M. A. thesis, University of Florida.

Sun, Chaofen (1988) The discourse function of numeral classifiers in Mandarin Chinese. *Journal of Chinese Linguistics* 16/2: 298-322.

Sun, Chaofen (1995) Transitivity: the BA construction and its history. *Journal of Chinese Linguistics* 23/1: 159-194.

Sun, Chaofen & Talmy Givón (1985) On the so-called SOV word order in Mandarin Chinese: a quantified text study and its implications. *Language* 61/2: 329-351.

Tai, James H.-Y. (1989) Towards a cognition-based functional grammar of Mandarin Chinese. In Tai, James H.-Y. & Frank F. S. Hsueh (eds.) 187-226. *Functionalism and Chinese Grammar.* South Orange, NJ: The Chinese Language Teachers Association.

Tai, James H.-Y. (1993) Iconicity: motivations in Chinese grammar. In Mushira Eid & Gregory Iverson (eds.) pp. 153-174.

Tai, James H.-Y. & Frank F. S. Hsueh (1989) *Functionalism and Chinese Grammar.* South Orange, NJ: The Chinese Language Teachers Association.

Tai, James H.-Y. & Liangqing Wang (1990) A semantic study of the classifier *tiao* (条). *Journal of the Chinese Language Teachers Association* 25/1: 35-56.

Tang, T. C. Charles (1972) *A Case Grammar of Mandarin Chinese.* Taipei: Hai-Guo Book Co.

Tang, Ting-chi, Robert Cheng & Ying-che Li (1983) *Studies in Chinese*

Syntax and Semantics. Taipei: Student Book Co.

Teng, Shou-hsin（1973）*A Semantic Study of Transitivity Relations in Chinese.* Berkeley and Los Angeles: University of California Press.

Teng, Shou-hsin（1974a）Negation in Chinese. *Journal of Chinese Linguistics* 2/1: 125-140.

Teng, Shou-hsin（1974b）Double nominatives in Chinese. *Language* 50/3: 455-473.

Teng, Shou-hsin（1977）A Grammar of verb-particles in Chinese. *Journal of Chinese Linguistics* 5/1: 1-25.

Teng, Shou-hsin（1979）Remarks on cleft sentences in Chinese. *Journal of Chinese Linguistics* 7/1: 101-113.

Thompson, Sandra A.（1973a）Resultative verb compounds in Mandarin Chinese: a case for lexical rules. *Language* 49/2: 361-379.

Thompson, Sandra A.（1973b）Transitivity and some problems with the bǎ construction in Mandarin Chinese. *Journal of Chinese Linguistics* 1/2: 208-221.

Tomlin, Russel S.（1987）*Coherence and Grounding in Discourse.* New York and Amsterdam: John Benjamins.

Tsao, Feng-fu（1979）*A Functional Study of Topic in Chinese: The First Step Towards Discourse Analysis.* Taipei: The Crane Publishing Co.

Tsao, Feng-fu（1982）The double nominative construction in Mandarin Chinese. *Tsing Hua Journal of Chinese Studies* 14/2: 275-297.

Tsao, Feng-fu（1986）Relativization in Chinese and English: a contrastive study of form and function. *Journal of the Chinese Language Teachers Association* 21/3: 13-48.

Tsao, Feng-fu（1987a）A topic-comment approach to the BA construction.

Journal of Chinese Linguistics 15/1: 1-54.

Tsao, Feng-fu（1987b）On the so-called 'verb-copying' construction in Chinese. *Journal of the Chinese Language Teachers Association* 22/2: 13-44.

Tsao, Feng-fu（1989）Comparison in Chinese: a topic-comment approach. *Tsing Hua Journal of Chinese Studies, New Series* 19/1: 151-190.

Tsao, Feng-fu（1990）*Sentence and Clause Structure in Chinese: A Functional Perspective.* Taipei: Student Book Co.

van Valin, Jr. Robert & Randy J. LaPolla（1997）*Syntax: Structure, Meaning and Function. Cambridge.* New York and Melbourne, Australia: Cambridge University Press.

Wang, Mingquan（1988）Comments on Sun and Givón's study of the VO construction in Mandarin. *Journal of the Chinese Language Teachers Association* 23/2: 33-53.

Wang, William S-Y.（1965）Two aspect markers in Mandarin. *Language* 41/3: 457-470.

Xu, Yulong（1995）Resolving Third-Person Anaphora in Chinese Texts: Towards a Functional-Pragmatic Model. Ph.D. dissertation, Hong Kong Polytechnic University.

Yang, Guowen（2008）*The Semantics of Chinese Aspects: Theoretical Descriptions and a Computational Implementation.* Frankfurt am Main: Peter Lang.

Zubin, David A. & Naicong Li（1986）Topic, contrast, definiteness, and word order in Mandarin. *Berkeley Linguistics Society* 12: 292-304.